KB182302

간도출병사(間島出兵史)

간도출병사(間島出兵史)

김연옥 옮김

경인문화사

책머리에

　'간도출병'은 '자국민을 보호한다'는 명분 하에 1920년 10월 7일 정부의 공식 승인을 받아 간도 일대 독립군의 근거지를 말살하고 한인촌을 파괴하고 한인 수천 명을 학살한 일본군의 일련의 군사 행동을 일컫는다. 일본군의 간도침공 시기는 1920년 10월에서 1921년 5월까지 약 8개월간 진행되었는데, 세부적으로는 3단계로 나누어 볼 수 있다. ①10월 14일부터 11월 20일까지를 주로 독립운동 단체와 독립군 활동 근거지인 학교, 교회에 대한 탄압시기, ②11월 21일에서 12월 16일까지를 주력부대가 철수할 때까지 한인사회를 반복적으로 수색하는 시기, ③12월 17일부터 이듬해 5월 9일 일본군이 철수하는 시기까지를 간도지역의 새로운 질서를 수립한 기간이다.

　일본군은 1920년 6월 봉오동전투의 패전에 충격을 받고, 8월에 <간도지방 불령선인 초토계획>을 수립해고 간도 일대의 독립군을 말살하기 위해 간도로 출병하고자 전략을 세웠다. 이어 10월 7일 내각회의에서 독립군 토벌을 목적으로 간도 출병을 공식 결정했다. 『간도출병사』는 '출병' 전후의 군부 및 외무성, 중국과의 협의 상황, '출병'후 실제 전투 상황 및 이후 성과 분석 등을 알 수 있는 핵심 사료이다.

　『간도출병사』 원문의 첫 부분을 옆 그림으로 제시했다. 첫 번째 페이지에서는 조선군참모장 하야시 나리유키(林仙之[1])가 육군성 부관(副官) 나카무라 고타로(中村孝太郎[2])에게 1926년(大正15) 5월 3일 송부(送付)한 참고

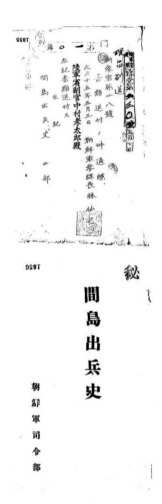

자료가 『간도출병사』였음을, 그 다음페이지에서는 조선군사령부에서 작성한 비밀문서였음을 확인할 수 있다. 자료로 송부한 시점은 1926년이지만, 내용상으로는 1920~1921년 작전 수행 당시에 작성된 기록이 많은 것으로 보인다. 즉, 1920년 청산리전역과 거의 동시기에 작성되어 '간도출병' 당시의 실시간 전황(戰況)을 전해주는 1급 자료라고 할 수 있겠다. 참고로 아시아역사자료센타(ア ジア歷史資料センター: jacar.archives.go.jp) 사이트에 공개되어 있다.

이러한 사료적 가치에도 불구하고 많은 분량과 어려운 문투 등을 이유로 관련 연구자들 사이에서만 일부 이용해 왔을 뿐, 여전히 본격적으로는 활용되지 않고 있다. 기존 연구에서 참고시에도 『간도출병사』 원사료가 아닌 편집 사료[3]를 주로 활용해왔으나, 본서의 출간을 통해 '간도출병'과 관련된 개요, 의도, 전황(戰

---

1 1877.1.5~1944.5.31. 육군군인, 최종계급은 육군 대장(大將).
2 1881.8.28.~1947.8.29. 육군군인, 최종계급은 육군 대장(大將). 육군대신 역임.
3 姜德相, 『現代史資料 : 朝鮮 3』27, みすず書房, 1970; 姜德相, 『現代史資料 : 朝鮮 4』28, みすず書房, 1972 ; 金正柱, 『朝鮮統治史料 2 : 間島出兵』, 한국사료연구소, 1970 등.

況)을 '통'으로 접할 수 있게 될 것을 기대한다.

그렇다면『간도출병사』를 '통'으로 접할 때 기존 자료와 달리 새롭게 부각되는 점은 무엇일까?

첫째, 중국과의 공동토벌이라는 협의를 이끌어내기 위해 힘겹게 애쓴 일본측의 협상 과정이 분명히 드러난다. 기존 이미지에서는 '간도출병'은 처음부터 일본군의 단독출병이었다는 인식이 강하지만, 형식상으로나마 중국측의 '양해'를 얻은 공동수색이었다. 중국과의 협의를 성사시키기 위해 일본이 '고군분투'했던 배경에는, 국경을 넘어 군사적 토벌행위를 하는 불법성을 희석시키고 민간인을 학살하는 만행을 가리기 위한 일종의 방패막이로 중국과의 협동토벌이라는 명분이 필요했기 때문이었다.

둘째, 일본군 스스로가 평가한 전훈(戰訓)의 내용이 눈길을 끈다.『간도출병사』목차는 제1장 출병전 정황, 제2장 작전행동, 제3장 선전활동 및 교섭사항, 제4장 출병의 효과, 제5장 주력 철퇴 후의 정황, 제6장 장래에 대한 소견 및 참고사항, 부록과 지도로 구성되어 있다. 즉, 최초 작전계획 하달 단계에서부터 작전이 실제 투입시 토벌대의 행동은 물론, 작전 실패 요인에 대한 분석 및 제언(提言)까지도 포함되어 있다는 점이 특징적이다.

셋째, 각종 전투과정에서의 일본군의 잔혹한 학살·만행 실태도 확인가능하다. 일본군의 전략상 '간도출병'의 제1기 목표는 항일무장단체에 대한 포위·토벌, 제2기 목표가 한인 이주민에 대한 소탕·숙청이었다. 민간인에 대한 '초토'는 항일무장단체가 재기할 수 있는 토대를 없애기 위함이었다. 간도 지역에 들어와 있던 외국인 선교사들에 의한 학살 현장의 생생한 보고와 항의 문서가 그 실태의 일부를 제시하고 있다.

넷째, 지도 자료의 활용에 차별성이 있다. 기존에 활용되어오던 편집 사료에는 지도가 누락되어 있고, 아시아역사자료센터에서 PDF로 제공되는 지도는 하나의 도면을 여러 컷으로 분리하여 촬영한 것이기 때문에 원래의 1장의 지도로 재구성해 활용하기에는 한계가 있다. 본서에서는 방위연구소에서 직접 촬영한 지도를 활용함으로써 한눈에 보기 편한 형태로 제시하였다. 물론 해상도의 제약상 한계는 있으나, 간도 지역에서의 독립군의 분포 실태, 일본군의 출병 상황과 전략 추이를 파악하는 데『간도출병사』사료 본문 내용과 지도를 연결지어 활용한다면 독자의 이해를 돕는 데 일조할 것으로 기대한다.

이처럼『간도출병사』는 일본 외무성 및 정부 수뇌부의 움직임을 비롯, 육군의 전략을 분석하는 데도 물론 중요하지만, 독립군 연구에도 '뒤집어' 활용가능한 가치있는 사료인 것이다. 한국사 맥락에서는 독립운동의 연구 시각과 자료를 확대하는 차원에서, 일본사 맥락에서는 한국병탄-만주사변-중일전쟁-태평양전쟁으로 이어지는 일련의 침략 과정의 연속선상에서 공백으로 있던 1920년대 전략과 논리를 재고찰할 수 있는 차원에서 도움이 되기를 기대한다.

2019년 올해는 1919년 3·1운동 100주년이었고, 2020년 내년은 1920년 봉오동전투와 청산리전투로 대표되는 '독립전쟁' 원년이다. 100여 년 전 그들의 외침과 항거가 밑거름이 되어 오늘의 대한민국이 있음을 실감하게 하는 귀중한 역사의 한 시점과 마주하고 있다. 개인적으로는 2018년 육군사관학교와 인연을 맺게 되면서 생도교육 및 후속연구와 관련된 자료 간행에 새롭게 관심을 가지게 되었다. 책이 출간될 수 있도록 응원과 격려를 아끼지 않으신 육군사관학교 학교장님과 교수부장님을 비롯한 학교 관계자 여러분들과 학과 교수님들께 진심으로 감사를 드린다. 또한 녹녹치 않은 출판업계의 상황 속에서도 흔쾌히 출간을 도와주신 경인문화사 사장님께도 감사의 마음을 전한다.

2019년 12월

옮긴이 김 연 옥

차 례

* 목차에 제시된 장·절(章節)의 제목과 본문 속 장절 제목이 다소 다른 경우가 있지만, 목차의 장절 제목대로 번역함.
** 원문의 목차에는 부록 목록은 **빠져있지만**, 번역서에서는 부록 목록을 제시하여 열람의 편의를 제공하고자 함.

제1장 출병전 정황

제1절 간도지방 불령선인 개황

한일병합 전후 현상황[時事問題]에 만족할 수 없었던 무리들은 연달아 국경 밖으로 망명했는데 그 대부분은 그들의 근거지를 조선인 이주자가 비교적 많은 국경 인접지역[接壤]인 러시아-중국 영토 내에서 찾아 일본의 행정권이 미치지 않을 것을 기대하고, 해당 지방에 산재하는 우매한 조선인 자제를 모아 독립·흥한(興韓)의 사상을 고취시키거나, 외국인 선교사의 후원하에 포교라는 미명을 핑계삼아 배일(排日)사상을 선전하기에 힘쓰거나, 세계 각지 특히 상해, 북경, 하와이, 미국 등에서 동지와 의기투합하여 여론의 동정을 환기시켜 제3국의 원조를 얻어 만일의 요행으로 목적달성을 이루고자 계속 획책하고 있으나, 우연히 제1차 세계대전의 결과 민족자결, 약소국 독립운동이 제기되는 좋은 기회가 도래하게 되었다. 총독정치에 불만을 품은 조선 내의 불량분자와 결합해 국내외에서 서로 호응하여 1919년(大正8) 3월에 독립소요사건을 야기하기에 이르렀다. 이후 조선 밖 특히 간도지방의 불령선인들은 점차 그 세력을 증가시켜 독립광복을 표방하고 성대하게 도당(徒黨)을 규합하여 그 지역에 거주하고 있는 조선인에게 돈과 곡식을 강제로 징수함과 더불어 온갖 수단을 강구하여 배일사상을 격앙시키기에 힘쓰고, 한국독립이 가능함을 선전했기 때문에 시대의 정세에 어두운 일반 조선인들이 여기에 공명하는 자가 많아 시일이 경과함과 더불어 그 세력이 갑자기 증대하거나, 혹은 중국 관헌과 타협하거나, 혹은 러시아의 과격파와 제휴하여 점차 무력을 비축하여 그 행동은 점점 신랄하고 노골적이게 되었다.

1920년(大正9) 1월 상순 용정촌(龍井村) 근교에서 조선은행권 15萬圓을 약탈하는 사건이 있었는데, 결국 그들의 악독한 수단은 강안(江岸)지방의 조선 내지로 퍼져 3월부터 온성(穩城)지방 무장한 불령단의 진입이 다소 빈번해졌고, 5월 중순에는 혼춘(琿春) 한민회의 일파 김운서(金雲瑞)가 이끄는 불령선인 10여 명은 조선 내부로 침입하여 경원(慶源) 서쪽 방면 운무령(雲霧嶺) 부근에서 우리 우편배달원을 습격하고 헌병보(憲兵補)를 살해하였다. 제19사단은 병력을 출동시켜 이들을 초토하였으나 결국에는 놓쳤다. 6월 상순 남양(南陽) 대안(對岸) 지방에서 무장한 불령선인 20여 명이 강을 넘어 침입하여 우리 수비대가 이들을 추격하여 대안(對岸)으로 진출하였으나, 그 후방에 다소 유력한 도적 무리가 있어, 소수 부대로 고립되면 위험한 점도 있으므로, 제19사단장은 [작년에 내려진] 1919년(大正8) 9월 12일 <朝參密 제906호> 훈령의 주지(主旨)에 의거해 독단으로 즉시 나남(羅南)에서 야스카와(安川) 소좌가 지휘하는 보병 2중대를 기간(基幹)으로 하는 추격대를 편성·파견하였는데, 이 부대는 풍오동(風梧洞)[1] 부근에서 약 200명의 도적들과 충돌하여 약 4시간에 걸쳐 교전을 했고 약간 명의 사상자를 냈고, 결국에는 이들을 격퇴시키는 등 구체적이고 두드러진 사건이 일어났던 것이다.

이처럼 그들의 무력적 색채는 점차 농후해지고 있고 그 세력도 무시할 수 없는 상태에 이르러 무엇인가의 방법을 강구해 단호히 조치하지 않고서는 그 피해가 갑자기 증대되는 상황이 될 것이다.

그 개황을 알려주는 부도(附圖)는 제1과 같다.

---

1 원문에서는 "風梧洞"으로 표기하고 있으나, "봉오동(鳳梧洞)"의 오기(誤記)로 추측됨. 즉, 1920년 6월의 봉오동 전투에 대한 진압을 의미하는 문맥으로 이해할 수 있음.

〈朝參密 제906호〉

對불령선인 작전에 관한 훈령

1. 불령선인은 국제연맹회의에서 독립운동에 책응하기 위해 한편 에서는 무기를 휴대하고 강을 건너 조선 내지로 진입을 꾀함과 동시에 조선 내지에서도 소요를 일으키고자 하는 듯함.

2. 조선 밖에서부터 무력 진입을 꾀하는 불령선인단에 대해서는 섬 멸적 타격을 가할 것.
추격이 필요하다면 조선 밖으로 진출할 수 있음.
조선 내에서 소요[발생]시 군대 출동을 필요로 하는 경우에는 초기에 신속하게 진압 목적을 달성하도록 힘쓸 것.

3. 제20사단장은 강안(江岸) 방면에서 대(對)불령선인 작전 및 조 선내지소요진압의 초기에서 보병 3대대 기병1소대를 용산에 남 겨두고 내(本職)가 직접 관할할 수 있는 상황이 올 것도 계획해 둘 것.
보병제79연대의 기관총대(6총편성)은 제19사단장의 사용에 제 공할 준비를 해야 할 것이며, 그 편성과 기타 세부사항에 관해 서는 별도로 지시할 것.

4. 두만강 강안 수비보병부대에 나남 부대 경비용 탄약으로 1총당 50발을 증가시킬 것. 단, 회령(會寧)에 있는 수비대를 위해서는 연습용 탄약을 일시 사용할 수 있도록 계획해 둘 것.
압록강 강안 수비대는 함흥 및 용산부대 경비용 탄약으로 1총당 200발을 증가시킬 것.
위 보충은 추후 명령할 것임.

5. 사단장은 강안(江岸)을 건너 진입해 오는 불령선인에 대해 작전 및 조선 내지에서 소요진압에 관한 계획을 입안하고 신속하게 나(本職)에게 제출할 것.

1919년(大正8) 9월 12일

[발신] 군사령관 우쓰노미야 다로(宇都宮太郞)[2]

---

2 1861~1922(うつのみや たろう), 3.1운동시 조선군사령관, 최종 계급은 육군 대장.

[수신] 제19사단장 자작(子爵) 다카시마 도모타케(高島友武)[3]·제
      20사단장 조호지 고로(淨法寺五郞)[4]

〈朝參密 제964호〉
도강(渡江) 추격에 관한 건 통첩
1919년(大正8) 9월 26일
[발신] 군참모장 오노 도요시(大野豊四)[5]
[수신] 제19사단 참모장 시라이시 미치노리(白石通則)[6]·제20사단
      참모장 니시다 도모유키(西田友幸)
   9월 12일 <朝參密 제906호> 훈령 제2항 중에서 추격을 위해
조선 밖으로 진출할 수 있는 경우는 조선 외부로부터 침입을 기도
하는 무장 폭도를 격퇴하고 직접 그들을 뒤따라 도강(渡江)하는 경
우에 한정한 뜻이므로 [오해없이] 철저하게 해 두고자 명령에 의거
하여 통첩함.

제2절 간도지방 불령선인 취체(取締)에 관한 중·일 교섭 경과

1. 제1회 봉천회의 및 남만주지방 수사반의 파견

   1920년(大正9) 5월 상순 봉천성, 길림성 두 곳의 불령선인 검거에 관한
용무를 띠고 봉천에 도착한 조선총독부 아카이케(赤池)[7] 경무국장 일행은

---

3 1867~1943(たかしま ともたけ), 화족(華族), 최종 계급은 육군 중장.
4 1865~1938(じょうほうじ ごろう), 최종 계급은 육군 중장.
5 1872~1937(おおの とよし), 최종 계급은 육군 중장.
6 1873~사망시기 불명(しらいし みちのり), 최종 계급은 육군 중장.
7 아카이케 아쓰시(赤池 濃 : あかいけ あつし) 지칭. 1879~1945. 시즈오카현 지사,

해당지역에서 아카쓰카(赤塚)[8] 총영사, 사이토(齋藤)[9] 길림도독군 고문, 마치노(町野)[10] 봉천도독군 고문, 기타 관계자들과 협정하여 장(張) 순열사(巡閱使)[11]에게 요구한 결과, 봉천성과 간도방면의 검거를 실시하는 것으로 되었다.

봉천성 내에서는 우에다(上田), 사카모토(坂本) 두 경찰고문을 長으로 삼고, 거기에 우리 헌병, 경찰관, 중국순경, 조선인 약간 명으로 구성된 수사반을 하나의 단위[一班]로 편성하여, 안동(安東)·관전(寬甸)·환인(桓仁)·집안(輯安)·임강(臨江)·무순(撫順)·홍경(興京)·유하(柳河)·해룡(海龍) 방면으로 출동하여 독립단 및 한족회에 속한 불령자 검거에 착수하기에 이르렀다.

간도방면에서도 수사반을 편성하여, 마치노 독군 고문을 파견하기로 결정하고, 마치노 중좌는 이에 대한 협의를 위해 5월 17일 길림에 도착해, 길림성 성장(省長) 서정림(徐鼎林)과 모여 의논하였는데, 성장(省長)은 이에 대해 반대하며 불령선인으로 칭해지는 자들은 모두 정치범인이므로 중국은 이들을 소탕해야 할 이유가 없고, 또한 간도 방면으로부터의 보고에 의하면 해당 지방에서는 커다란 소요가 없는 듯하며, 특히 이들의 취체에 관해서는 이미 규정을 마련해 도윤(道尹)이하로 실시하고 있다는 이유를

경시총감 등 역임.

8 아카쓰카 쇼스케(赤塚 正助 : あかつか しょうすけ) 지칭. 1872~1942. 중의원 의원, 외교관 등 역임.

9 사이토 히토시(齋藤 恒 : さいとう ひさし) 지칭. 1877~1953. 최종 계급은 육군 중장.

10 마치노 다케마(町野 武馬 : まちの たけま) 지칭. 1875~1968. 장작림의 고문 역임. 최종 계급은 육군 대좌.

11 장작림(張作霖) 지칭. 1875~1928. 봉천독군(奉天督軍), 동삼성순열사(東三省巡閱使) 등을 역임. 따라서 본문에서 "장(張) 순열사", "장(張) 독군"으로 나오는 경우 장작림을 칭하는 것으로 해석 가능.

들어 이에 응하지 않았고, 또한 장(張) 순열사[=장작림]는 이러한 때에 강제적으로 수사하는 것은 미루고 서(徐) 성장(省長)에게 기한을 정해 책임 있는 취체를 실행하게 하고 그 결과 희망하는 대로 되지 않을 때는 이후의 조치를 채택하는 것이 좋을 것이라고 말하여, 간도 방면의 [토벌] 실행은 일시 답보 양상을 보였다. 이에 대한 선후책에 관해 아카쓰카 총영사는 총독부경무국사무관과 조선군참모가 봉천으로 오도록 요구했다.

2. 제2회 봉천회의 및 그 후 경과

5월 29일 아카쓰카 총영사, 마치노 고문, 마루야마(丸山)[12] 총독부 사무관, 히라마쓰(平松) 군참모 등이 봉천 총영사관에 모여 이후의 방침을 다음과 같이 협정하였다.

> 종래의 해 온 것도 있으므로 이후 약 1개월을 기한으로 하여 길림 성장이 취체를 실시하고 상황을 관찰하여 그 결과에 따라 중일협동수사(명의상 중일협동수사로 칭하지만, 일본측이 주동적인 입장에 서서 검거를 실시하려 했던 것임)를 실시함. 부과한 유예기간은 이것에 관한 諸준비가 완료되면 수사를 실시하고자 함. 수사실시에 관한 세부적인 구체적 방책은 조만간 마치노 중좌의 방문을 요청해서 조선총독부와 조선군이 협의하여 결정할 것.

6월 7일 마치노 고문관이 경성으로 와서 군과 총독부가 협의한 결과, 총독부의 희망에 따라 협동수사 실시에 관해 위 협정의 취지를 다음과 같이 약간 변경하기에 이르렀다.

---

12 마루야마 쓰루키치(丸山 鶴吉 : まるやま つるきち) 지칭. 1883~1956. 일본 내무성 관료, 경시총감 역임.

6월 7일경부터 7월 7일경까지의 1개월을 기한으로 하여 서(徐) 성장(省長)에게 취체를 실시하게 하였는데, 그 효과가 드러나지 않자, 아카쓰카 총영사를 매개로 하여 장(張) 순열사에게 다음과 같이 교섭하였다. "당분간 강안(江岸) 부근에서 중일협동수사를 실시할 수 있게 됨. 그와 동시에 중국측에 수사반을 편성하게 하고 거기에 마치노 고문, 기타 우리 헌병 경찰 몇 명을 부쳐 오지 방면의 검거를 실시함. 단, 이 요구는 다소 장기간에 걸쳐 중국 영토 내에서 우리 권력을 행사하는 것이 되므로 만약 장(張) 순열사가 여기에 응하지 않으면 앞에서 언급한 것처럼 일시적으로 중일협동수사를 실시하는 방향으로 교섭함."

이후 1개월이 경과하였으나 중국측의 취체는 여전히 불철저하였으므로 간도 방면 불령선인의 정황은 날로 악화되었고 도저히 경찰력만으로는 철저한 소탕을 기대할 수 없었다. 결국 병력을 동원하지 않으면 효과를 거둘 수 없는 지경에 이르렀고, 이러한 때에 이미 서술한 것처럼 강안(江岸) 부근에서 중일협동수사의 권리를 얻음과 동시에 병력으로 철저하게 소탕을 실시할 필요가 있다는 승인을 얻어내기에 이르렀다.

다른 한편으로는 일본 외무대신이 오바타(小幡)[13] 공사(公使)에게 보낸 전보에 입각해 모리타(森田)[14] 길림 총영사와 서(徐) 길림성장과의 교섭중인 중일협동조사(중일협동수사를 의미)에 관한 사정을 청취하기 위해 제3회 봉천회담을 개최하였다.

3. 제3회 봉천회의 및 그 후 경과

7월 16일 오노(大野) 조선군 참모장, 기시(貴志)[15] 관동군 참모장 대리,

---

13 오바타 유키치(小幡 酉吉 : おばた ゆうきち) 지칭. 1873~1947. 일본의 외교관.
14 모리타 간조(森田寛藏) 지칭.

사이토 고문, 마치노 고문, 구니토모(國友)[16] 조선총독부 경무과장, 히라마쓰(平松) 조선군 참모, 아이바(相場)[17] 총독부 통역관은 아카쓰카 영사와 봉천총영사관에서 회동하여 협의한 결과, 다음과 같은 각서를 아카쓰카 총영사를 통해 장(張) 순열사에게 교섭하는 것으로 정했다.

장(張) 독군(督軍=장작림)에게 요구서 사항 각서

1. 강안(江岸)일대 접양[接壤=국경을 맞댐]지방에서 중일협동수사를 수시로 실시할 수 있게 할 것.

2. 필요한 시기, 특정 기간에 한해 중국 군대와 협동하는 명의하에 우리 군대로 소탕하는 것의 승낙을 얻을 수 있게 할 것.

7월 16일 밤, 아카쓰카 영사와 장(張) 독군과 회견한 결과는 다음과 같다.

1. 제1항에 대해서는 대략적으로 양해를 얻은 듯한 상황이지만, [口頭로의 약속이 아닌] 필기한 것으로 제출하기를 희망함.

2. 제2항에 대해서는 장(張) 독군은 양해했지만, 길림성 내에 속하는 사항이므로 그와 회담(포(鮑) 독군[18]은 당시 봉천에 있었음)한 후에 확실한 회답을 얻어야 할 것이므로, 구체적인 안을 필기로 제출할 것을 희망함.

위의 구체적인 안은 마치노 고문, 아카쓰카 총영사와 협의한 후 다음과 같은 사항을 수집 기록하여 장(張) 독군에게 제출하는 것으로 하였다.

1. 군대로 소탕할 수 있는 기간은 약 2개월로 함

2. 출동병력은 약 1연대를 기간(基幹)으로 함

---

15 기시 야지로(貴志 弥次郎 : きし やじろう) 지칭. 1873~1938. 최종 계급은 육군 중장.
16 구니토모 나오카네(國友 尙謙) 지칭.
17 아이바 기요시(相場 淸) 지칭. 간도총영사관 경찰부장 등을 역임. 최남선의 '조선상식 문답-조선문 화사'를 번역.
18 포귀경(鮑貴卿)을 지칭. 1867~1934.

3. 지역은 간도 및 그 부근(琿春 및 東寗의 兩縣을 포함)

7월 24일 아카쓰카 총영사는 장작림과 회견하여 교섭하였으나 결국 그는 다음과 같이 신청하였다.

1. 중국 군대에 길림독군고문 사이토 대좌를 붙여 토벌을 실시하고, 만약 원조가 필요한 상황에 이르면 일본군대의 원군[來援]을 구하는 책략이 지당할 것임. 그러나 실시하는 시기는 준비되는 대로 착수하는 것도 가능함.

2. 중일협력수사는 각 지방마다 해당 지방관과 협의하여 국지(局地) 문제로 해결·실시하는 것을 온당한 방침으로 할 것. 이를 위해 미리 상사(上司)가 각 지방관에게 이 취지를 유달(諭達)해 두면 가능함.

3. 이상은 포(鮑) 길림도독도 알고 있다면 위 방침에 의거해 착수할 것.

아카쓰카 총영사는 기시(貴志) 소장(小將)을 통해 현재 상황상 위 방침에 따르는 것 외에는 강구할 수단이 없다고 인정하는 취지의 통첩을 보내왔다.

8월 13일 사이토 대좌는 길림독군서 참모 2명, 병졸 약간 명을 동반하여 경성에 도착하였으나, 포(鮑) 길림도독고문에게 주어진 임무는 단순히 간도방면의 정황을 조사하고 취체방침을 지도하는 것에 머물렀을 뿐, 중국 군대와 더불어 하는 토벌까지는 미치지 못했고, 또한 길림에서 총영사와 성장(省長) 간의 교섭도 별다른 진척이 없으므로 8월 15일 다음과 같은 결의를 하였다.

4. 경성회의

8월 15일 오노 군참모장, 아카이케 경무국장, 오타(太田) 헌병대사령부 고급부관, 기타 관계자는 총독부에서 사이토 고문과 회동하고 간도불령선인 소탕에 관해 다음과 같이 결정하였다.

1. 중국 관헌이 불령선인의 취체를 공개적으로 성명함에 따라 이 기회에 사이토 대좌 감시하에 중국군이 불령선인의 수사·토벌을 실행하게 할 것.

   만약 중국관헌이 수사·취체시에 성의가 없거나 혹은 노력이 불충분하다고 인정될 때는 그 때마다 경고를 주고, 중일협동수사는 물론 필요한 경우에는 중국관헌에게 중일협동토벌의 실행을 요구하게 할 것.

2. 강안(江岸)부근에서 중일협동수사에 관해서는 봉천 방면의 협상 진척을 도모함과 동시에 사이토 대좌는 중국 해당 지방관과 교섭하여 원활하게 실행될 것을 타협할 것.

이상과 같이 협정하였으나 병력을 사용한 중일협동토벌은 그 영향이 미치는 바가 크므로 강제적으로 우리가 병력의 응원을 구하는 것을 부적당하므로 대세에 따라 출장 지역 관헌 상호간의 양해하에 이것을 실시하고 국교관계에 영향이 미치지 않게 하는 것으로 이후 군의 방침으로 삼았다.

위 교섭의 경과는 순서대로 참모장으로부터 상사(上司)에게 통첩됨과 더불어 양해를 얻고자 노력하였다. 만일의 경우의 경비(經費) 관계에서도 역시 그렇게 할 것이다.

제3절 간도지방 불령선인 초토계획

1920년(大正9) 7월 제3회 봉천회의 이후 군은 병력출동의 경우를 고려하여 그것이 초토계획(부록 제1참조) 입안에 착수하여, 8월 20일 블라디보스토크파견군에 이것이 실시될 때 초모정자(草帽頂子) 토문자(土門子), 삼차구(三岔口), 나자구(羅子溝) 방면에 각 1부대를 보내 우리 군과 책응 건을 교섭하고 내부 승낙을 얻었다. 또한 이에 필요한 병기, 경비 등에 관해서는 육군성 및 참모본부에 내담(內談)을 신청하였다. 총 경비는 28萬圓으로 개산(槪算)하였다.

본 계획의 발령은 그 시기가 마침 군사령관이 교체되는 시기였으므로 계획안으로 하여 참모장으로부터 9월 2일 예하에 내보(內報)하여 경비를 필요로 하지 않는 범위에서 준비를 계획하도록 통첩하였다.

본 계획에 관해 육군성 군무국 당사자는 그 후 상경중이었는데, 가미무라(神村) 군참모에게 본 계획과 관련하여 간도지방 불령선인 초토계획 및 소요경비는 중앙부에서 그 필요를 인정하기에 이르면 각의에 제출하여 결정한 다음 철저하게 실시할 복안(腹案)이므로 군에서도 [이를] 충분히 [숙지하여] 신중하게 [대처함으로써] 현지 관헌간의 상호 협정만으로 실시하는 것과 같은 상황을 피해야 할 것이라는 취지로 말해 두었다.

제4절 길림독군고문일행의 간도입성과 중국측의 불령선인 취체 상황

길림독군고문 사이토 대좌 일행은 8월 16일 경성에서의 협정에 기초하여 먼저 중국측에 대해 불령선인의 토벌을 실행하게 했고, 필요하면 중일협동수사는 물론 나아가 중일협동토벌 실행 요구와 같은 지도를 위해 8월 17일 경성을 출발하여 간도로 향했고, 군으로부터도 이러한 상황 시찰을 위해 히라마쓰(平松) 참모를 동행시켰다.

위 일행은 8월 하순 국자가(局子街)에 도착해 사이토 대좌는 도(陶) 연길도윤, 맹(孟) 단장과 회견·교섭한 결과, 당시 간도에 있는 중국 군대의 다수는 마적토벌을 위해 다른 곳으로 출동한 관계로 병력이 부족하여 사이토 대좌의 이름으로 길림독군 및 성장(省長)에게 보병 2대대, 산포(山砲) 4문의 증가를 요구했고 철저히 초토를 실시할 것을 협정하였으나, 독군(督軍)은 요구된 병력을 증파하지 않고, 간도에 있는 중국 관헌도 불령단의 존재는 중국의 국권을 침해하는 것이라는 훈시를 내긴 했지만, 이면에서는 일본측의 교섭의 엄중함으로 어쩔 수 없이 해산을 명령하는 것이라며 불령단에게 애원적으로 교섭하여 그 근거지를 다른 곳으로 이전하게 하고, 그 후 군대는 토벌이라고 칭하며 그 지역에 가서 미안한 태도로 그들의 남은 병영 등을 파괴하여 호도[糊塗=흐지부지 덮어버림]하는 것에 그쳤다. 국제적 신의라고 인정할 만한 것이 전혀 없다. 중국측의 취체는 그 결과 오히려 점점 불령선인들에게 배일사상을 주입시켜주는 형태가 되어 불령선인의 취체를 그들에게 일임하는 것은 완전히 실패로 끝날 것임이 명약관화하며, 우리 군대가 초토 작업에 임해야 함이 불가피하게도 긴급하다는 것을 확증하는 상황에 이르렀다.

제5절 간도지방에서의 중국 군대

간도 및 혼춘 지방에서 중국 군대는 본래 기질이 불량한 집단으로 극단적으로 말하면 쿨리[苦力=하층노동자]에게 군복을 입힌 것에 지나지 않는다.

1. **병력** : 연길-혼춘 지방에 주둔하는 총 병력은 1920년(大正9) 5월 말에 보병 4대대, 공병 1대대, 기병 1소대(8, 9월 교대되어 1대대로 됨)으로, 그 1대대(營)은 500명을 정원으로 하지만, 실제 숫자는 300명도 되지 않음. 1중대(連)는 불과 60~70명에 지나지 않는 것이 현황임.

2. 배비(配備) : 상당수의 마적 내지 지방 도적에 대한 관계상 분산배치되어 있기 때문에 집결하기 매우 곤란한 상황에 있음.

3. 본래 기질 : 순방대(巡防隊)를 개편하여 영장(營將) 이상의 장교라고 하더라도 군사적 소양이 결핍되고, 그 대부분은 졸오(卒伍) 혹은 녹림[綠林=화적이나 도둑 소굴] 출신이어서 위령(威令)이 충분히 행해지지 않음.

　　하사, 병졸은 대부분 쿨리에서 뽑은 것과 별반 차이가 없음. 극단적인 탄약 절약 관계상 그들은 1회 발사 연습조차 행할 수 없는 상태이므로, 그 실력면에서는 어떤 부분은 불령선인에 대항해도 거의 승산이 없는 상태임.

4. 경비 : 군대출동을 하더라도 그 경비는 上軍으로부터 지급되는 것이 없으므로 병졸은 아편 등을 몰수해서 자신들의 비용으로 충당하는 것이 통상적임.

5. 숙영 및 급양(給養=보급) : 대규모 집단으로 행군하는 것과 같은 것이 없고 통상 일련(一連)마다 개별적으로 행동하고 지휘관이 대략 제시하는 지점에 도착하여 임의적으로 흩어져 숙박함. 따라서 그 숙영 범위는 상당히 광대함. 또한 그 급양법(給養法)은 현지 약탈에 전적으로 의존하므로 한촌[寒村=궁벽한 마을]에서는 도저히 오래 머무를 수가 없고, 대부분 2, 3일을 주기로 옮겨가며 숙박함.

이상과 같이 인민들은 그들을 병비(兵匪)라고 칭하며 내심 상당히 멸시하는 부분도 있지만, 한편으로는 두려워하는 부분도 있다. 불령선인의 초토 방법에 대해서도 철저하지 못한 것은 여러 가지 이유가 있지만, 자기 군대의 내정 폭로를 두려워하는 것도 대개 그 원인의 하나일 것이다. 관찰한 바 중국 군대 병력 배치는 대략 附圖 제2와 같다.

제6절 두 번에 걸친 마적의 혼춘 습격

9월 12일 오전 5시경 중국 마적 300명 일당이 혼춘 시가지를 습격하여 약탈을 자행하고 도처에 방화하고 시가지를 관통하는 장소에서 가옥 40여 채를 전부 불태우고 인질을 납치하여 오전 8시가 지난 시각에 동쪽으로 퇴각하였다.

당시 중국 군대는 오(吳) 영장(營將) 이하 상당한 병력이 주둔하고 있었으나 조금도 격양적 태도를 보이지 않았을 뿐만 아니라, 마적이 퇴각을 개시하자마자 중국 공병(工兵)은 곧바로 시내로 침입하여 약탈을 감행했고, 3~4명의 일본인은 총을 지참하고 서문(西門)에 도착하여 마적을 사격하려 하자 중국 가옥에 들어가 있던 한 명의 중국 공병졸은 그들을 향해 "만약 마적을 사격하면 나는 너를 사격할 것"이라고 위협하였다고 한다. 이러한 한가지 예를 보더라도 거류민 보호를 위해 중국 군대에만 의존해서는 안될 것인데, [그들은] 마적 다음으로 위험한 단체라는 것을 말할 필요가 없는 것이다.

군사령관은 거류민 장래의 안위를 고려하여 긴급한 경우에는 단독출병으로 그들을 보호하기로 결정하고, 9월 12일 제19사단장에게 다음과 같이 전훈[電訓=전보로 훈령을 보냄]함과 동시에 그것을 중앙부에 보고하였다.

혼춘영사로부터 거류민 보호를 위해 출병 요청이 왔는데, 나(本職)의 명을 기다릴 여유가 없는 정황이라고 판단되므로 귀관(貴官)은 시기를 놓치지 말고 이에 응해 필요한 병력을 출동시킬 것.

이후 마적이 혼춘을 재습격했다는 소문이 무성해졌고, 9월 30일에 약 50명의 마적이 혼춘 서북방 약 8리의 대황구(大荒溝)에 있는 중국 공병영(工兵營)을 습격하여 부대에 있던 34명 중 대부분을 납치하여 사라졌고 무기와 탄약을 전부 약탈하는 등의 행동으로 인심이 심히 불안했는데, 갑자기 10월 2일 오전 4시경 마적 약 400명(이 중에는 러시아인 수명, 조선인 약 100명, 중국 관병 수십 명이 혼재)은 혼춘을 습격하여 우리 제국영사 분관과 그에 속하는 관사에 방화하여 관내 곳곳에 신식 폭탄을 투하하고 중국제 구식 37mm 경포(輕砲) 3문을 부근의 고지대에 배치해 두어 점차 우리 거류지를 넘어 중국 거리 쪽으로 향해 약탈을 자행했고, 거류민 가옥 약간과 9월 12일의 습격으로 타고 남은 중국 가옥의 대부분은 화재로 소실되었다. 그 사이 나팔을 불고 경적을 울리며 부대를 지휘하고 그 행동에 질서가 있었던 것으로 보아 일반 마적과는 다른 부류였다. 오전 8시에 일본인 1명, 조선인 및 중국인 수십 명을 납치하여 유유히 퇴거하였다.

이곳 마적은 대부분 일본인만을 살해한다. 그 피해 상황은 사망 14명(조선인 순사 1명을 포함) 중경상 30여 명에 달한다. 조선인·중국인 피해자는 영사관에 구금중인 조선인 3명, 중국인 1명에 불과하다. 그 참혹하고 잔악한 행위는 마치 '파르티잔'[19]과 비등비등하다.

비로소 마적 습격 전보가 빈번하게 되자, 10월 1일 밤 영사는 급사(急使)를 훈융(訓戎)으로 파견하여 응원을 요청하였다. 그 사자(使者)는 같은 날 밤 12시 훈융 대안(對岸)에 당도해 발포한 후 급박한 상황을 보고하였다. 이에 경원(慶源)수비대장은 남부(南部) 오소리(烏蘇里)수비대와의 연락에 관한 중일협정을 이용하여 특무 조장(曹長) 이하 10명을 2일 오전 3시 50분에 혼춘을 향해 출발시켰다. 이 연락병이 혼춘에 도착했을 때에는 이미 적단(賊團)이 퇴각한 후였으므로 직접 전투를 벌이는 상황에는 이르지 못하였다.

＜비고＞

제2회 격전시에 마적 중에 러시아인, 조선인, 중국 관병(官兵)이 포함

---

19 partisan : 빨치산 : 유격전을 수행하는 비정규군 요원의 별칭.

되어 있었던 것은 앞으로의 교섭에서 극히 중대한 의의를 지니는 것이므로 그들의 증적(證跡)을 포착하는 데 힘씀. 현재 수집된 증적은 다음과 같다.

1. 러시아인들이 섞여 있었다는 증적

(가) 마적 내습 당시 문호를 폐쇄하고 실내에 있던 일본·조선·중국인 중의 수 명은 가죽제 러시아 의복을 입은 러시아인 2~5명을 목격함.

(나) 납치한 중국인 중 귀환자는 모두 적단 중에 러시아인 5~8명이 혼재되어 있었다고 보고함.

(다) 혼춘현지사는 적단 중에 러시아인 7~8명이 참가했다고 말함.

2. 불령선인이 섞여 있었다는 증적

(가) 영사분관 부근에 유기된 사체의 배낭 속에서 조선독립운동에 관한 서류 몇 장을 발견함.

(나) 습격 당시 본인의 집에 있던 일본인 몇 명은 실내로 침입한 수명의 적도(賊徒)가 서로 조선어로 재화를 수색하고 약탈을 계속했음을 목격함.

(다) 믿을 만한 정보에 의하면 적 중에서 작은 두목 김산당(金山黨)의 배하의 인물만 해도 조선인 30여 명이 있었다고 함.

(라) 납치자 중 귀환한 조선인들은 적 중에 조선인 수십 명이 있었다고 보고함.

3. 중국 관병이 섞여 있었다는 증적

(가) 영사 분관 내에 유기된 적의 사체 1구는 중국 공병(工兵) 금장[襟章=휘장]을 부착한 상의를 입고 있었으며, 영사관 앞 문에 있었던 사체 1구는 금장이 있는 군복을 착용함.

(나) 관복을 입은 채로 일본인 스기우라(杉浦) 상점에 침입한 수십 명의 적 중 2명은 위 상점에서 관복을 벗고 약탈한 양복으로 갈아입

고 관복을 버렸음. 대호(隊號)가 부착되어 있고 금장이 있는 상의 2벌을 영사 분관에서 보관함.

(다) 적단 중에 관복을 착용한 병졸 수십 명이 혼재되어 있는 것은 일본·중국·조선인 모두 그것을 목격함.

(라) 중국인 납치자 중 귀환자는 모두 적단 중에 중국 관병이 존재했다고 말함.

(마) 적단 중 관복을 착용한 자가 섞여 있었음은 중국 관헌이 이를 인정함.

제7절 혼춘 및 간도로 긴급 출병

1. 혼춘 방면

적단이 재차 내습해 올 조짐이 있다고 중국 군대 일부 적단에게 보고된 사실이 있었음에 비추어 볼 때 다카시마 제19사단장은 앞서 혼춘 제1회 마적 습격시 군사령관이 내린 훈령의 취지에 입각해서 10월 2일 오후 2시 경원수비대로부터 장교 이하 80명을 혼춘에 파견하고 거류민을 보호하였다. 그러나 오후 3시 혼춘에 있는 아키스(秋洲) 부(副)영사[20]로부터 보병 1중대의 파견을 요청해 왔으나, 사단장은 앞서 서술한 부대가 출동한 후이므로 별도의 부대를 파견하지 않고, 다만 이후 상황 변화에 대응하기 위해 미리 중국측의 불령선인 토벌을 감시하고, 또한 불령자가 조선 안으로 침입하는 것을 방지할 목적으로 온성 부근에 출동하였다. 아베(安部)

---

20 秋洲郁三郎 지칭.

대대(보병 3중대, 기관총 1소대로 구성)에 명령하니, 1중대를 온성에 남겨두고 주력을 훈융(訓戎)에서 명령을 대기하라고 하였다. 우연히 북조선 부대 초도 순시중이던 오바(大庭)[21] 군사령관은 같은 날 오후 나남에 도착하여 위 사단장의 조치를 승인하였다.

나남헌병대장은 헌병대사령관의 인가를 얻어 군대와 더불어 경원헌병분대장 이하 헌병 6명을 혼춘에 파견하였고, 군사령관 역시 이것을 승인하였다.

위 출동부대는 2일 오후 7시 30분에 혼춘에 도착해 바로 경계 준비태세로 들어갔다.

앞서 사이토 독군 고문 일행과 함께 간도로 출장갔던 히라마쓰(平松) 참모는 군사령관에 상황 보고를 위해 조선으로 돌아가서 우연히 회령에 체재중이던 군사령관은 同官에게 훈령하니 혼춘으로 급히 가서 상황에 응해 시의적절한 조치를 행하도록 하였다. 이에 同 참모는 3일 이른 아침 회령을 출발하여 혼춘으로 향했다.

일단 퇴각한 마적은 혼춘 북방 지구에 머무르며 습격을 반복하려 했음에도 불구하고 중국관헌의 실력은 이들을 전혀 막아내지 못했다. 사태가 용이하지 않았으므로 사단장은 다음 10월 3일 오전 8시 30분 훈융에 있는 아베 소좌로 하여금 소요 부대를 이끌고 혼춘에 와서 선후책[善後策=대책]을 취하도록 명령하였다. 이어 부영사로부터 다시 대대장이 지휘하는 보병 2중대, 기관총 1소대의 병력파견을 정식으로 사단장에게 요청해 왔다. 아베 소좌는 보병 1중대, 기관총 1소대를 이끌고 같은 날 오후 4시 혼춘에 도착하였다. 거류민들은 이 때 처음으로 소생한 듯한 안색을 보였다. 3일 밤중에 아베 소좌는 다시 훈융으로부터 장교가 지휘하는 30명을 혼

21 오바 지로(大庭 二郎 : おおば じろう) 지칭. 1864~1935. 최종 계급은 육군 대장.

춘으로 불러모았다. 사단장은 혼춘에서 부상자의 구호 및 앞으로의 필요를 고려하여 앞서 아베 대대에 배속시켜 둔 군의(軍醫)를 급파하게 하였으나 1위생반을 나남에서 편성한 후 3일 혼춘으로 향하도록 급히 서두르게 하였다. 해당 위생반은 5일 정오 혼춘에 도착했다.

혼춘 북방지구에 머무르던 적단은 그 수가 700~800명으로 증가하였다. 그 척후(斥候=정탐)는 끊이지 않았고 우리의 전초선에 출몰하여 곳곳에서 우리와 그들 간에 작은 충돌이 발생했으나 10월 5일 오전 4시 이도구(二道溝 : 혼춘-훈융 도상에 있음)에 있던 우리 통신소는 적도 약 150명에게 포위되었으나 혼춘으로부터의 우리 병력의 응원에 의해 결국 그들을 격퇴하였다. 이 때 우리 병졸 1명이 부상을 입었고, 적(賊)의 사체 6구를 유기하였다.

이후 사단장은 諸보고를 종합하여 혼춘 방면에서 적단의 세력을 가볍게 볼 수 없음을 파악하고, 제국 영사관(분관)과 거류민을 보호하고 화근을 뿌리뽑기 위해서 다시금 병력을 증강시킬 필요성을 인정하였다. 우선 회령으로부터 보병 2중대 공병 1중대를 파견하고 추가로 보병 제76연대에서 제3대대를 기간으로 하는 보병 1대대를 편성하여 거기에 기·포병 각 1중대를 추가해 철도 수송력이 허락하는 한 가능한 한 신속하게 그들을 회령으로 수송하게 하고, 거기서 또 혼춘으로 파병하기로 결정하였다. 또한 보병 제75연대장 마키(牧) 대좌를 혼춘에 파견하여 해당 방면 전반의 지휘를 맡겼다. 그러나 4일 밤중에 사단장은 종성(鍾城)수비대 대장으로부터 同 지방에 불령선인이 무력 침입 습격을 기도한다는 소문이 기세게 민심을 동요시킨다는 보고를 접하고, 해당 방면의 경비를 소홀히 할 수 없는 상태임과 장래 간도에 파병할 필요가 있음을 살폈다. 5일 보병 제76연대 제3대대 출발시에 대대장은 회령 도착 후 2중대를 해당 지역에 남겨두고 기타의 병력으로 북창평(北蒼坪)에 도착하였다. 해당 방면 강안

(江岸)수비대를 합쳐 지휘하고 경비를 담당했다. 정황이 허락되는 한 마키 대좌의 요구에 응해야 할 것을 명령하였다.

2. 간도 방면

제19사단장은 혼춘사건의 발전과 더불어 간도 방면으로 출동할 경우를 고려하여 보병 제73연대장에게 명령을 내려 보병 1대대를 기간으로 하는 부대의 출동 준비를 정비하게 하고 또한 왕청 방면의 적의 정세를 고려해 혼춘에 도달할 보병 제76연대 제3대대의 각각 반씩[半部]을 북창평(北蒼坪) 및 회령에 있게 하면서 얼마동안 정황의 추이를 지켜보게 하였으나, 우연히 10월 6일 오전 9시 간도에 있던 히라마쓰(平松) 조선총독부 경시(警視)로부터 간도방면의 형세가 급변하여 폭동에 철저히 대비하고 경계하도록 힘쓰라는 전보를 접했고, 이어서 사카이(堺)[22] 간도총영사대리로부터 국자가, 두도구, 용정촌의 형세가 심히 위험에 노출되었으므로 거류민의 보호를 위해 위 3개 지역에 보병 각 1중대씩을 시급히 출병시키라는 전보를 접했다. 이에 따라 사단장은 간도출병의 긴급함을 인정하고 군사령관의 인가를 얻어 보병 1대대를 기간으로 하는 부대를 파견하기로 결정하였다. 먼저 지난 5일 회령에 도달하여 대기하고 있는 보병 제76연대의 2중대를 용정촌으로 급히 이동하게 하고, 다음으로 보병 제73연대 부근 곤도(近藤) 중좌에게 보병 제73연대의 2중대를 이끌고 6, 7일 양일에 걸쳐 나남을 출발하여 용정촌으로 향해 급히 가게 하였다. 또한 당시 혼춘을 향해 급히 떠나고 있던 이토(伊東) 사단참모로 하여금 용정촌에 도착하여 시의적절한 조치를 하도록 명령하였다. 同 참모는 회령에서 본 명령

---

22 사카이 요사기치(堺 与三吉 : さかい よさきち) 지칭. 1873~1931. 외교관. 광동총영사, 길림총영사 등 역임.

을 수령하고 혼춘으로 가야하는 임무를 가지고 회령에서 하차한 기병 半
소대를 독단으로 용정촌으로 급히 항하게 하였다. 이 기병 부대는 7일 오
전 2시, 보병 부대는 오전 7시에서 9시 사이에 모두 용정촌에 도착하여
경비 임무를 맡았다. 거류민들은 처음으로 안도하였다. 곤도 중좌는 용정
촌 도착 후 영사의 간청과 전반적인 정세상 밤중에 1중대를 두도구로 급
파하였다. 이후 사단장은 전반적인 정세를 판단하여 시국의 발전에 따라
추가로 간도방면에 증병할 필요가 있음을 고려하여 보병 제73연대 제2대
대(2중대에 누락된 기관총 1소대 및 특종포대를 추가)를 회령으로 진출시
키고 대기 상태로 있게 하였다. 추가로 함흥에 있던 보병 제74연대로부터
1대대에 소요 기관(총)을 부여하고 나남으로 불러모으는 것으로 결정하였
다. 그리고 사단장은 용정촌 방면의 치안을 유지하기에는 적어도 보병 2
대대를 기간으로 하는 부대를 파견해야 할 필요성을 인정하고, 추가로 보
병 제73연대로부터 1대대 및 기병 1중대를 용정촌으로 급파하였다. 보병
제73연대장 야마다(山田) 대좌를 용정촌으로 파견하고 해당 방면 전반의
지휘를 맡겼다. 이어 기병 연대의 주력 및 야포병 1중대를 同 방면에 파견
하였다.

　야마다 대좌는 정보에 의해 삼도구 부근에 약 600명, 유동(柳洞) 부근
에 약 700명의 비적이 있다는 것을 알고, 10월 12일 행동을 개시하였다.
이튿날인 13일 삼도구 부근을 초토하였으나 해당 지역 부근에 있던 김좌
진이 이끄는 부대는 이미 서쪽 삼림 지대로 퇴각한 후였으므로 목적을 달
성하지 못하였다. 그들의 거주하던 주택 7동을 소각하고 먼저 두도구로
귀환하였다.

제8절 군사령관의 초토에 관한 의견 상신
(부록 제1의 부도(附圖) 참조)

10월 2일 이후 나남에서의 정황을 관찰하니 은밀한 출병은 긴급 필요한 경우로 최소한에 그치게 하여 국교에 누를 끼치지 않게 하도록 숙고해야 할 것이다. 군사령관은 諸정보를 종합적으로 판단하고 혼춘 및 간도지방에 있는 거류민을 보호하고 아울러 해당 지방의 비적을 철저히 초토하는 것이 불가피함을 인정하고, 10월 6일 다음과 같이 육군대신과 참모총장에게 의견을 상신한다.

1. 의견 상신

혼춘사건에서 드러난 적의 행동은 종래 마적과 그 취지를 달리하는데, 상당히 과격파와 유사하다. 거기에는 러시아인, 중국인, 조선인이 가담해 있음을 부정할 수 없다. 최근 경성(鏡城) 부근에서 체포한 불령선인은 시베리아에서 전사한 우리 병졸의 유품을 소지하고 있는 자가 있어서 간도 일대에 이러한 무리들이 이미 들어와 있다고 생각하지 않을 수 없다. 우리 병사에 대해 여러 차례 습격을 시도하는 등의 전투상 시도가 있었는데, [이로 볼 때 마적단에] 가입되어 있다는 생각이 들게 하고, 그 장비도 경포, 신식 폭탄 등을 사용하고 있음이 확인되는 지경이다. 도문강 강안(江岸) 일반의 흉악한 무리들은 면목을 일신(一新)한 바가 있다. 얼음이 녹은 후 무력 침입을 한다고 하는 풍문을 경시하지 않는다고 한다면, 혼춘에서 이미 성공한 적도들이 간도에 있는 우리 영사관을 습격하는 것은 있을 수 있는 것으로, 강안(江岸)을 내습하여 헌병 경찰이 고립되고 숫적으로 적고 약한 것을 노려 모두 죽임당하는 상황은 거의 예상대로 될 것이다. 일이 이 지경에 이른다면, 그 재앙은 조선 내지로 파급되어 크게 무력을 사용하여 조선 내지를 진압하지 않을 수 없는 상황에 빠지게 될 것은 명확하다. 지금 대안(對岸)의 적을 초토하면 단지 군사적 상책(上策)으로 그치지 않을 것이다. 앞서 군으로부터 상신한 초토계획도 어떤 의미에서 "밥상 위의 파리를 쫓는 격"으로 끝난 점도 있지만, 이번 봄에 결행한 월강(越江) 추격의 효과에 비추어 보면 우리 무위(武威)를 보여주고 불령한 마음을 제압하여 재앙의 피해를 조선 내지로 미치지 않게 하는 데 위대한 효력이 있을 것이다. 결행시키기를 간청한다.

장백산(長白山) 꼭대기에 이미 눈 내린 것이 보이는데, 엄동설한이 찾아오기 전에 병사들을 규합하는 것은 늦어도 11월 10일에 행동을 마쳐야 할 것이다. 시급한 지시를 간청한다.

적에게 경포(輕砲)가 있다. 우리에게 무익한 손해를 피하기 위해서는 산포 8문, 거기에 필요한 말에 짐을 싣기 위한 안장[駄鞍] 기구(器具) 전부 대여해주기를 희망한다. 그 편성은 당지(當地)에서 할 것이다. 지난 날 지급했던 저격포 중 상태가 좋지 않은 것이 있으며, 추가로 2, 3문(門) 대여가 있어야 할 것이다.

위 의견을 상신하면서 동시에 미리 초토 계획에 입각해 다음과 같은 행동 계획을 입안하여 제19사단에 내보(內報)하였다.

1. 혼춘을 근거로 하는 보병 2대대를 기간으로 하는 1지대로써 혼춘 방면의 적을 초토할 것. 이 때 블라디보스토크군[浦潮軍]에게 바라바시[23] 방면으로부터 책응법을 요구함.

2. 온성을 근거로 하는 보병 1대대를 기간으로 하는 1지대로 봉오동 부근 일대를 초토할 것. 백초구로 향할 것.

---

23 연해주 남부, 블라디보스토크 하단 70km 떨어진 곳에 위치.

3. 국자가, 용정촌을 근거로 하는 보병 3대대를 기간으로 하는 1지대
   로써 백초구로 향하게 하여 초토하고, 니(二) 지대와 합류할 것. 단
   일부를 두도구 방면의 적을 초토할 것.
4. 이 계획은 적의 정황이 명료해짐에 따라 다소간의 변경이 가해질
   것이나 대략 계획대로 실시할 것.

위 계획 실시시에는 제19사단이 사용할 수 있는 병력이 부족하므로 제
20사단으로부터 보병 1대대를 증파하는 것이 불가피하므로, 즉시 다음과
같은 명령을 내렸고, 참모장으로부터 그 세세한 건에 대해 통첩 받은 바
있다.

위의 증파 대대는 보병 제78연대 제3대대로, 同 대대는 6일 오후 명령
을 수령하고 급히 준비를 완료해 7일 이른 아침 둔영(屯營)을 출발하여,
같은 날 오후 원산에서 승선하여 8일 청진 상륙, 제19사단장의 예하로 배
속되었다.

사건 발발 전 조선군의 배치는 附圖 제3과 같다.

〈朝參密 제1008호〉

제19사단에 병력 증가 건 명령

1920년(大正9) 10월 6일

[발신] 조선군사령관

[수신] 제20사단장

1. 혼춘 및 간도지방의 현황에 비추어 볼 때 그 사단으로부터 보병 1대대
   및 위생반 1개조를 편성하고 제19사단장의 지휘로 배속되게 할 것.
   前記의 부대는 청진에 상륙한 날로부터 제19사단장의 예하에 속함.
2. 철도수송에 관해서는 제20사단장이 그것을 담당할 것.
   원산 도착 일시에 대해서는 추후에 제시함.

3. 선박 수송은 군사령부에서 담당할 것.

4. 사단장은 파견부대호, 편성 등을 결정하면 신속히 보고할 것.

〈朝參[密[24]] 제1009호〉

제19사단에 병력 증가에 관한 건 통보

1920년(大正9) 10월 6일

[발신] 군 참모장

[수신] 제20사단참모장

이번에 귀 사단으로부터 보병 1대대를 편성하고, 제19사단장에게 증가 배속시키는 것으로 된 것에 대한 상세한 내용에 관해 다음과 같이 정한 바, 이를 통첩함.

左記

1. 대대는 가능한 한 건제[建制=편제표에 정해진 조직을 유지함]하게 할 것. 각 중대의 인원은 평시의 편제법대로 잔류인원을 적게 할 것.

2. 부대 부속[隊附] 위생부원은 그들을 정원(定員)에 충실하게 하고, 또한 위생반(군의 1명, 간호장 1명, 간호졸 4명, 담가졸[擔架卒=들 것을 담당하는 병졸] 12명)를 요원으로 하여 용산위수병원으로부터 간호장 1명, 간호졸 4명을 배속시킬 것.

3. 탄약은 1총 120발을 표준으로 할 것.

4. 휴대 식량은 진중요무령(陣中要務令)의 규정대로 할 것.

5. 방한용 피복은 적절히 휴대하고 다닐 것.

6. 각자 인식표(認識票)를 휴대하고 다닐 것.

7. 위생반에서 필요한 위생재료는 다음과 같이 휴대하고 다닐 것.

---

24 원문상에는 密이 없지만, 앞뒤 문서의 일련번호로 보아 密이 누락되었을 것으로 판단하여 추가함.

약제 행리(行李) 2개, 들것[擔架] 4개, 육군창고에서 공용 행리(行李) 1개, 두터운 담요 10장, 사단에서 위 물품 막영(幕營)용 천막 약간.

또한 약제 행리(行李) 규정 내용품 이외에 필요하다고 인정되는 위생재료를 휴대하고 다닐 수 있음.

〈朝參密 제1010호〉

명령

1920년(大正9) 10월 6일

[발신] 조선군사령관

[수신] 제20사단장

1. 10월 6일 〈朝參密 제1008호〉 명령에 의해 그 사단으로 편성된 대대는 다음날 7일 오전 출발하여 원산에 도착함. 같은 날 오후 4시 원산항을 출범한 安平丸에 승선하여 청진에 도착할 것.
   위생반은 불가피할 경우 다음편 배로 출발할 수 있음.

2. 곤포[梱包=포장] 및 기타 시일을 필요로 하는 짐은 나중에 보내어도 무방함.

제9절 군참모의 상경

10월 7일 밤 참모본부 총무부장으로부터 토벌회의를 위해 참모 1명을 시급히 상경시키라고 하는 전보를 접하고, 아마노(天野) 군참모를 10월 8일 출발하게 하여 상경시켰다. 同 참모는 10월 11일 육군성 및 참모본부에 출두하고, 같은 날 회의를 마치고 14일 귀착하였다. 회의시에 받은 지시는 부록 제2-1, 2-2와 같다.

또한 블라디보스토크파견군에서 해림(海林)으로부터 1부대를 합마당(蛤蟆塘) 부근으로 파견하고 군의 토벌행동에 책응하게 하는 건은 참모총장의 훈령에서는 지시되지 않았으나, 문맥상 묵인되는 것으로 취지가 전달되었다.

제2장 작전행동

제1절 초토준비

　10월 7일 밤 11시 참모차장으로부터 "간도방면의 초토를 실시할 것을 결정하고 제19사단장이 지휘하는 보병6대대 기병1중대 반, 산포 8문, 공병 2중대, 비행기 4대로 불시토벌을 개시하고, 위 토벌에 책응하기 위해 블라디보스토크파견군으로 하여금 1부대를 삼차구(三岔口 : 東寧) 방면으로 진출하게 하고, 또한 위세를 보일 목적으로 제14사단의 보병1여단을 포시예트만(Posyet Bay)에 상륙시켜 국경에 접근해 혼춘 부근을 거쳐 회령에 이르게 하여 잠시 군의 추이를 관찰하게 해야 할 것"이라는 내보(內報)를 접했다. 이어서 같은 날 밤 1시 육군대신으로부터 간도방면의 정황에 입각해 정부는 간도에 있는 일본 신민과 그 권익의 확보 및 경비를 위해 군대를 파견하며 즉시 중국측에 통고하고 중일협동토벌 실행을 승낙하여 중국측으로부터 만약 승낙을 얻어내지 못할 시에는 일본측에서 자위상 불가피하게 단독으로 불령선인 토벌을 실행하기로 결정했다는 것과 그 출병은 즉시 결행할 시기를 놓치지 않도록 하라는 각의결정 통보를 접하고, 즉시 제19사단에 통보하고 그에 대한 준비를 명하였다. 또한 블라디보스토크파견군과 출동부대의 병력, 출동방면, 기일(期日), 급양(給養) 방법 등에 관해 필요한 협의를 하였다.

　제19사단장의 이를 위해 채택한 조치는 대략 다음과 같다.

　1. 보병 제37여단장 히가시(東)[1] 소장에게 추가로 함흥으로부터 보

---

1 히가시 마사히코(東 正彦 : ひがし まさひこ) 지칭, 1874~사망시기 불명. 최종 계급

병 1대대(2중대 결여) 기관총 1소대를 나남으로 파견하게 하고, 여단장은 소요 기관을 따라 나남에 도달하게 함.

2. 보병 제38여단장 이소바야시(磯林)[2] 소장에게 10일 나남 출발, 혼춘에 도착하게 하여 해당 방면 전반의 지휘를 맡게 함.

3. 제20사단으로부터 증파된 보병 제78연대 제3대대를 이소바야시 소장의 지휘에 속하게 하고, 9일 나남을 출발하여 회령을 거쳐 혼춘에 도착하게 함.

4. 보병 제76연대장 기무라(木村)[3] 대좌에게 11일 나남 출발, 온성(穩城)에 도착하여 다음의 부대를 지휘하고, 대왕청(大汪淸) 방면의 초토준비를 하게 함.

보병 제76연대 제1대대(2중대 결여) 국자가(局子街) 방면에 있는 것

보병 제76연대 제3대대(2중대 결여) 북창평(北蒼坪) 부근에 있는 것

기관총대(4銃 편성 중 2銃은 이와바시(岩橋)대대에 속함)

특종포 1대 : 배속 시기는 추후에 제시

기병 1소대

산포병 1중대 : 배속 시기는 추후에 제시

제2절 초토실시결정당시의 혼춘 및 간도방면 적의 정세

1. 혼춘방면

혼춘 하곡(河谷)과 그 부근에 도량[跳梁=도둑이 함부로 날뜀]하던 불령선인의 대부분은 우리 군대가 혼춘에 들어온 후 러시아 영토 및 혼춘 하

은 육군 소장.

2 이소바야시 나오아키(磯林 直明). 상세이력은 불명.

3 1875~사망시기 불명(きむら えきぞう). 최종 계급은 육군 소장.

곡 북방의 산지 깊숙이 숨어들어간 듯하나, 통신원과 일부는 양민(良民)으로 위장하여 삼삼오오 흩어진 부락에 출몰하여 우리 군의 정황을 정탐하거나 혹은 군자금이라 칭하여 금전을 강제 징수하거나 유언비어를 퍼뜨려 민심을 계속 혼란시킨다. 이 쪽 방면 조선인 자제의 대부분은 이른바 국민학교에서 뿌리깊게 배일(排日)사상을 교육받는 듯하며, 또한 10월 2일 혼춘을 습격한 마적 점동(占東), 만순(萬順) 등의 일당은 노흑산(老黑山) 방면으로 도주하여 숨어 해당 지역 부근에 있는 듯하다. 여러 비적 집단 속에 섞여 들어간 조선인은 러시아로 귀화하는 경우도 있다는 설이 있다.

2. 왕청(汪淸) 방면

서대파(西大坡) 부근에 근거를 둔 군정서(軍政署)의 불령선인은 중국 군대의 토벌시에 일시 대감자(大坎子) 방면으로 퇴각하였으나, 9월 말에 이르러 약 200명은 同 지역으로 귀환했고, 약 300명은 무산(茂山)·간도로 향했다고 한다. 서대파 부근은 그들의 경계가 상당히 엄중하여 우리 정탐이 진입하기가 곤란하다.

봉오동에 있는 대한북로독군부 최명록(崔明錄)은 맹(孟) 단장(團長)의 요청에 의해 수분대전자(綏芬大甸子, 나자구(羅子溝)로도 칭함)로 이동한 듯하다. 그들의 이른바 통신원이라는 자들과 양민(良民)으로 위장한 불령선인들은 곳곳에서 출몰하거나 부근의 산림 속에 잠복하며 중국 군대의 행동과 우리 군의 진출 상황을 조사하여 나자구(羅子溝)로 계속 알리는 것이 확실한 듯하다. 또한 군정서(軍政署)와 독군부(督軍府)는 마적단과 협동할 것을 약정했다고도 칭해진다.

3. 용정촌 방면

연길현 지방 국자가(局子街) 동쪽으로 약 4리 화령촌(花嶺村) 부근에는 국민회 계통 양도헌(梁道憲)이 이끄는 약 250명의 부대가 있다.

일양구(一兩溝) 부근에는 국민회장 구춘선(具春先)과 현재 부대 행동을 채택하지 않은 국민회 회원이 약간 있다.

명월구(明月溝 : 옹성랍자(甕聲磖子) 동북 대소묘구(大小廟溝)의 곡지(谷地))에는 광복단 및 기타 불령단의 잔당 약 150명이 있다.

이도구(二道溝 : 두도구(頭道溝)의 서쪽) 오지에는 홍범도가 이끄는 약 300명의 일당이 있다.

천보산과 동불사의 오지에 가끔씩 수십 명의 단체가 출몰한다. 화룡현(和龍縣) 지방 삼도구(三道溝) 부근에는 군정서 김좌진이 이끄는 부대 약 600명이 있어 기관총 3정, 폭탄 약 500발을 보유한 수백 명의 불령선인단이 있는 듯하다.

유동(柳洞 : 무산(茂山) 대안(對岸))에는 독립군 홍범도 부하인 국민회 간부가 이끄는 일당과 의군단(義軍團), 신민단(新民團) 등 약 900명이 있는 듯하다.

4. 도문강(圖們江) 대안(對岸) 부근

우리 군대의 출동과 더불어 불령선인의 일부는 안전지대를 강안(江岸) 여러 부락에서 발견해 두고 병기를 숨기고 양민으로 가장해서 가끔 출몰하거나 조선 내지로 침입·습격하자고 떠들고 다니는 듯하다.

제3절 작전명령 수령과 군 명령 하달

10월 9일 오후 9시 초토 실시에 관해 다음과 같이 <참모본부 작명 제57호> 훈령(부록 제3-1)을 이튿날인 10일 본 훈령에 기반한 참모총장(부록 제3-2), 육군대신(부록 제3-3)의 지시를 수령했다. 군사령관은 위 훈령과 지시에 입각해 제19사단장과 제20사단장에게 다음과 같은 훈령과 지시를 내렸다.

<朝軍作命 제3호> 제19사단장에게 내리는 군 훈령(10월 11일, 용산에서)

1. 군은 혼춘과 간도지방에 있는 제국신민을 보호하고 더불어 해당지방에서의 불령선인과 그에 가담하는 마적 및 기타세력을 초토하고자 함.

2. 블라디보스토크파견군은 당군(當軍)의 행동에 책응하기 위해 보병2, 3중대의 일부 부대를 해림(海林 : 동지동선(東支東線) 철도상의 역)에서 합마당(蛤蟆塘 : 大汪淸 북방 약 6리) 부근으로, 보병 약 1대대, 기병 약 1연대, 저격포·산포 각각 2문, 공병 1소대로 구성된 한 부대를 삼차구(三岔口)에서 수분대전자(綏芬大甸子) 부근으로, 또 보병 1대대, 기병, 포병 약간으로 구성된 1부대를 토문자(土門子) 부근으로 진출시키고, 동지(東支)철도 동선(東線)과 남부 오소리(烏蘇里) 지방의 수비를 엄중히 함과 더불어 삼차구(三岔口) 방면의 부대와 연락하고, 시의 적절한 조치를 취할 수 있는 준비를 하고 있어야 할 것임.

3. 제14사단의 보병 제28여단은 이번 달 하순 포시예트만(Posyet Bay)에 상륙 후, 나의 지시하에 들어온 이후, 혼춘·간도 지방에서 불령

선인에 대해 위세를 보일 목적으로 혼춘, 양수천자(凉水泉子), 국자가(局子街)를 지나 회령으로 향하게 행동시킬 것.

4. 귀관(貴官)은 그 예하 보병 약 6대대를 기간으로 하는 제병(諸兵)연합부대로 대략 초토 계획에 준해 혼춘현, 왕청현, 연길현, 화룡현에 걸쳐 적을 수색하고 초토할 것.

적이 안도(安圖) 혹은 돈화(敦化) 지방으로 달아날 것을 고려하여 그 기도(企圖)를 좌멸시키도록 힘쓸 것. 또한 본 초토의 여세가 도문강 및 압록강 상류지방과 수비 관구 내에 파급될 수 있음을 고려해 필요한 조치를 취할 것. 산포 및 비행기를 증가시킬 것.

5. 귀관은 행동 개시 기일을 예보할 것. 단, 준비완료에 앞서 정황에 따라 토벌이 필요할 때에는 시기를 놓치지 말고 실행할 것.

또한 <참모본부 作命 제57호> 훈령에 기반한 참모총장의 지시에 따라 사용병력은 보병 약 6대대, 기병 약 1중대, 산포 8문, 공병 2중대, 비행기 4대로 지정했으나, 이미 출동한 병력이 그 한도 이상에 달한 측면이 있으므로, 10월 12일 군참모장으로부터 제19사단 참모장에게 다음과 같이 통첩하였다.

<作命 제2호> 훈령의 4에 의해, 귀(貴) 사단장이 혼춘·간도 방면에서 사용할 수 있는 병력은 보병 약 6대대, 기병 약 1중대, 산포 8문, 공병 2중대, 비행기 4대로 지정되어 왔음. 그렇다고 하더라도 이미 해당 방면으로 출동해 있는 병력은 군사령관이 책임을 지고 묵인하고 있는 것일 터이므로 더 이상의 병력 증가가 없도록 배려하길 바람.

제20사단장에게 내리는 군 훈령(10월 12일, 용산에서)

1. 군은 혼춘 및 간도지방에 있는 제국신민을 보호하고 더불어 해당지방

에서 불령선인과 거기에 가담한 마적과 기타 세력을 초토하고자 함. 블라디보스토크파견군은 당군(當軍)의 행동에 책응하기 위해 각 1부대를 해림(海林)·삼차구(三岔口)에서 합마당(蛤蟆塘 : 大汪淸 북방 약 6리) 및 수분대전자(綏芬大甸子) 방면으로, 또한 별도로 1부대를 토문자(土門子) 부근으로 진출시키고, 또한 동지(東支)철도 동선(東線)과 남부 오소리 지방의 수비를 엄중히 함과 더불어 삼차구(三岔口) 방면의 부대와 연락하고, 시의 적절한 조치를 취할 수 있는 준비를 하고 있어야 할 것임.

보병 제28여단은 이번 달 하순 포시예트만에 상륙 후 내 지휘하에 들어올 불령선인에 대해 위세를 보여줄 목적으로 국자가(局子街)를 거쳐 회령을 향해 행동함.

제19사단장은 그 예하 보병 약 6대대를 기간으로 하는 제대(諸隊) 연합 부대로 혼춘현, 왕청현, 연길현, 화룡현에 걸쳐 적을 수색하고 토벌할 것.

2. 귀관은 위 초토의 진척에 수반하여 그 여세가 압록강 연안지방과 수비 관구 안으로 파급될 부분이 있음을 고려하여 필요한 조치를 취할 것.

<朝參密 제1060호> 혼춘 및 간도지방 초토에 관한 지시

<作命 제2호>에 기반해 다음과 같이 지시함.

제1. 경리(經理)

1. 경리는 특별히 지시한 것 외에 1919년(大正8) 3월 <朝經計 제133호> 소요(騷擾)사건에 관한 경리요령에 준거할 것.

2. 본 사건에 관한 경비는 특히 조선 밖에서 파견된 부대와 조선 밖에서 차출 또는 임시로 배속된 자에게 필요한 경비 및 조선 부대 중

본 사건을 위해 특히 필요한 경비에 한해 임시군사비로 지변할 것.

3. 앞 항의 필요한 임시 군사비는 군 경리부에 청구할 것.

4. 출동부대의 급양(給養)은 모두 육군임시급여규칙 세칙 제1표, 제2표의 정량을 기준으로 하여 실비를 지변할 것.

급여의 증액은 同 제1표 정액(加增品을 제외)의 구분의 1 이내로 하고, 실제 노동(량)에 따라 지급하고, 가급품(加給品)은 1개월에 술 4홉, 감미품(甘味品) 120匁[1匁=3.75g], 종이·궐연초 160자루를 표준으로 하여 지불할 수 있음. 제14사단이 파견한 여단에 대한 가급권(加給權)은 해당 여단장에게 위임함. 급양품은 현지물자를 이용해 힘써 현지에서 조달하고, 구할 수 없는 식량은 모두 사단으로부터 추송(追送)해 주도록 창고에 청구하는 것으로 할 것.

5. 마필(馬匹)은 방한용으로 짚[藁]이나 그 대용품을 각 馬당 1일 1貫匁이내로 지급할 수 있음.

6. 취사용 땔감과 석탄의 정량은 땔감은 1인당 하루에 650匁, 목탄은 400匁을 표준으로 함.

7. 노영용(露營用) 목탄의 정량은 1인당 하루에 1貫匁, 짚[藁]은 2貫匁를 표준으로 함.

8. 피복은 자대(自隊) 상비품을 사용하고, 소요에 응해 원대(原隊)로부터 추송하는 것으로 함. 자대에서 보급받을 수 없는 것은 사단에서 취합해서 신속히 군 경리부에 청구할 것.

9. 사단 경리부장 및 육군 창고장은 군으로부터 특별히 요구하는 것 외에 전시경리부근무령 6에 준해 諸보고를 군 경리부장에게 제출할 것.

제2. 사람의 위생

1. 위생반으로부터 상병자[傷病者=다치거나 병든 사람]를 후송해 입원

시키는 경우는 회령위수병원과 나남위수병원 무산(茂山)분원에서 수용을 맡게 할 것. 이 때 위생반은 반드시 병상일지와 필요 서류를 첨부할 것.

2. 앞 항의 위수병원·분원은 상병자 수용의 완급(緩急) [정도]에 따라 적절한 때에 이들을 나남위수병원으로 후송시킬 것.

3. 나남위수병원장은 상병자 치료상 지장이 발생한 경우에는 군 군의부장의 판단을 받을 것.

4. 출동부대의 위생 재료는 회령위수병원 및 나남위수병원, 무산분원에서 소요 부대의 청구에 응해 이것을 보급할 것.

5. 앞 항의 보급담당 위수 병원·분원은 초토기간 중 항상 소요 부대의 요구에 응할 수 있도록 위생재료를 준비해 둘 것. 이를 위해 보급상 위급을 요할 경우는 조선육군창고 나남지고(支庫)에 직접 청구하여 수령할 수 있음.

6. 육군창고장은 초토부대 소요 위생재료 보급을 위해 미리 나남지고에 해당 재료를 준비해 보급담당위수병원·분원의 요구에 응해 이를 교부할 것.

7. 사단 군의부장은 다음과 같은 諸보고를 취합해 군 군의부장에게 보고할 것.

1. 환자일보	附表 제1, 제2	(위생반)
2. 부대환자순보	전시위생근무령	附表 제6(각대(各隊))
	(군의부 및 부대부속 위생부원 부분)	
3. 위생순보	同 제63에 의거	(각대 및 위생반)
4. 부대환자월보	同表 제7에 의거	(각대)
5. 수용환자월보	위에 준함	(위생반)
6. 위생재료월보	附表 제3	(각대 위생반)

8. 육군창고장 및 병원장은 위생재료, 보급월보를 앞 항 제6의 위생재

료월보에 준해 군 군의부장에게 제출할 것.

9. 사단군의부장은 초토 종료 후 1개월 이내에 위생 일반의 개황 및 위생재료 소비표에 의견을 덧붙여 군 군의부장에게 제출할 것.

제3. 말[馬]의 위생

1. 제19사단 수의부장은 초토 기간 (중) 응급보급에 필요한 수의재료 제철[蹄鐵=말굽에 대어 붙이는 U자 모양 쇳조각, 편자]을 준비할 수 있음.

2. 육군창고장은 초토부대 소요 수의재료 제철 보급을 위해 미리 나남 지고에서 해당 재료를 준비하여 소요 부대의 청구에 응해 이를 교부할 것.

3. 현지조달 가능한 약물 소비품은 현지조달에 힘쓸 것.

4. 조선의 馬用 제철(재래용 제철) 및 牛用 제철은 주로 현지조달에 의거할 것.

5. 사단 수의부장은 초토[시] 각 부대로부터 제출할 병마순보를 취합해 사단병마순보, 부대병마월보, 수의재료월보, 제철월보(이상의 각 양식은 전시수의부 근무령 附表 각 양식에 준할 것. 조선의 牛馬의 경우 알아보기 쉽도록 구분 표식을 할 것)에 필요한 의견을 덧붙여 각 2통을 군 수의부장에게 제출하고, 또한 초토 종료 후 1개월 이내에 군마 위생 일반의 개황 및 수의재료 제철 소비표를 제출할 것.

6. 육군창고는 수의재료제철의 교부순보(本庫·支庫長을 구분하여 잔고를 표시해야 함)를 군 수의부장에게 제출할 것.

사단 수의부장이 제1항에 따라 준비할 경우도 위와 같음.

1920년(大正9) 10월 20일 조선군사령관 오바 지로(大庭二郎)

大正 ○年 ○月 ○日 수용환자 일보 (甲)				地名, 班名						
傷病名	舊患	新患	計	轉歸					後遺	환자누계
				원대복귀	屯營귀환	입원	사망	사고		
각기병										
급성기관지염										
다리관절염좌										
……										
병명 미정										
計										

비고

작성상 주의

1. 본 일보(日報)는 위생반에 수용된 환자에 대해 前日의 사실을 매일 오전중에 작성할 것.
2. 병명(病名)의 순서는 제4표 병 종류별(病類別) 환자표의 예시에 의거할 것.
3. 병명 미정인 환자가 병명이 결정되었을 때는 결정 당일의 해당 병명을 각 구환(舊患)란에 붉은 색으로 별도로 기입할 것.
4. 전상(戰傷) 환자에 관한 사항은 각 해당란에 아라비아 숫자로 별도 기입할 것.
5. 준사관 이상과 전상(戰傷) 환자는 그 병명과 隊號, 관등급, 성명을 비고란에 기재할 것.
6. 진료는 실시했으나 수용할 정도는 아닌 상황인 환자를 원대(原隊)로 복귀하게 할 경우는 본 표에 계상(計上)하지 말고 그 인원수를 비고란에 기재할 것.
7. 사고란에 기재할 내용은 그 내역을 비고란에 기재할 것.
8. 군인 이외의 환자는 괄호해서 別記할 것.
9. 비고란에는 단순하고 간단하게 토벌의 개황 등을 기입할 것.

大正 ○年 ○月 ○日 수용환자 일보 (乙)				地名, 班名						
部隊別	舊患	新患	計	轉歸					後遺	환자누계
				원대복귀	屯營귀환	입원	사망	사고		
計										

작성상 주의

1. 수용환자일보(甲) 작성상 주의에 준하여 작성할 것.

附表 제3

품목	數稱	수입(受入)				불출(拂出)		잔고(殘高)
		羅病	會病	羅南支庫	計	부대전달	소비	

위생재료월보 부대명

비고
1. 품목 기재 순서는 기계, 약물, 소비품으로 각각 별지에 기입할 것.
2. 위수병원·분원으로부터 수령시에는 수입(受入)란에 수령위수병원·분원의 항목을 두어 기입할 것.
3. 부대전달란에는 부근 초토부대에 보급한 것, 소비란에는 자대(또는 자원)에서 사용한 것을 기입할 것.
4. 기계 중에서 파손된 것은 別表로 기재할 것.

배포구분안

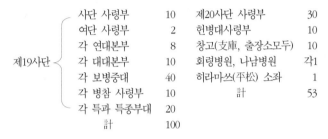

사단 사령부	10	제20사단 사령부	30
여단 사령부	2	헌병대사령부	10
각 연대본부	8	창고(支庫, 출장소모두)	10
제19사단 각 대대본부	10	회령병원, 나남병원	각1
각 보병중대	40	히라마쓰(平松) 소좌	1
각 병참 사령부	10	計	53
각 특과 특종부대	20		
計	100		

　또한 10월 16일 포시예트만(Posyet Bay)에 상륙할 보병 제28여단 제1제단(梯團)인 보병 제15연대(제1대대 결여)에 먼저 혼춘을 향해 전진하도록 명령하고, 그 후 이소바야시(磯林) 지대(支隊)의 노흑산(老黑山) 및 나자구(羅子溝) 방면 초토 관계상 해당 지대의 후방 연락선과 혼춘 경비에 필요한 병력의 부족에 입각해 해당 부대는 10월 21일 제19사단장의 지휘하에 들어갔다.

　다음으로 10월 22일 보병 제28여단장 야마다(山田) 소장에게 여단(보병 제15연대 본부 및 2대대 결여)은 포시예트만 상륙 후 제19사단장의 지휘를 받도록 명령하고, 동시에 제19사단장은 다음과 같이 훈령하였다.

군 훈령

1. 보병 제28여단(보병 제15연대 본부 및 2대대 결여)은 포시에트만 상륙 후 귀관의 지휘에 따를 것.
2. 귀관은 보병 제15연대(1대대 결여)를 합쳐서 불령선인 위압을 목적으로 하여 혼춘, 양수천자(凉水泉子), 국자가(局子街)를 지나 회령에 도달할 것.

   단, 상황이 불가피할 때에는 일시적으로 다른 목적으로 사용할 수 있음.

1920년(大正9) 10월 22일

[발신] 조선군사령관 오바 지로

[수신] 제19사단장 자작 다카시마 도모타케

제4절 중일협동토벌에 관한 협정

부록 제4 간도출병과 국제연맹과의 관계
부록 제5 혼춘·간도사건에 관한 국제법 연구 참조

간도출병에 관해 우리 정부는 중국측에 승인을 요구했고, 또한 중일협동토벌을 종용했지만, 결국 이에 호응을 얻어내지 못해 정부는 중국의 대응과 관계없이 자위상의 수단으로 이미 정해둔 계획을 실시할 것을 성명(聲明)하고, 또한 이 때 더욱 중국과 일본이 협동하여 초토에 종사할 것을 권고하였다. 이에 군은 상사의 의도에 기반해 10월 16일 사카이(堺) 간도총영사대리를 중개로 연길도윤에게 "10월 17일 오전 0시부터 행동을 시작할 것이므로 협력할 것"이라는 통고를 하고 동시에 행동 개시 명령을

하였다. 그러나 마침 이 날 봉천에서 다음과 같은 협정이 제시되는 상황이 되었다.

중일협동토벌에 관한 협정사항(원문 그대로)

일본측 대표 사토(佐藤) 소장, 기시(貴志) 소장, 길림 포(鮑) 독군 대표, 마치노(町野) 중좌가 봉천에서 양자간의 오해가 생기지 않도록 하기 위해 협정한 사항은 다음과 같다.

1. 일본 군대와의 화목·우의[睦誼]를 펼치기 위해 다음과 같이 협동 토벌함.

2. 동녕현(東寧縣)은 동지철도 이남 20리(支那里) 이외의 구역과 혼춘·연길·왕청·화룡의 5개현의 모든 마적·비적을 토벌하는 것은 일본 군대에 맡김.

   단, 현성(縣省)에서는 중국 군대 1, 2중대와 순경을 잔류시켜 질서를 유지하게 맡길 것.

3. 앞 항의 5개 현 이외 지역에서의 비적 무리들은 중국 군대가 그들을 토벌할 것.

4. 일본 군대의 행동 구역 내에서는 쌍방의 해당 각 장관이 서로 방문하여 상호간의 두터운 호의로 서로 지도하여 오해가 생기지 않게 할 것.

5. 길림에서 특히 연락 및 정보 수집에 필요한 요원을 일본군 사령부에 파견하고, 또한 중국측에서 포(鮑) 독군이 필요하다고 인정할 때는 일본군으로부터 위 위원을 파견하는 것으로 함.

6. 일본 군대는 단시일 내에 군사 행동을 종료하기에 힘쓸 것.

7. 일본 군대는 정해진 구역 이외로 나갈 수 없음. 즉, 비적을 추격·토벌하는 것과 관련된다고 하더라도 국경을 넘어 갈 수 없으므로 오

해를 피하고 분쟁·소란이 발생되지 않게 할 것.

8. 일본군대는 그 행동 구역 내에서 일반인들의 생명·재산을 존중하고 아주 작은 상해나 손실도 발생시키지 말 것. 이로써 양국인의 감정을 상하게 하는 일이 없게 할 것. 또한 중국의 각 기관과는 전혀 무관계하므로 조금이라도 강제적 행위를 해서는 안됨.

追記 : 해림(海林) 방면으로부터 일본군대 행동 구역 내로 전진하는 일본군은 영안현(寧安縣)을 통과할 것.

제5절 제19사단의 초토행동(附圖 제12 참조)

1. 사단장의 조치

제19사단장은 군사령관의 훈령에 의해 미리 입안한 초토계획에 입각해 대략 2기로 나누어 실시하기로 정하고, 다음과 같은 초토방침을 정했다.

1. 제1기(註 초토개시 후 약 1개월을 예정했지만 실시 결과 약 1개월 반으로 됨) 본 기간의 초토는 적의 무장단대를 수색하고 그것을 섬멸하는 데 있음. 즉, 다음과 같음.

초토방침

　본 토벌은 대안(對岸)에 있는 비적을 철저하게 초토하는 것을 기대함. 이를 위해 각 지대는 적을 수색하고 반복적으로 토벌을 실시하고 수색을 주도면밀하게 하여 적을 완전히 검거하고, 그 자원을 복멸(覆滅)하기에 힘쓸 것.

　각 강안(江岸)수비대의 행동에 연결되어 헌병경찰관과 협동하여 대안(對岸) 부근에 있는 적의 근거지를 초토하고 철저하게 검거·수색할 것. 단, 야간에는 각 수비지로 귀환하는 것으로 함.

2. 제2기(제1기 종료 후 약 1개월)

본 기간의 초토는 적의 잔당이 있는 부락에 잠복해 있던 자, 혹은 인근 산지로 달아나고 숨은 자를 복멸하는 데 있음. 즉, 다음과 같음.

초토방침

각 지대는 가능한 한 신속히 대략 附圖(附圖 제4)에 제시된 배치로 이동하여 부근 諸부락 및 산지대를 주도면밀하게 수사하고 적의 잔당을 수색하여 이를 초토할 것.

강안(江岸) 각 수비대(惠山鎭 방면을 제외)는 필요에 따라 대안(對岸) 부근의 諸부락을 초토하는 것 외에 수시로 시위 행군을 실시할 것. 항공대는 준비가 완성되면 신속히 비행을 개시하고, 위협 및 연락을 맡을 것.

위 방침에 입각해 제1기 초토를 위해 사단장은 다음의 훈령을 내림.

군대 구분

이소바야시 지대(磯林 支隊)

長 : 육군 소장 이소바야시 나오아키(磯林直明)

보병 제38여단 사령부

보병 제75연대(제1·제3대대의 각 2중대 및 제2대대 결여/ 기관총 2소대, 특종포대, 통신반, 병(丙)위생반을 부가)

보병 제78연대 제3대대(기관총 1소대, 통신반 1/4, 무(戊)위생반을 부가)

기병 제27연대 제3중대(반(半)소대 결여)

야포병 제25연대 제2대대(야포1중대, 산포 1소대) (산포는 추후 편성에 배속함)

공병 제19대대 제2중대

헌병 약간

기무라 지대(木村 支隊)
長 : 육군 보병 대좌 기무라 에키조(木村益三)
보병 제76연대(제1·제3대대의 각 2중대 및 제2대대 결여/ 기관총 2소대, 특종포대, 통신반, 갑(甲)위생반 부가)
기병 제27연대 제2중대의 1소대
산포병 제1중대(1소대 결여) (추후 편성에 배속함)
공병 제19대대 제1중대의 1소대
헌병 약간

히가시 지대(東 支隊)
長 : 육군 소장 히가시 마사히코(東正彦)[4]
보병 제37여단 사령부
보병 제73연대(제1대대 및 제10중대 결여/ 특종포대, 을(乙)위생반을 부가)
보병 제74연대 제2대대(기관총 2소대, 통신반, 정(丁)위생반을 부가)
기병 제27연대(제2중대의 1소대 및 제3중대 결여)
야포병 제25연대 제1대대(야포병 1중대, 산포병 1중대(산포는 추후 편성에 배속함))
공병 제19대대 제3중대
헌병 약간

4 1874~사망시기 불명(ひがし まさひこ). 최종 계급은 육군 소장(小將).

사단직할부대

보병 제74연대 제1대대 본부 및 제3중대

비행기반

무선통신반

비둘기통신반

제19사단 훈령(10월 13일, 나남에서)

1. 혼춘, 간도 방면의 비적의 정황은 附圖(생략함)와 같음.
2. 사단은 혼춘, 간도 지방 일대의 불령선인 및 그에 가담한 마적 등을 수색하고 그들을 초토할 것.

   블라디보스토크파견군으로부터 사단의 토벌행동에 책응하기 위해 제11사단의 1부대를 바라바시로부터 토문자 방면에, 제13사단의 일부를 삼차구(三岔口)로부터 노흑산(老黑山), 수분대전자(綏芬大甸子＝羅子溝) 방면으로 행동하게 할 터이고, 행동개시는 20[일] 무렵임.

   제14사단 보병 제28여단은 이번 달 하순 포시에트만에 상륙하고 이후 조선군사령관의 지휘하에 들어가고, 위세를 보일 목적으로 혼춘, 양수천자(凉水泉子), 국자가(局子街) 부근을 지나 회령으로 향하게 행동시킬 것.
3. 이소바야시 지대는 甲구역 내의 적을 초토할 것.
4. 기무라 지대는 乙구역 내의 적을 초토할 것.

   적이 西方, 특히 北方의 영고탑(寧古塔) 도상(道上)에서 탈출하지 않도록 주의를 요함.
5. 히가시 지대는 丙구역 내의 적을 초토할 것.

   적이 돈화 및 안도현 방면으로 탈출하지 않도록 특별히 주의를 요함.
6. 초토 개시 시기는 추후에 제시함.

정황에 따라 강안(江岸)수비대의 일부를 본 행동에 책응하게 할
경우가 있을 수 있음.

7. 사단 직할 부대의 행동에 대해서는 나중에 명령할 것임.

8. 나는 16일 출발하여 회령에 도착할 것임.

제19사단장 자작 다카시마 도모타케

10월 14일 사단장은 내지로부터의 증가 부대의 도착을 기다리지 않고
대략 10월 17일 블라디보스토크파견군과 관계없는 방면으로부터 순차적
으로 토벌을 실시하기로 결정하였다. 이에 관한 명령이 내려왔다. 10월
17일 사단장은 기무라 지대에 왕청 방면의 초토를 개시하도록 결정하였
다. 그에 대한 준비 완료와 더불어 바로 토벌실시를 명령하였다. 또한 이
소바야시 지대에 속한 보병 제75연대 제3대대(2중대 결여)를 기무라 대좌
의 지휘에 배속시켰다. 이로 인해 각 지대에 배속되야 할 산포병대를 10
월 20일에 편성을 종료하고, 22일 회령을 출발하여 각 지대에 따라붙었
다. 10월 20일 사단장은 諸정보를 종합하여 마적 및 불령선인으로부터 구
성된 집단 노흑산(老黑山) 및 그 부근 골짜기에 반거[蟠居=근거지를 확보
하여 세력을 펼침]하고 있고 또한 왕팔발자(王八脖子 : 土門子 북방 15리)의
골짜기에도 유력한 마적 일당이 있는데, 근처의 삼차구(三岔口)를 습격하
려 한다는 풍문이 퍼지고 있으므로 제11, 제13사단 파견 부대와 책응하여
노흑산, 나자구 방면의 적들을 초토하기 위해 해당 지역 부근까지 1부대
를 전진시키기로 결정하였다. 앞서 언급한 사단과 협의하여 이소바야시
지대와 기무라 지대에 다음과 같은 요지(要旨)의 명령을 내렸다.

이소바야시 지대는 22일부터 행동을 시작하고, 토문자-노흑산 및 혼춘
-대황구-나자구에 각각 1부대를 진출시킬 것.

기무라 지대는 20일 저녁 온성(穩城)으로부터 행동을 시작하고, 먼저

서대파(西大坡), 대감자(大坎子) 방면의 적을 초토하고 나자구 부근으로 진출할 제13사단 하뉴(羽入) 지대와 책응할 것. 또한 1부대를 백초구 부근 나자구로 통하는 요로(要路)를 지킬 것.

10월 22일에 제19사단이 사변 [진압시] 사용[한] 부대[는] 附表 제1[부록 말미에 수록]과 같다.

10월 27일 사단장은 다음과 같은 이유로 히가시 지대 방면에 독단으로 병력을 증파하는 건에 대해 군사령관에게 이후 승인을 신청하고 인가를 얻었다.

> 히가시 지대는 현재 봉밀구(蜂蜜溝) 서쪽지역 오지 깊은 곳으로 잠입한 불령단의 주력을 포위·섬멸하고자 계속 기도(企圖)하고 있으나 병력이 현저히 과소하므로 혹여 적의 대부분을 이탈하게 할 우려가 있음. 나(本職)는 히가시 지대 전면(前面)에 있는 적을 간도 등에 있는 그들 불령단의 주력으로 인정하고 그들을 섬멸하면 즉 그들 전체의 목숨을 제어하는 까닭이 될 것으로 생각하여, 무산(茂山) 방면으로부터 대대장이 지휘하는 보병 2중대를 노령(老嶺) 방면으로 진출시켜 적의 배후를 차단시키고, 나아가 회령에 있는 보병 제74연대 제1대대(3중대 결여)를 이번 달 27일 아침 회령을 출발하여 전장으로 급히 이동하게 함. 미리 인가를 받을 여유가 없으므로 독단으로 조치함.

11월 20일에 사단장은 당시까지의 초토 결과, 적의 무장단체는 더 이상 인정되지 않는 지경에 이르렀으므로 분산 배치를 채택하고 제2기 초토를 실시하기로 결정하고 다음과 같이 명령하였다.

제19사단 명령(11월 20일, 회령에서)
1. 諸정보를 종합하니, 홍범도 및 김좌진 일당은 이미 러시아 영토 및 안도현 방면으로 달아나고 숨은 듯 하지만 그 잔당은 여전히 소재

지에 출몰하거나 혹은 깊은 밀림 속에 반거(蟠居)하며 폭거를 계속 일으키고 있음. 또한 때때로 병기·탄약 및 기타 군수품을 은닉하는 것이 있는 듯함.

2. 사단은 적의 잔당을 복멸하기 위해 분산 배치를 채택할 것.

3. 각 지대는 가능한 한 신속하게 대략적으로 附圖(附圖 제5)에 제시된 배치로 옮기고, 부근 諸부락 및 산지대를 주도면밀하게 조사하여 적의 잔당을 수색하고 그들을 초토할 것.

　　상황에 따라 병력과 위치는 다소 변경할 수 있으나 그 경우에는 즉시 보고할 것.

4. 보병 제75연대 제3대대 본부 및 제11중대는 계속 기무라 지대에 배속될 것.

5. 이소바야시 소장은 필요하면 경원(慶源)수비대의 일부를 사용할 수 있음. 단, 그럴 경우에는 미리 인가를 받을 것.

6. 강안(江岸) 각 수비대(惠山鎭 방면을 제외)는 필요에 따라 대안(對岸) 근처 諸부락을 초토하는 것 외에 수시로 시위(示威) 행군을 실시할 것.

7. 항공대 준비가 완성되면 신속히 비행을 개시하고 위협 및 연락을 맡을 것.

8. 통신망의 구성에 관해서는 별도로 제시함.

9. 병참부대는 급양 보급 및 위생과 경비에 관한 계획을 입안하여 실시할 것.

10. 나머지는 회령에 있을 것.

2. 이소바야시 지대

이소바야시 지대는 먼저 그 전력(全力)으로 3개 토벌대를 편성하고, 10

월 14일 밤중에 행동을 개시하고, 이틀에서 나흘동안 혼춘 하곡의 평지 및 부근의 諸부락의 제1회 초토를 실시하였는데, 해당지방에서는 불령선인 및 마적 집단으로 인정[될만한 그룹이 보이]지 않는다. 諸부대에 잠복해 있는 일부 불령자를 체포하여 그들이 은닉한 소총 50여 자루, 탄약 600여발을 노획하였다.

다음으로 제11사단 토문자 지대의 10월 20일 전후 토문자 부근으로 진출해야 할 것을 알고, 그들과 직접 연락하기 위해 10월 18일 우에사카(上板) 대대(1중대 결여)를 파견하였으나, 10월 20일 사단명령에 입각해 10월 22일로부터 마키(牧) 토벌대(前記 우에사카 대대를 포함한 지대의 주력)로 토문자 지대와 협력하여 노흑산 방면에 아베(安部) 대대(보병2중대를 기간으로 함)로 나자구 방면에 진출하였다. 제13사단 하뉴 지대와 책응하여 해당 방면의 토벌을 실시하였다.

마키 토벌대는 10월 24일 토문자 지대와 연락하여 26일 노흑산에 도착하였으나, 때는 이미 하뉴 지대가 이 지역을 거쳐 나자구로 전진한 후였으므로, 同 지대 병참부대와 연락하여 귀환 길에 올랐다. 노흑산 부근에 있던 마적은 점동대(占東隊) 약 400명, 만순대(萬順隊) 약 170명, 러시아인 10여 명이 혼재되어 있었다. 10월 17일 무렵까지 동지역 부근에 있었으나 그 후 서북방쪽으로 퇴각한 듯하다. 토벌대는 그들이 축설해 둔 고지의 토굴(약 10명 수용 가능) 9개를 파괴·소각하는 데 그쳤다. 토벌대가 해당 지역에서 얻은 감상은 다음과 같다.

참고

노흑산의 마적 근거지로서의 가치 : 노흑산은 북쪽 삼차구(三岔口) 혹은 동지(東支)철도 연선 방면으로의 요로(要路)에 걸쳐 있고 동쪽 러시아 영토방면으로의 진출도 자유롭고, 서쪽으로 나자구를 거쳐 물자가 풍부한 혼춘 및 알하하[嘎呀河=가야하] 하곡(河谷)을 전망하기에 용이하며, 남쪽으로는 노야령(老爺嶺)의 험준한 지형 전망이 펼쳐지고 광활한 방어진지로써 쾌적한 고지가 있음. 이러한 근거지이므로 실로 최고의 손꼽히는 지점임.

마키 토벌대는 복귀하는 길에 다시 혼춘 하곡을 토벌하고 약간의 효과를 거두었고 일부를 사도구(四道溝) 부근에 남겨 두고 11월 2일 혼춘으로 귀환하였다.

사도구에 남겨진 부대인 우에사카(上坂) 대대는 이후 지대장의 직할로 부근 諸부락의 초토에 종사하였는데, 11월 4일 삼도구(三道溝) 부근 북쪽 약 3리 지점에서 약 30명의 적과 교전하였으나, 적은 밀림 깊은 곳으로 숨어들어갔고 마침 시간도 밤이 되었기 때문에 불가피하게 추격을 중지하였다. 이 전투에서 보병 소위 이다 군페이(井田君平) 및 병졸 4명이 부상당했다. 적의 손해는 상세히 알지 못하지만, 유기된 사체 3구가 있었다. 원래 한민회 회장 이명순(李明淳) 역시 그 중 한 명인 듯하다. 나자구 방면으로 향한 아베 대대는 10월 25일 나자구로 진출하여 부근 諸부락의 초토에 종사하였다. 10월 27일 다시로(田代) 기병 소위가 이끄는 보병·기병 약 30명의 초토반은 오후 2시 50분 노모저하(老母猪河)에서 약 150명의 적과 충돌·교전하였다. 이 때 우연히 이곳에 진출했던 하뉴 지대의 보병 1중대 기관총 1소대의 증원을 받아 약 2시간 동안 교전한 후 적을 북방으로 격퇴시켰다. 얼마 간 추격하였으나 삼림 속으로 들어갔고 곧 황혼이 되었으므로 추격을 중지하였다. 우리측 손해는 없었다. 적(賊)은 나자구에 있는 대의전(大義甸) 의사회(議事會)에 속한 최정국(崔正國)이 이끄는 의군대(義軍隊)로, 본 전투에서 사체 5구를 유기하였다. 대대장은 본 전투의 결과와 주민 심문 등을 통해 노모저하(老母猪河) 북방 산중에는 최명록의 북로독군부 외 각지에서 도피해 온 비적 약 600명이 있음을 알게 되었고, 하뉴 지대와 협동하여 이튿날 28일부터 연일 적을 수색하고 초토에 힘썼으나 그들은 거처를 계속 옮겨다니므로 끝내 발견하지는 못하였다. 11월 12일 대대는 지대 명령에 의해 나자구를 출발, 도중 1중대를 대황구(大荒溝) 부근에서 멈추고 주력을 이끌고 15일 혼춘으로 귀환하였다.

참고

나자구(羅子溝)의 개황 : 나자구는 중국 명칭으로는 수분대전자(綏芬大甸子)로 칭함. 일명 대의전(大義甸)이라는 별명이 있음. 동서로 약 4리, 남북으로 약 5리에 이르는 하나의 커다란 분지(盆地, 岡卓地) 총칭으로 14개 부락을 포용함. 대수분하(大綏芬河)는 발원지가 화소포(火燒舖) 부근의 삼림 지대에서 시작하여 나자구 동쪽 지구를 북으로 하는 곳으로 흘러 점차 여러 천들과 합류하여 흑룡만으로 모임. 나자구 부근의 하폭(河幅)은 약 50m 내외임.

同 지역은 약 40년 전 조선인들이 개척하여 한 때 상당한 부락을 구성하였으나 마적 때문에 유린되어 폐촌이 되었고, 약 20년 전부터 다시 이주자들이 모여 현재에 이름. 조선인 호수(戶數)는 590명, 인구는 3161명, 그 밖에 중국인 가옥 50여 집이 있음. 이들 이주 조선인의 상당수는 온성(穩城)과 경원군(慶源郡)에서 온 경우이며, 경흥군(慶興郡), 종성군(鍾城郡), 경성군(鏡城郡)에서 온 경우가 그 다음임. 이주 동기는 크게 나누어 2가지가 있는데, 하나는 조선의 병합을 전후한 시대 상황에 분개하여 조선 밖으로 망명한 경우로 상당한 재산과 세력을 가지고 있음. 다른 하나는 궁핍한 생계로 인한 경우로 대체적으로 빈민계급에 속함.

나자구는 땅이 비옥하여 조(粟)·피(稗)·콩(大豆)·팥(小豆) 산출량이 많고, 최근에는 약간의 쌀을 생산하기에 이름. 또한 이러한 곡류는 주로 삼차구(三岔口) 상인에 의해 거래되고 이 지역 주위 약 10리 안쪽으로는 잡목이 무성하고 산악이 험준하여 교통이 불편하므로 왕청·혼춘·삼차구·영고탑으로 통하는 작은 길이 있어도 우차(牛車)·마차(馬車)가 통과하기에 부적합함. 단, 삼차도(三岔道)는 하뉴 지대 공병이 수리를 해 놓은 상태여서 겨우 우차(牛車)는 통과하게 되었음.

이상과 같이 [이 지역은] 독립운동자들에게는 다른 간섭을 받지 않을 절호의 책원지(策源地)이며, 빈민들에게는 식료와 연료가 모두 풍부한 이주에 적합한 지역으로 보이는 것은 자연스러운 형세임.

학교는 태평구(太平溝)에 신흥(新興)학교, 삼도하(三道河)에 태흥(泰興)학교가 있음. 두 곳 모두 1911년(明治44)에 앞서 서술했던 망명자들이 설립함. 전자는 김광건(金光健), 후자는 전석규(全錫圭)를 교장으로 하여 모두 7세에서 16세까지의 생도(生徒) 40명 내외의 인원을 수용하여 독립사상을 함양시키는 데 힘쓰고 있음.

불령단으로는 대의전(大義甸) 의사회(議事會)가 있음. 의용대원 173명, 러시아식 5연발 소총 약 200정을 보유함. 회장 전석규(全錫圭), 부회장 오기연(吳琦淵), 총무 전천보(全天甫), 의용대장 이춘범(李春範), 최정국(崔正國) 등을 그 유력자로 삼아 봉오동 대한북로독군부 및 대황구 한민회와 상당한 연계를 가지고 있는 듯함.

11월 상순 지대장은 모험대장 김운서(金雲瑞) 일파가 무장단 혼춘 동북쪽 산림 속에 있다는 것을 정탐하였다. 10시 보병 중좌가 지휘하는 보병 2중대를 기간으로 하는 토벌대를 데리고 토벌하였다. 해당 부대는 11월 7일 혼춘을 출발하여, 9일 오후 4시 30분 우두산(牛頭山) 남쪽 기슭에서 약 30명의 적단과 충돌하여 약 1시간의 교전 후 이들을 격퇴시키고 병사(兵舍) 2동(棟)을 파훼·소각하였다. 이 전투에서 사상 병졸 2명, 적의 손해 상황은 불명확하지만 사체 1구를 유기하고 영림(嶺林) 내로 흩어졌다.

사도구(四道溝)에 남아있던 부대인 우에사카 대대는 11월 18일 오도구(五道溝) 서북쪽 곡지(谷地)에서 한민회 군무부장 최경천(崔慶天)의 적단 약

150명이 잠복하고 있다는 보고에 따라 이들을 초토하려 하였으나, 결국 발견하지 못하였다. 은닉 총기 20여 정, 탄약 약 400발을 노획하고 복귀했다.

11월 23일부터 개시된 기무라 지대의 소삼차구(小三岔口) 부근의 토벌에 책응하기 위해 다시 아베 대대(보병 2중대를 기간으로 함)를 나자구(羅子溝)로 진출시켰다.

이후 해당 지대 방면에서는 적 잔당의 부근 諸부락에 잠복해 있던 자들을 검거·수색하고, 또한 여러 차례 토벌대를 각지에 파견하여 우리 군 출동의 본을 널리 조선인과 중국인들에게 선전함으로써 유·무형의 효과를 획득하고자 노력하여 상당한 성적을 거두고, 11월 20일 사단 명령에 의해 분산 배치로 이동하였다. 게다가 부근 諸부락의 검거 수사를 주도면밀하게 하여 그들이 잠복의 여지가 없게 하고, 아울러 친일선전에 힘썼다. 그 사이 모험대장 김운서 등이 혼춘 동북 약 1리 낙타하자(駱駝河子) 부근에서 잠복해 있음을 알고, 11월 30일 밤 우미무라(海村) 중위의 보병 약 1소대가 해당 부락을 포위하고 김운서 외 1명을 사살하였다. 다른 적 수명은 심야인 상황을 이용하여 사방으로 흩어졌다. 이 때 우리 병졸 1명 전사하였다.

11월 28일 지대 사령부에 출두하여 귀순을 신청한 혼춘현 한민회(韓民會) 회장 윤동철(尹東喆) 진술중 위 同會[5]의 내용에 관한 것은 약간의 참고 자료로 삼을 만한 것이 있으므로 아래에 그 내용을 적록(摘錄)한다.

참고

윤동철 자백의 일부분

• 한민회 설립의 목적 : 독립 선언, 모병(募兵) 실행, 교육 보급을 3대

---

5 원문상으로는 "東會"로 표기되어 있으나 문맥상 同會(=한민회)의 誤記로 판단하여 번역함.

강령으로 삼아 크게 추진하려 했으나, 경비 문제 및 중국관헌의 압박에 의해 뜻대로 되지 않아 금년 음력 7월에 해산할 수밖에 없게 됨.

• 본부의 위치, 편성 및 간부 : 본부는 사도구(四道溝), 소황구(小黃溝 : 黃溝 북방 약 1리반)에 위치함. 회장 윤동철, 부회장 장학년(張學年), 참사(參事) 맹정국(猛正國), 서기 약간, 군무부장 최경천(崔慶天), 재무부장 김문전(金文錢), 경호부장 한창걸(韓昌傑), 교육부장 김창훈(金昌勳), 통신부장 백규남(百奎南)을 간부로 함.

• 모병 및 무기의 구입 : 당시 모집병은 대략 200명으로 주로 사도구(四道溝) 병영에 수용, 교육했는데 중국 군대 때문에 병사(兵舍)가 소각되어 이 또한 해산됨. 병기는 주로 러시아쪽에서 구입한 것으로 소총 약 250정, 기관총 3정을 보유하였으나, 그 중 기관총 하나는 부하에게 있어 간부가 제지하기 어려움. 간도방면으로 들고 사라짐.

• 모연(募捐) 금액과 소비방법 : 혼춘현에서 약 4萬圓을 모았으나 독립에 대한 동경과 무기 구입을 서두른 나머지 방만하고 무계획적으로 소비함.

• 다른 방면과의 연락 : 상해임시정부와는 작년에는 연락을 했으나 올해는 아직 실시하지 않음. 간도방면의 독립군과는 연락을 취하지 않음.

• 일본군 출동 후의 정황 : 전적으로 단대적(團隊的) 행동이 불가능하게 되면서 각자의 생명에 대한 불안 때문에 일부를 제외한 전 인원이 전부 나눠져 자취를 감춤. 간부 상호간의 통신은 기존에는 예를 들면 약 10리 간격으로 두어도 자유롭고 확실했으나 지금은 전혀 불가능해짐. 인근 마을에 잠복해 있는 것조차도 알 수 없는 상태가 되었다고 함.

3. 기무라 지대

기무라 지대에 속하는 이와바시(岩橋) 대대(2중대 결여)는 10월 17일 이후 백초구(百草溝)에서 지대 주력으로 서대포(西大浦) 부근 초토에 협력할 준비를 하였다.

10월 19일 혼춘에 있는 이소바야시 지대 예하에 있는 요코타(橫田) 대대(보병 제75연대 제3대대 본부 및 2중대)는 온성(穩城)에 도착하여 지대장의 예하로 들어갔다. 10월 20일 밤 지대는 주력으로 온성 부근에서 도문강을 도하하고, 22일 군정서의 근거지인 서대포(西大浦), 십리평(十里坪)을 초토하고, 그들의 무관학교 및 기타 건물을 소각하였다. 십리평을 다시는 그들의 근거지로 삼지 못하게 할 듯이 자원을 철저히 복멸하였다. 이날 적이 동북쪽으로 이탈하는 것을 막기 위해 파견한 아시다(盧田) 중위와 다카하타(高畑) 중위의 소대는 십리평 동북쪽 밀림 속에서 적의 소부대와 충돌하여 약 30분간 교전한 후 그들을 격퇴하였다. 이 작은 전투에서 우리 병졸은 전사 1명, 부상 2명, 적의 손해는 불명확하나 유기한 사체 6구를 발견하였다.

10월 23일 지대 주력은 왕청에 도착하여 이와바시 대대는 황구구자(荒溝口子)로 진출하여 왕청방면에 대해 적의 퇴로를 차단하였다. 이후 지대장은 이와바시 대대를 합해 지휘하고 왕청과 합마당 부근 부락을 초토하고 상당한 성적을 거두었다. 그 사이 10월 26일 이와오(岩尾) 소좌가 지휘하는 보병 2중대를 기간으로 하는 부대를 나자구로 파견하였다. 해당 부대는 대황구-장가점(大荒溝-張家店) 사이에서 두 차례 적의 소(小)무리와 충돌하고 그 중 1명을 쓰러뜨린 것 외에는 현저한 정황과 조우하지 못하였다. 27일 나자구에 도착한 하뉴 지대 및 아베 대대와 연락하고 11월 2일 백초구로 귀환해 지대 주력에 합류하였다.

이처럼 기무라 지대는 주력을 왕청 및 백초구 부근에 집결시켰으나 당시 이 방면의 적의 상황을 크게 고려하지 않은 상태였다. 반면 히가시 지대 방면에서는 청산리 방면에서 불령단의 집결이 있는 것 외에도 천보산, 동불사 오지에서도 삼삼오오 적도들이 헤매고 있는데, 同 지대가 곧바로 이들을 초토하는 데 착수하지 못한 정황으로 보아, 사단은 기무라 지대에서 일부를 백초구에 남기고 주력을 북쪽 일양구(一兩溝) 부근 곡지(谷地)에서 조양(朝陽) 하곡(河谷)으로 옮겨 그 지역 부근 일대의 초토를 명령하였으므로, 지대 주력은 11월 3일 백초구로부터 행동을 개시해 11월 13일까지 기간 동안 명 받은 지역을 초토하였다. 일양구 일대의 곡지(谷地)는 박만홍(朴萬弘)을 長으로 하는 의군단 산포대의 근거지로 하였으나 체포되었다. 同 부대 유력자에 대해 조사한 개요는 다음과 같다.

참고

의군단의 내용 : 의군단은 1920년(大正9) 음력 3월 봉오동에서 조직됨. 허공욱(許公旭)이 이를 통솔하고 통군부(統軍部)와 모연부(募捐部)로 구분함. 그 밖에 앞서 기술한 산포대(山砲隊)라는 것이 있었음. 6월 중 허공욱은 부하 200여 명의 무장단을 이끌고 한 때 일양구에 있었는데 며칠 후에 일단 돌아간 후 근거지를 명월구(明月溝)로 옮김. 의군단의 총병력은 약 400명으로, 무기는 그 반 정도임. 모연부는 각 지방에 이정국장(理政局長)을 두고 1등 50圓에서 7등 1圓에 이르는 부과금을 정해 징세구장(100호당 1명씩)이 이것을 징수함. 산포대는 금년 5월 러시아로부터 조희춘(趙喜春)이라는 자의 부하 40여 명을 이끌고 태양촌(太陽村 : 북쪽 일양구 부근)에 와서 박만홍(朴萬弘)을 설득해 이 지역에서 조직하기에 이르렀으나, 同 부대는 노획을 업으로 삼아 총기 취급에 뛰어난 자를 선발·모집하여 명부상으로는 대원 170여 명이 있으나, 평시에는 60여 명이 집합하는 정도에 불과함. 해당 부대는 9월 상순 중국 군대가 토벌할 때 무기·피복을 땅 속

에 묻고 사방으로 흩어짐.

(비고) 간도 지방 조선인·중국인의 이른바 산포대라고 하는 것은 결코 산포(山砲)를 가졌다는 의미가 아님. 위 사례처럼 산야(山野)에서 노획한 총부(銃夫)들로 조직된 부대를 칭하는 것이므로 오해가 없어야 함.

본 초토 기간 동안 야마모토(山本) 중대는 5일 북쪽 일양구(서쪽)-둔전영(屯田營) 길 위에 있는 중국인 가옥으로부터 도망한 조선인 10명을 사살하였는데, 그들의 소지품(職印 4개)에 의해 대한의군부의 적(賊) 중 주요인물임을 발견하였다.

11월 15일 지대는 주력을 팔도구(八道溝)로 집결시켰고, 20일 백초구로 귀환하였다. 그 사이 백초구에 남은 부대는 다시 부근 諸부락을 초토하고, 특히 소(小)백초구에서는 밀고자의 말에 따라 은닉했던 소총 18정, 탄약 1600여 발을 발견하여 노획하였다

참고

총기의 은닉법 : 다소 많은 병기는 가옥 내에 은닉하는 경우는 상당히 드물고, 통상적으로 두터운 목제 상자에 넣어두거나 땅속에 매장해 둠. 그 위치는 택지 부근의 경작지, 하천의 砂洲, 林空 등 일정하지 않음. 심할 경우는 묘지 내에 새로운 무덤을 꾸며 은닉하는 사례도 있음.

다음으로 군정서 서일(徐一) 일파 200여 명은 합마당 북쪽 약 8리 전각루(轉角樓), 신선동(神仙洞) 부근에 있다는 것을 알고, 지대장은 주력으로 해당 방면의 초토를 실행하고자 11월 26일 그 근거지에 도착하였으나, 적은 이미 전날 동북쪽 산지로 도주한 후였으므로 해당 지역 부근을 수색하고 약간의 무기와 탄약을 몰수하였다. 29일 주력으로 백초구로 귀환하였다. 이후 분산 배치로 이동하고 적의 잔당을 주도면밀하게 수사하고 친일

선전을 하였다.

그 사이 귀순자로부터 조사한 군정서의 병기(兵器) 개요는 다음과 같다.

참고

군정서의 병기수 : 군정서는 최초 소총 70정을 보유하는 정도에 불과
했으나, 1920년(大正9) 음력 1월 중순 러시아 영토로부터 추가로 소총 70
정, 권총 20정, 기관총 2정, 폭탄 600여 발을 구입하여, 일단 대감자(大坎
子)로 [옮기고] 이어 십리평으로 운반함. 당시 인부 약 130명을 사용함.
탄약은 4~5만발, 그 후 음력 6월 중순에는 180명을 사용하여 6~7만발을
휴대하고 다녔으므로 탄약 총 수는 10만~12만발일 것임. 그리고 군정서
사령관 김좌진이 음력 8월 십리평에서 대감자를 지나 서쪽으로 이동할 때
소총 휴대자는 505명으로, 그 외에 기관총 수류탄 운반수 등 약 400명을
인솔함. 이러한 병기는 6월 이후의 조달상황과 관련되는데, 상세한 수는
모름.

12월 14일 합마당 서북 곡지(谷地)에서 무장한 조선인들이 잠복해 있
다는 밀고를 접하고 초토를 명한 다카다(高田) 소위는 30여 명을 이끌고
그 날 밤 합마당을 출발하여 해당 곡지를 향해 약 5리 전진하여 다음날
해뜨기 직전 목적지에 도달하였다. 가옥에서 방어하는 적과 교전하였다.
사살 5명, 포로 2명, 소총 8정, 탄약 1800여 발을 노획하였다. 이 작은 전
투에서 우리 병졸 3명이 부상당하였다.

4. 히가시 지대

10월 15일 보병 제37여단장 히가시 소장은 용정촌에 도착하여 여기서
히가시 지대를 편성하였다. 지대장은 사단의 훈령과 당시의 정황을 대조

하여 국자가 및 천보산에 각 1부대를 파견하였다. 10월 16일 지대의 병력 배치 개황은 다음과 같다.

> 국자가 방면 보병 제74연대 제2대대(2중대 결여) 기관총 1소대(이시즈카(石塚) 대대)
> 천보산 방면 보병 제73연대 제2대대(2중대 결여) 기관총 1소대(이노(飯野) 대대)
> 두도구 방면 보병 제73연대 제3대대(2중대 결여) (나카무라(中村) 대대)
> 용정촌 방면 지대 사령부
> 　보병 제73연대 본부 및 3중대, 기관총 1소대, 특종포대, 통신반
> 　보병 제74연대 제2대대의 2중대, 기관총 1소대, 통신반 반부(半部)
> 　기병 제27연대(1중대 반(半)결여)
> 　야포병 1중대
> 　공병 1중대

10월 17일 밤중에 지대장은 기관총을 가진 약 500~600명의 적의 무리들이 두도구 서남쪽 약 10리 청산리 부근 곡지(谷地)에 멈춰있다는 정보를 입수하고, 다음과 같이 부서를 배치하였다.

1. 야마다 토벌대(보병 제73연대장이 지휘하는 보병 5중대를 기간으로 함)는 가능한 한 신속하게 유력한 일부를 데리고 적이 서남 지구로 빠져나가는 퇴로를 차단하고 주력은 적을 수색하여 토벌할 것.
2. 기병연대(長 : 가노(加納)[6] 대좌)는 주력으로 후차창구(後車廠溝), 전차창구(前車廠溝), 승평령(昇平嶺) 방면에서 우회하여 노령(老嶺)방면 적의 퇴로를 차단하도록 힘쓸 것.

6　가노 노부테루(加納信暉) 지칭.

3. 보병 제74연대의 2중대, 기관총 1소대, 야포병 1소대는 두도구에 이르러 대기태세에 있을 것(지대 예비대).

4. 기타 제대(諸隊)는 현재 있는 곳 부근에 있으면서 해당 지역 부근의 초토에 종사할 것.

5. 지대장은 두도구로 이동할 것.

야마다 토벌대는 2종대(縱隊)로 청산리(수간타(樹干垛) 서쪽방면 1km)로 향해 전진하였다. 그 중 우종대(右縱隊 : 나카무라 대대)는 18일 두도구를 출발하여 봉밀구를 거쳐 청산리로 향해 전진하던 중, 19일 봉밀구 서남쪽 약 3000m[떨어진] 곡지에서 약 40명의 중국인 마적과 충돌하였다. 이들을 퇴격(적 2명 부상)하고 이후 험준한 산지를 행진하여, 10월 21일 청산리 부근에서 지대 주력에 합류하였다.

야마다 토벌대[의 좌종대]는 10월 18일 용정촌을 출발해 두도구 남쪽 팔자가(八家子), 삼도구를 거쳐 10월 20일 청산리에 도달, 같은 날 미명에 약 600명의 도적은 이 지역을 출발하여 오지로 숨어 들어갔음을 알게 되었다. 이들을 수색하기에 힘쓰고 그 지역에서 숙영(宿營)하였다. 다음날 21일 토벌대는 주력을 이끌고 밀림속으로 숨어들어간 적도들을 수색하고 부근 諸부락을 초토하였고, 야스카와(安川) 소좌가 지휘하는 선발 보병 1중대로 노령(老嶺)으로 향해 추격하였다. 추격대는 숙영지 출발 후 약 1리[떨어진 곳]에서 적들이 전날 밤 노영(露營)했던 곳을 발견하였다. 해당 노영지는 2개의 집단이었는데, 60개소로 흩어져 있고 타고 남은 불씨가 아직 있었고, 약 600명이 노영했던 흔적을 발견하고 즉시 경계를 엄중히 하여 약 700~800m를 진격하던 중, 갑자기 적의 사격을 받아 추격대는 그것에 응해 공격으로 전환하여 약 30분간 교전하였다. 적은 점차 퇴각하기 시작했고 추격대는 토벌대 주력으로부터 증원을 받은 부대를 합쳐 노령으로 향해 추격하였으나, 적의 대부분은 노령 동남쪽 곡지의 밀림속으로,

일부는 안도현 방면으로 퇴각하여 접촉점을 완전히 놓쳐 버리게 되어 일단 대열을 정돈하고 주력의 위치를 철퇴시켰다. 이 전투에서 우리측은 전사자 병졸 4명, 부상 하사 1명, 병졸 2명, 적은 사체 16구를 유기하였다. 토벌대는 이후 해당 지역 부근을 초토하고 주력으로 삼도구 부근에 집결하였다.

지대장은 10월 18일 저녁까지 얻은 정보에 의거해 홍범도가 이끄는 약 500명의 적들이 두도구 서쪽 약 6리 산중에 점거하고 있음을 알고, 이들을 공격하기 위해 19일 지대 예비대로 주력을 꾸려 먼저 이도구구자(二道溝口子)로 전진함과 더불어 천보산에 있는 이노(飯野) 대대에 1중대를 현재지에서 머무르게 하고, 나머지 부대로 19일 중에 이도구구자에 도달해야 할 것을 명령하였다. 지대 예비대는 이후 이도구구자, 봉밀구(蜂蜜溝) 부근을 수색하였으나 적의 무리를 발견하지 못하였다. 21일 어랑촌 동북쪽 약 1리 와룡동(臥龍洞)에 숙영하였다. 이노(飯野) 대대는 20일 지대 예비대에 합류하여 21일 이계령(以鷄嶺) 동남 지구를 초토하였다. 남부 어랑촌에 도착하여 숙영하라는 명령을 받았으나 밀림속에서 길을 잃고 남양촌(南陽村 : 와룡동 남쪽 약 9km)에 도달해서 숙영하였다.

기병 연대는 승평령(昇平嶺) 방면으로 전진, 길이 험악한데다가 습지가 많아 행동이 불가능하였으므로 지대 예비대의 행동에 책응하기 위해 오도양차(五道陽岔)로 전진하였다. 적의 정황을 계속 수색하며 어랑촌(봉밀구 (하)지점에서 동북방면 약 6km)에 도달해 숙영하였다. 이튿날 22일 오전 5시 30분경 김좌진 배하 사관생도대를 기간으로 하는 약 300명의 적이 기병연대의 소초를 습격하였다. 연대는 즉시 이에 대응해 교전하였다. 지대 예비대 역시 이쪽 방면으로 급히 왔다. 적은 표고 874 고지 남쪽을 점령하고 지리적 이점에 근거하여 완강하게 저항하였다. 교전은 약 5시간에 걸쳤고, 오후 0시 30분 이노(飯野) 대대도 전선에 가담하여 결국 그들을 격퇴하였다. 이 전투에서 우리측 전사자는 하사 1명, 병졸 2명, 부상병졸 12명으로, 적의 사상자 상황은 자세히 알지 못하나 약 60명에 달하는 듯 하다. 포로 5명, 소총 22정, 탄약 2200발, 경(輕)기관총 1정을 노획하였다. 패퇴한 적도들은 그 중 서남 방면 산지 밀림지대로 흩어졌고 그 후의 퇴각 방면은 판명되지 않았다. 지대 예비대는 23일 밤에 이르기까지 현재 진지에 있으며 적의 퇴각 방향을 수색하고 이후의 추격을 준비하고, 기병 연대는 어랑촌-오도양차[구간의] 도로를 봉쇄하였다. 지대장은 철저하게 적을 격멸할 기도(企圖)로 병력을 집결시키고자 힘썼으나, 교통의 불편과 일반 배비(配備) 관계상 집결이 의도대로 되지 않았다. 그러나 적은 점차 북쪽으로 도망쳐 달아나는 조짐이 있었으므로, 24일 먼저 보병 150명, 기 관총 3정을 소지해 어랑촌을 출발해 봉밀구 북쪽 약 2000m의 소류(小流) 를 따라 서쪽으로 전진, 오후 4시 적이 전날 밤 노영했던 곳을 발견하고 주민에게 힐문하여 적의 퇴각방향을 알아내거나 발자국을 수색하거나 나 무 가지에 남아 있는 적의 총 가늠쇠[照星] 흔적 등에 의거해 판단하였다. 밀림속을 방황하고 고동천(古洞川)을 따라 약 6리를 거슬러 올라가 25일 오후 10시 경 전방의 삼림 속에서 작은 연기가 올라오는 것을 발견했고, 이어 근처에서 적의 무리들이 숙영하고 있다는 보고를 접하고 밤 12시에 야습을 감행하여 그들을 퇴격하였으나, 적이 다시 근처의 곳곳으로 흩어 졌다. 諸방면으로 계속 난사(亂射)하여 무익한 손해를 피하고자 부근의 최 고봉 1743고지에서 병력을 집결시켰다. 이 전투에서 우리의 손해는 없다. 적은 사상자 약 30명, 소총 10정, 탄약 약 1만발을 노획하였다. 그 후 포 로를 심문한 결과에 의하면 이 적단은 홍범도가 지휘하는 약 300(內執銃者 250)명, 김좌진 부하 약 30명으로 구성되어 있음을 알게 되었다. 해당 부 대 병력의 부족으로 결국 그들을 철저하게 초토하지 못하고 26일 봉밀구 로 귀환하였다. 이 때 24일 오후 3시부터 26일 오후 5시에 이르는 49시간 전부를 밀림속에서 행동하였으므로 그 노고는 심대하다.

이상 야마다 토벌대 청산리 부근의 전투, 기병 연대 및 지대 예비대의 어랑촌 부근에서의 전투, 고동(古洞) 하곡(河谷) 지대 예비대의 야습(夜襲) 개황은 附圖 제6과 같다.

천보산 수비부대(보병 제73연대 제6중대)는 10월 24일 밤 8시에는 약 40명을, 같은 날 밤 3시에는 약 15명의 적들의 내습을 격퇴하였다. 그 중 2명을 쓰러뜨렸으나 끝내 종적을 놓쳐 추격을 중지하였다. 이 적단은 22일 어랑촌 부근에서 우리와 교전한 일당으로 판명되었으므로 국자가에서 이시즈카 대대에서 1중대를 해당 지역에 머무르게 하였다. 잔여 부대로 천보산에 도달하여 同 지역에 있는 중대와 합류하였다. 이 방면의 적도들의 초토를 실시하였다. 이 대대는 거의 지대 주력의 철퇴직전까지 해당 지역 부근 일대(명월구, 돈화 가도(街道) 부근)의 초토에 종사하였다.

지대장은 전항(前項)에서 諸전투의 결과를 종합 판단했을 때 적도의 대부분은 여전히 노산령(老山嶺) 부근을 떠나지 않고 있는 것으로 판명되었다. 각 분둔(分屯) 제대(諸隊)로부터 집합시킨 병력과 사단명령에 의해 회령으로부터 급히 전진시킨 병력을 모아 대략 후차창구(後車廠溝), 어랑촌, 삼도구, 청산리에 걸쳐 포위선을 형성하고 적을 수색하거나, 은닉 혹은 유기한 병기 재료를 발견하기에 힘써 약간의 병기 탄약을 노획하였으나 결국 적단과 조우하지는 못하였다.

11월 중순 지대장은 안도현-화룡현[7] 경계 밀림지대에 적 일당이 잠복해 있다는 첩지를 받고 야마다 토벌대로 하여금 11월 18일 청산리를 출발하여 그들을 초토하는 임무를 맡겼다. 同 토벌대는 적설량이 많은 밀림 속에서 헤매기를 10일, 온갖 고생을 감내하며 수색했으나 적은 안도현 오

---

7 원문상으로는 "利龍縣"으로 표기되어 있으나, "和龍縣"의 誤記로 추측하여 번역함.

지 깊숙이 숨어버려 끝내 아무런 수확없이 27일 청산리로 귀환하였다.

그 사이 가노(加納) 토벌대는 동불사(銅佛寺) 방면의 초토 임무를 맡고 해당 방면에 폭위(暴威)를 떨치고 있는 국민회의 김강(金剛) 이하 간부 수명을 체포해 두도구 경비대는 이도구 오지에서 적이 은닉한 기관총 2정을 압수하고 이시즈카 대대는 소조구(小潮溝) 부근에서 소총 35정, 탄약 약 3500발을 발견하여 압수하였다.

참고

(가) 적의 변장법 및 잠복법 : 적이 무장을 해제하고 양민처럼 가장하는 것은 매우 쉬울 뿐만 아니라 심한 경우 부인으로 변장해 우리 장병들에게 위해를 가하기도 함. 또한 그들은 항상 중국지역에 있었기 때문에 중국어에 능한 자가 많음. 그들은 중국인으로 변장하면 그들을 식별해 내기 곤란한 경우도 많음. 또한 우리에게 포위 당했을 때의 잠복법을 고려해 김강(金剛) 같은 자는 조선인 가옥에 야채를 저장해 두는 파둔 창고[穴倉] 안에 잠복하고, 그 창고 위에 볏짚을 쌓게 함. 볏짚으로 쌓고 난 그 위에 잔설(殘雪)이 있기라도 하면 수사하기가 더욱 어려워짐.

(나) 적의 행군법 : 적은 행군시 촌민들을 이용하여 지정한 인근 마을까지의 길안내 및 도중 척후(斥候)를 맡기고, 해당 마을에 도착하면 마을 끝자락의 민가에서 우리군이 있는지 여부를 확인하고 집안 사람을 길안내를 시킴. 이렇게 하여 야간을 이용해 교묘하게 그들 무리를 이동시킴. 또한 퇴각시에는 정탐을 시켜 주력(부대)와 반대 방향으로 우리를 유인하는 듯함.

(다) 병기 은닉법 : 해당 방면의 적들은 밀림지대 행동 중 이것을 은닉하기 때문에 타 방면과 다소 그 취지를 달리함. 대부분은 쓰러진 커다란 고목나무 밑을 택하고, 총은 노리쇠[遊底]를 벗겨 각각 '캇

파'[=비막이로 덮는 동유지(桐油紙), 방수성이 있는 포장지]에 싸서 낙엽으로 약 5寸[=15.15cm]정도를 덮음. 수류탄은 '캇파'에 싸거나 배낭에 넣어 총과 마찬가지로 처리함. 탄약 역시 위 방법에 준함.

(라) 밀림 속에서 적의 퇴각 방법 중 하나 : 적 퇴각시 밀림에 방화하여 우리의 추격을 저지하는 경우가 있음. 청산리에서 야스카와(安川) 추격대 경우는 이 때문에 다소 고생함.

이후 지대는 분산 배치되어 부근 제 부락을 주도면밀하게 수사하였고, 동시에 친일적 선전에 힘쓴 결과 적의 잔당이 귀순하는 날에 그 수를 증가시켜 은닉 병기 및 불령행동에 관한 중요 서류를 발견한 것이 적지 않았다.

5. 국경수비대

1) 혜산진 방면

혜산진 방면의 수비대는 다른 제19사단 관하 국경수비대와 다르다. 대안(對岸)은 중일협동토벌대 협정에 의거해 우리군이 담당하는 구역 외로 대안(對岸) 지방의 초토를 실시할 수 없으나 간도방면 초토가 진전됨에 따라 대안 지방의 불령선인이 점차 활동한 조짐을 보였기 때문에 지방의 민심이 동요되고 수비대 역시 경계를 엄중히 하여 이에 대비하였는데, 11월 6일 지형 정찰을 위해 인차보(仁遮堡)에 파견되었던 우리 장교 정찰대가 귀환하는 길에 同 지역 동방 약 1리의 삼림 지대 통과하던 중에 갑자기 대안(對岸) 중국땅에 있는 6~7명의 불령선인들로부터 대격(對擊)을 받아 대안으로 진출 추격을 감행하였으나 적은 오지 깊숙이 도망하여 그 종적을 감추었다. 해당 지역 정탐은 사단장의 명령에 의해 8일 조선지역 내로 퇴각하였다. 11월 7일 약 20명의 불령선인은 대평리(大坪里 : 보태동(寶泰洞) 서북 2리)에 습격해 와서 우리 헌병과 경찰관이 그들과 교전하여 적 1명을 쓰러뜨렸고, 헌병 1명이 부상당하였다. 보천보(普天堡)로부터 장교 이하 10여 명을 파견하여 그들을 추격하게 하였다.

이상의 정황에 비추어 볼 때 보병 제74연대장은 보병 1중대를 11월 8일 함흥 출발하여 이쪽 방면에 증파하였으나 이후의 정황에서 큰 변화없이 경과하였다.

  2) 무산(茂山) 방면

10월 6일 제19사단장은 무산 대안(對岸) 방면 적의 상황을 살폈다. 또한 장래의 필요를 고려하여 보병 제73연대로부터 대대장이 지휘하는 보병 1중대(마쓰자키(松崎) 대대)에 추가로 1중대를 해당 방면으로 증파하여 준비를 맡게 하였다.

이 대대는 10월 13일에서 18일에 걸쳐 대안(對岸)으로 진출하여 諸부락의 초토에 종사하였다. 同 지방에 있는 의군단 안호(安鎬)가 이끄는 150명(총 약100정)의 적단을 수색하였으나 결국 흩어졌다. 또한 10월 19일 농사동(農事洞) 상류 약 1리 중평(仲平) 부근에 침입하여 내지인 2명을 살상한 불령선인 약 70명과 교전하였다. 헌경(憲警) 원조를 위해 1부대를 파견하였다.

10월 하순 히가시 지대 청산리 부근 토벌시에는 일부를 석인구(石人溝) 부근으로 진출시켜 이에 책응하여 초토에 종사하였다. 11월 20일 사단 명령에 의해 분산 배치로 이동하였다. 부근 諸부락을 주도면밀하게 조사하였으나 12월 17일 전부 조선 내부로 귀환하였다.

3) 회령 하류 지구

우리 군대의 출동 이후 불령선인의 일부는 안전지대를 강안(江岸) 부근의 諸부락에서 발견하고 널리 유언비어를 퍼뜨려 민심을 동요시켰다. 또한 이 때 우리 후방의 연락선을 위협하려는 상황이 되어 회령 및 그 하류 상삼봉(上三峰), 진성(鎭城), 남양(南陽), 온성(穩城), 훈융(訓戎), 경원(慶源), 신건원(新乾原), 신아산(新阿山), 경흥(慶興), 고읍(古邑)의 각 수비대는 소재지의 헌병 및 경찰과 연락해 대안(對岸) 부근의 諸부락을 초토하고 불령자의 잔당을 검거하였다. 무기의 몰수, 자원의 복멸 등에 종사하였다. 한편 친일 선전 활동도 행했다.

6. 항공대

항공대 요원 및 기재(器材 : 약 1/2)는 10월 14일에서 19일까지 내지(內地=일본)를 출발하여 10월 22일에 청진에 도착하였다. 이 양륙[揚陸=상륙]은 이 지역 운수부에서 담당하였는데 그 실시 요령의 개요는 다음과 같다. 단, 탑재선박이 닻을 내린 곳이 이안(離岸) 약 500m의 위치이다.

揚陸순서	揚陸재료(개수)	사용인원	사용재료	소요시간
1	兵員 (30명)	-	汽艇 1 기	오후 2시20분~오후 2시40분(20분간)
2	자동 貨車(2대) 승용 자동차(1대) 자동 이륜차(1대)	내지인 7 조선인 35	艀舟 3	오후 2시30분~오후 4시20분 (1시간 50분간)
3	기구재료상자(39개)	내지인 5 조선인 5	艀舟 1	오후 5시~오후 6시(1시간)
4	휘발유 (450박스) 滑油	내지인 10 조선인 20	艀舟 1	오후 3시10분~오후 6시 (2시간 50분간)

揚陸순서	揚陸재료(개수)	사용인원	사용재료	소요시간
5	살므손[8] 비행기 (철제포장 (2대) 박스수납)	내지인 20 조선인 20	艀舟 2	오후 2시50분~오후 5시50분(3시간)

10월 23일 요원(要員) 및 기재(器材)는 회령에 도착하였다. 나가오(長尾) 공병 대위를 長으로 하는 제19사단 항공대를 편성하였다. 동시에 미리 공병대대에서 정찰한 바에 입각해 비행장을 회령 서남부 속칭 "6개 소나무 (六本松)" 동쪽 밭으로 선정하였다. 땅고르기 공사 및 격납고 건설에 착수함과 더불어 혼춘, 온성, 국자가, 나남 방면에 임시 착륙장을 정찰하였다.

11월 14일 諸준비가 완성되었고, 제1회 비행을 개시하였다. 그 1기는 혼춘에 도착하였다. 국자가를 거쳐 귀환하던 도중 짙은 안개 때문에 방향을 잃었다. 무산(茂山) 상류 약 16리 유평(楡坪)에서 불시 착륙이 불가피한 상황에 이르렀다. 이후 결국 그 비행기는 사용 불능 상태가 되었다. 11월 17일 추송 비행기 2기 도착, 19일에는 조립을 완료하였다. 이후 3기로 연락을 취하고 연락과 시위(示威)를 위해 간도 지방 및 조선 내지 비행을 맡겼다. 아직 비행기를 본 적이 없는 조선인과 중국인에 대해 다수의 효과를 거두고 12월 20일부로 작전행동을 중지하였다. 한지(寒地) 비행 시험반에 맞는 준비에 착수하였다. 다음해 1월 6일 해당 시험반에 합쳐졌다.

비행개시 전 제19사단의 각 대 및 지방관헌에게 부여된 지시는 부록 제5와 같다.

---

8 Salmson : 1890년 창업한 프랑스 기업. 증기기관, 펌프 제조, 수리에 주력.

7. 통신

1) 유선전신·전화

10월 2일 혼춘에 병력을 출동시킨 이래로 혼춘에서 가장 가까운 훈융은 전술상 요충지로 변하였다. 통신의 초점이 되므로 중앙부로부터 조선총독부에 의탁해 경원-훈융 사이에 체신국 전주(電柱)로 군용전신선 1선을 가설하고, 청진 우편국에서 시베리아사건 때문에 특별히 근무하고 있는 육군 통신 기수(技手) 2명을 임시훈융수비대에 파견하여 통신사무를 맡겼다. 이후 군은 병력의 충돌과 더불어 초토 계획에 입각해 용산병기지창(龍山兵器支廠) 출장소 창고에 있는 작전용 반영구 통신기재 사용 인가를 얻어 제19사단에 교부하였다. 제19사단은 그것으로 전화선을 훈융-혼춘 사이에 신설하고 회령-용정촌 사이의 체신국 전주(電柱)에 첨가 작업에 착수하고, 다음으로 용정촌-국자가 사이, 용정촌-두도구 사이의 중국전화공사[公司] 전주에 첨가하는 작업을 진행함과 동시에 경원-혼춘 사이의 전화 신설을 명령하였다. 10월 14일 군참모 아마노(天野) 소좌는 육군성으로부터 세부 지시(부록 제2참조)를 받아 복귀함으로써 군은 다음과 같이 체신국과 협정을 맺었다.

1. 건축 요령은 다음과 같음.
- 제1기 경원-혼춘 사이 전신1선 신설
  회령-용정촌-국자가, 종성-용정촌 전신1선 첨가 및 신설
  용정촌-두도구 사이 전화복선신설
- 제2기 회령-청진-나남 사이 전화1선 첨가
- 제3기 회령-북창평-경원 사이, 북창평-온성 사이 전신1선 가설
- 제4기 고무산-무산-서강 사이, 전신1선 첨가 및 신설
  (本線은 비용 관계상 체신국의 의탁을 해제)
  단, 제1기 작업과 동시에 이미 개설한 군용선의 보수를 하고 체신

국 회령-나남선을 직통으로 할 것.

2. 체신국에서 현재 착수한 작업은 본 협정에 의거함.

3. 제19사단에서 현재 착수한 작업은 본 협정에 의해 체신국으로 인계함. 단, 필요하면 체신국 당사자로부터 제19사단에 병력을 동원해서 하던 작업의 원조를 청구할 수 있음.

4. 작업용 기재(器材)를 사용하고자 할 때는 군사령부에 청구할 것.

5. 체신국 현지에 있는 당사자는 제19사단과 세부내용에 대해 추가적으로 협의할 것.

이상의 협정에 기반해 군은 제19사단에 명하여 종래의 계획 및 작업을 사용재료 및 경비 모두를 전부 체신국에 인계하도록 했고, 단, 시급한 경우 작업은 사단에서 착실히 실시하는 것으로 하였다.

육군성 지시와 군 對 체신국 협정 사이에 약간의 차이점이 있는 것은 다음과 같다.

1. 청진 이북 조선 내의 전신을 단선(單線)으로 하면 체신국의 작업력이 부족해서 그 결과 긴급을 요하는 선로의 완성이 늦어지고 추가로 체신국에 요구해야 함.

2. 청진-무산선을 고무산-무산선으로 변경한 것은 지리상, 보선상 (保線上) 후자가 유리한 것으로 인정한 것에 의거함.

3. 회령-국자가 사이의 전화 피복선을 전신으로 변경한 것은 전신으로 하더라도 첨가(添架)⁹로 인해 작업속도가 상당히 느려질 뿐만 아니라 경비도 크게 차이나지 않으므로 전화 피복선으로 할 필요가 없다고 인정되는 것에 의거함.

4. 기타 전화 피복선은 체신국 작업력 관계상 불가피하게 제19사단이 실시하게 하고 체신국에 요구하지 말 것.

---

9 전문용어로 電柱에 방범등·가로등·교통안전시설·표식 등을 설치하는 것을 지칭함.

5. 용정촌-두도구 사이의 전화선은 작업상 필요하므로 전신 통신원
    부족 때문에 전화로 하고 복선(複線)으로 할 것.
    위의 사항은 군 참모장으로부터 군무국장에게 통첩한 것이므로 상
  사(上司)의 양해를 구할 것.

  조선총독부 체신국은 앞서 서술한 협정에 의해 보유하고 있는 수단을
총동원하여 공사 진척에 힘썼으나, 공사 인부가 수적으로 적은 점, 정규
재료 특히 전주(電柱)를 수집하는 데 시일을 필요로 했기 때문에 원활하게
군대의 행동에 맞추는 것이 도저히 불가능한 상태가 되어 사단은 공병을
각 지대에서 1소대씩 줄였다. 그 밖의 주력을 대대장 지휘에 속하게 하여
복선을 체신국 혹은 중국측 전주에 첨가(添架=설치)하게 하거나, 위약한
나뭇가지를 일시적 응급 전화망으로 구성하게 하였다. 그것을 사용하는
작전용 기재 및 경비는 附表 제2, 제3과 같다. 총독부 의탁 공사비 및 유지
비는 附表 제4와 같다.

  또한 제19사단이 가장 분산된 배치를 채택한 경우의 통신망 개황은 附
圖 제7에, 주력철퇴 직후에 통신망은 附圖 제8에 제시한 것과 같다. 사건
종결 후 처리방법은 附圖 제9와 같다.

  2) 무선전신

  1920년(大正9) 1월 26일 경성 육군 무선통신소를 개설하여 통신을 시
작하였다. 그 주요 통신 계로(系路)는 다음과 같다.

경성 무선통신소 주요 통신 계로표			
발신 방면	착신 방면	送來所	送先所
북중국	일본[內地]	진황도(秦皇島)[10]	경성국(京城局) 혹은 가나자와(金澤)

경성 무선통신소 주요 통신 계로표			
발신 방면	착신 방면	送來所	送先所
同	시베리아, 북만주	同	경성국
同	블라디보스토크	同	경성국
중중국, 산동	일본(內地)	제남(濟南)	경성국 혹은 가나자와
시베리아, 북만주	일본(內地)	공주령(公主嶺)[11]	경성국 혹은 가나자와
경성	여순(旅順)	--	여순 혹은 진황도

간도사건이 발생함과 더불어 이동식 무선을 해당 방면에 개설하기에 앞서 군은 在블라디보스토크 야전 교통부와 협정하였다. 블라디보스토크 對 경성, 블라디보스토크 對 간도방면의 교신 시간을 정하였다.

이동식 무선 전신 요원 및 기재(2基)는 10월 19일 저녁 회령에 도착하였다. 동시에 야포병 제25연대로부터 무선전신 수송원 및 마필을 수령하였다. 20일 그 편성을 마쳤다. 회령 및 혼춘에 통신소를 개설하였다. 그 통신의 최신 현황은 다음과 같다.

회령(10월 20일 개설) 하얼빈 및 삼차구(三岔口) 사이의 통신은 대략
양호
블라디보스토크 및 혼춘 사이의 통신 양호
경성 간 통신 연락에 힘썼으나 결과는 양호하
지 못함
혼춘(10월 25일 개설) 삼차구 사이의 통신은 대략 양호

이상과 같이 간도방면 對 경성의 무선연락은 블라디보스토크에서 중

---

10 하북성(河北省) 북동부의 요동만에 면하는 도시. 산해관(山海關) 남서방향 20km 지점에 위치하는 부동항(不凍港).
11 길림성(吉林省) 동부 회덕현(懷德縣) 장춘(長春) 남서쪽에 위치한 농산물 집산지.

계하였다. 이어 11월 17일 혼춘 무선을 폐지하고, 그것을 용정촌으로 옮겼다.

> 용정촌(11월 27일 개설) 삼차구 사이의 연락은 대체로 곤란, 블라디
> 보스토크에서 중계
> 블라디보스토크 실용통신 가능, 미카사함
> (三笠艦(在블라디보스토크) 통신양호
> 하얼빈 연락 가능

12월 3일 제19사단 사령부가 나남으로 이전함과 더불어 회령 무선을 폐지하고 나남으로 옮겼다.

> 나남(12월 7일 개설) 용정촌 사이의 연락 : 감도(感度)는 낮지만 실
> 용에 적합함
> 블라디보스토크사이의 연락 : 실용통신 가능,
> 미카사함 통신 양호
> 가나자와(金澤) : 대체적으로 양호 나남-경성
> 사이를 중계
> 경성 : 야간은 직접 연락 가능

이로 인해 나남 및 용정촌에서는 그 위치 관계상 통신 능력의 증대 및 동계식(冬季式) 전주(電柱)의 보존을 고려하여 높이를 150尺[=45.45m (1 尺=30.3cm)]의 응용 목주(木柱)를 건설하였다.

3) 비둘기통신

10월 20일 군용 비둘기 사용반에 배속된 인원과 기재(器材)가 회령에 도착하였으나, 이번에 가지고 온 군용 비둘기는 모두 금년 4월에서 6월에

부화한 어린 비둘기여서 지세 및 기타 환경이 일변하는 북조선과 간도지방에서는 적어도 2개월간 여러 훈련을 거쳐야 할 필요가 있으므로, 이 비둘기 반은 12월 하순 주력 철퇴시에 드디어 40km를 날려보는 시험이 가능한 정도에 불과하여 거의 실용의 영역에 도달하지 못하였다.

8. 사람의 위생, 말의 위생

1) 사람의 위생

출동부대 상병자(傷病者)의 수용·후송을 맡기기 위해 대략적으로 군 초토 계획에 기반한 출동 각 보병연대(보병 제74연대 및 보병 제78연대를 포함)는 10월 4일에서 10월 11일 사이에 각 1개 위생반을 편성하여 각 지대에 분속(分屬)되었다. 그 편제는 대략 다음과 같다.

> 인원
> 군의(軍醫 正) 1명, 간호장 1명, 간호졸 4명 (그 중 1명은 상등 간호졸로 함), 병졸 12명(그 중 적어도 8명은 擔架衛修業兵으로 함) 합계 18명. 또한 군의에게는 승마 1필을 부여함.
> 재료
> 약제 행리(行李) 2개, 들것[擔架] 2개, 의료낭(囊-주머니) 1개, 붕대낭 1개, 환자용 담요 50장, 적십자 깃발, 국기, 적십자燈 각1개씩.

이후 토벌행동의 진척과 더불어 전선(戰線)이 연장된 결과, 이러한 위생반만으로는 상병자(傷病者)의 후송이 불가능하므로, 대략 병참 끝 지역에서 후방으로의 수송기관으로서 10월 12일(10월 18일) 용정촌(혼춘)에서 각 1개 환자 수송반을 편성하고 제19사단장의 직할로 하여 해당 방면에 배치하였다. 그리고 본 수송반은 필요에 응해 환자 요양소 및 환자 집합소를 설치하는 것으로 하였다. 그 편제는 다음과 같다. 괄호안 숫자는 혼춘의 것을 표시한 것이다.

인원
군의 1(1)명, 간호장 2(1)명, 간호졸 8(4)명, 전부 간호학 수업병으로 충당함.
재료
약제 행리(行李) 2(1)개, 들것[擔架] 8(2)개, 군의 휴대낭 2(1)개, 의료낭 2(1)개, 붕대낭 8(4)개, 환자용 담요 50(50)장 등. 수송재료는 징용(徵傭)에 의한 것으로 함.

또한 각 병참 사령부(용정촌, 국자가, 양수천자, 혼춘) 및 상삼봉(上三峰) 병참지부에서는 각 군의 1명, 간호장 1명, 간호학 수업병 4명을 배속시켰다. 여기에 약제 행리(行李) 1개, 의료낭 1개, 붕대낭 4개, 들것[擔架] 대략 5~10개를 배치하고 환자요양소를 개설하게 하였다.

위생재료의 보급·추송에 관해서는 군 초토계획에 기반해 1920년(大正 9) 9월 재료의 일부를 나남지고에 집적시켰다. 이후 행동 개시시에는 육군 창고로부터 순차적으로 나남지고(支庫)[에 필요한] 재료를 충실히 하도록 노력하였으나, 10월 하순 육군위생재료창으로부터 나남지고 및 나남 위수병원, 회령위수병원에 필요한 기계 및 약물의 추송을 받아 그 업무는 대체로 민첩하고 신속·원활하게 수행될 수 있었다.

주력 부대의 철퇴에 따라 혼춘 및 용정촌에 환자 요양반 각 1개를 남겨두고 그 외에는 조선 내부로 귀환하였다.

출동부대 환자표, 각 특설기관 수용환자표, 전사자·부상자의 병명별(病名別)·부대별 일람표는 附表 제5~제7과 같다.

2) 말의 위생

출동부대 상병마(傷病馬)의 수용 및 치료 임무를 위해 1920년(大正9) 10월 12일 야포병 제25연대에서 병마(病馬) 수용반 2개를 편성하였다. 이소바야시 지대 및 히가시 지대에 배속되었다. 그 편제는 대략 다음과 같다.

인원
수의(獸醫) 1명, 하사 1명, 제철공장(蹄鐵[＝말굽 편자]工長) 1명, 상등병 1명, 일등졸·이등졸 5명(蹄鐵工卒은 적어도 1명을 포함할 것) 합계 9명. 수의 및 하사에게는 승마를 각 1필씩 부여할 것.

재료
수의 행리(行李) 갑(甲)·을(乙) 각 1개씩, 수의 휴대낭 1개, 말[馬] 치료낭 1개, 야전제철(蹄鐵)공구 1개, 휴대제철공구 1개, 馬繫杭 5개, 馬繫索 2개, 공용 행리(行李), 尋常제철(釘其) 25개, 班旗 1개, 標壁章 9개, 提燈 2개.

그러나 요원이 부족해 조선군 사령부 및 제20사단으로부터 임시 배속받았다. 두 곳 병원 수용반은 10월 20일, 21일 혼춘과 용정촌에 개설되어 병마의 수용 및 치료를 맡고, 후에 병참부에 배속되었으나, 주력부대의 철퇴와 함께 12월 하순 이를 폐쇄하고 나남으로 귀환하고 해산하였다.

수의 재료 및 제철의 보급 수송은 나남지고에 있는 재고로 충당하였으나, 충실을 기하기 위해 육군위생재료창에서 추송을 받았고, 이후 행동의 진척과 더불어 이것을 회령에 집적시켰으며, 그 업무는 대체로 민첩·신속·원활하게 수행될 수 있었다.

보병 제28여단에 배속되어 내지로 귀환한 군마에 대해서는 나남에서, 출동부대의 군마에 대해서는 회령에서 검역을 실시하니, 그 성적이 양호하여 전염병 의심이 있는 것이 없었다. 출동부대병마표, 마필, 수의재료

군마위생기관 배속표, 병마수용반 병마표는 附表 제8~제10과 같다.

9. 병참

긴급 출동시의 병참

10월 3일 제19사단은 아베 대대를 혼춘에 출동시킴과 더불어 同 대대에게 혼춘-경원 사이의 병참선 설치를 명하였다. 이어서 차츰 증가함에 따라 10월 5일 보병 제75연대장을 기시와다(岸和田) 소좌에게 소요의 기관을 부여하고 경원에 도착하였다. 출동부대를 위해 병참 업무를 실시하였다.

10월 6일 나남 및 회령에 정거장 사령부를 설치하고 수송업무에 종사하게 함과 더불어 다음날 7일 구마쿠라(熊倉) 소좌에게 필요한 인원을 이끌고 회령에 도착하게 하여, 회령-종성 구간 및 회령-용정촌 사이의 병참업무를 실시하게 하였다.

사단은 이후의 작전을 고려하여 10월 12일 추가로 온성 및 용정촌에 병참사령부의 설치를 명하였다. 경원병참사령부는 이것을 혼춘으로 옮겨 사단참모장은 병참부장을, 사단 각 부장은 병참 각 부장을 겸임하는 것으로 되었다.

당시 병참에 충당해야 할 요원(要員) 장교의 부족은 이것을 함흥, 원산, 춘천의 각 부대로부터 차출하게 하였다.

당시에 병참 사령부의 편제는 附表 제11과 같다. 그 시설은 附表 제10과 같다.

사단 주력 출동 후의 병참

10월 14일 군은 병참업무 실시에 관해 사단에 대해 다음과 같이 지시하였다.

보급수송업무에 대해서는 초토계획에 의해 경원·온성에서는 군 창고를 마련하고, 조선내에서는 창고를 마련하는 것을 실시할 것. 정황의 추이에 따라 혼춘 및 용정촌에 창고를 설치할 수 있는 준비를 할 것. 창고장 및 경리부 부원을 그 지역으로 출장시킬 것임. 상세한 것은 해당 관리 등과 협의할 것.

10월 16일 마쓰노부(松信) 창고장, 스즈키 군경리부 부원은 회령에 도착하였다. 조선 내 수송업무에 관해 마쓰우라 제19사단 경리부장 마쓰이 주임참모와 협의하여 다음과 같이 결정하였다.

조선내 수송업무 인계에 관한 협의 사항

이번 출동에 관해 지금부터 경원·온성·상삼봉에 군 창고를 개설할 것이므로 조선내 수송업무에 관해 다음과 같이 협의한다.

1. 조선 내 군수품의 모든 수송은 군창고에서 그것을 담당할 것.
2. 인마(人馬) 및 그에 부속하는 물건의 수송은 종전대로 사단에서 취급하는 것으로 함. 단, 소요 차량은 군창고에서 공급하고 그에 필요한 대금은 해당 부대에서 지불할 것.
3. 군수품 수송에 소요되는 감시병 및 창고위병은 최소한도에서 창고의 청구에 응해 배속시킬 것.
4. 사단 소요 군수품의 추송은 그 품목 수량, 수송기일 및 순서 등 모두 사단의 요구에 응해 취급할 것.
5. 회령 병참사령부에 집적되는 군수품은 현상태대로 군창고에 인계하며, 경원·온성·상삼봉에 집적되는 양식은 군창고원이 도착했을 때 인계하는 것으로 함.
6. 수송 도중의 양식은 도착시 모두 군창고로 수입(受入)할 것.

7. 나남에서 발송한 군수품에 관해서는 종래대로 정거장 사령부에서 그것을 취급할 것.

8. 현재 사단이 빌린 화물 자동차는 군창고에 인계할 것.

위 협정의 결과 회령병참사령부는 그것을 국자가로, 온성병참사령부는 그것을 양수천자로 진격시키고, 보병 제28여단의 시위 행군 종료 후 대랍자(大拉子) 병참지부는 그것을 철수시켰다.

또한 각지 병참수비대는 누차 부근 諸부락의 초토를 담당해 상당한 성과를 거두었다.

사단 분산 배치 당시의 병참시설은 附圖 제11과 같다.

그 후 12월 7일 양수천자 병참사령부는 그것을 철수하고 기무라 대대의 보급선은 국자가·백초구·대왕청도에서 그것을 변환하였다. 군창고 역시 그것에 동반하여 12월 20일부로 철거하였고, 주력을 철병하기에 이르렀다.

10. 헌병

출병과 더불어 헌병은 군사령관의 승인을 거쳐 각 방면 출동부대에 배속되어 다음과 같이 출동하였다.

- 이소바야시 지대 : 오하라(小原) 대위 이하 15명(오하라 대위는 후에 노로(野呂) 대위와 교대함)
- 기무라 지대 : 특무조장 이하 10명
- 히가시 지대 : 와타나베(渡邊) 대위 이하 8명
- 무산(茂山) 대대 : 하사 이하 8명
- 용정 병참사령부 : 하사 이하 20명

참고

헌병출동을 헌병사령관의 책임으로 하지 않고 군사령관의 책임으로

하는 이유

이번 출동은 거류민 보호에 있다고 하지만 불령선인을 토벌하는 정황이 되면 분명히 조선방위에 속하게 됨. 그러나 조선방위라고 하더라도 군사령관은 조선헌병대를 사용할 수 없음. 때문에 헌병의 출동은 헌병대사령관의 책임이 아닐 수 없음. 조선 내에서의 군사경찰 및 국경감시는 군사령관에 예속되지만, 국외출동은 군 사령관의 임무 외 [영역]이므로 헌병을 사용할 권한이 없음.

이상에 의거하면 군사령관이 이것을 명령할 수 없게 되는데, 원래 국외출병은 대권[大權=천황 대권 지칭]에 대한 비상시의 독단전행(獨斷專行)이 되므로 군사령관은 전부에 대해 책임을 져야 함. 또한 헌병대사령관은 조선 안에서 차출된 헌병에 관해서는 군 사령관의 인가를 얻지 않으면 안 되므로 결국 군사령관이 국외출동을 승인하는 것이 되므로 조례의 자구(字句)에만 구애되지 말고 전체적인 형세[大局]로부터 논하면 군사령관이 그 책임을 맡는 것이 지당한 것임.

10월 8일 <陸密 제202호>로 조선헌병대 정원외로 하여 헌병위관 2명, 하사 30명, 상등병 200명, 승마 30필을 증가 배속시켜 도착함과 더불어 10월 21일에 다음과 같이 그 배속을 변경하였다.

제19사단 사령부	하사 이하 3명
이소바야시 지대, 기무라 지대	종전대로
히가시 지대	장교 이하 26명
온성, 용정촌, 혼춘 병참사령부	각 하사 이하 5명
나남, 회령 정거장 사령부	각 상등병 3명

11월 중순 이후 각 부대의 분산 배치를 정하고 초토에 종사하기에 이르렀다. 헌병의 필요성을 한층 느끼게 되었으므로 추가로 20명을 증가 출동시켜 중·소대까지 1~2명의 헌병보를 분속(分屬)시키고 초토 목적 달성에 힘썼다.

또한 경비를 위해 강안(江岸)에 있는 각 대소(隊所)에도 각각 헌병을 증원시켜 대비하였는데, 강안수비대가 국경을 넘어 부근 諸부락을 초토하자 강안(江岸) 40여개소에 분주(分駐)하고 있던 헌병 장교 이하 362명은 때때로 이들 부대에 배속되어 초토행동에 가담했고 주로 불령선인의 체포·가택수색 등을 맡겨 군대의 행동을 용이하게 하였다.

기타 사단에서 귀순자 취급 업무가 개시되자 헌병은 용정촌·국자가·두도구 각 위원 산하로 합계 20명을 출동시켰고, 주로 귀순자의 취급 및 선전업무의 보조와 통역을 맡겨 많은 편의를 제공하였다.

11. 주력부대의 철퇴

간도방면 출동 선후책은 11월 6일 각의에서 결정되었다. 외무성에서 북경과 봉천에서 외교상 교섭을 개시할 것이라는 훈령이 있었다.

이에 따라 외교상의 교섭은 북경 및 봉천에서 개시되어야 하므로 이들 기관과 잘 연락을 취하고 적시적법(適時適法)하게 철병을 행하도록 배려한다는 취지를 육군차관이 통첩하였다. 또한 제19사단의 초토행동도 11월 말에 대략 완료될 것이라는 정황으로, 11월 16일 군은 군사령관에 한해 승인 출동한 부대(<참모본부 作命 제57호> 이하의 부대)를 만들어 신속히 조선으로 귀환하라는 명령을 내렸다. 이들 부대는 12월 20일까지 전부 조선으로 귀환을 완료하였다.

12월 10일 주력 철병에 관한 <作命 제61호> 훈령과 그에 기반한 육군대신 및 참모총장의 지시(부록 제6-1~제6-3)을 수령하고 군사령관은 위 훈령과 지시에 기반해 다음과 같은 명령을 내렸다.

<朝軍作命 제17호>

제19사단장, 제20사단장에게 내리는 훈령(12월 16일, 용산에서)

1. 군은 혼춘 및 간도지방에 일부를 남기고 나머지 부대를 조선으로 귀환시킬 것.

   블라디보스토크파견군으로부터 동녕(東寕) 및 혼춘 지방에 파견 되었던 부대는 적당한 때에 해당 군 행동지역인 러시아-중국 국경선 일대로 귀환할 것.

2. 제19사단장은 그 예하부대로 보병대 본부 1개를 편성하고, 나머지 2대대(각 대대는 사단 내에서 적절한 시기에 집성해 각 중대 편성 을 하고 가능한 한 평시편제에 가깝게 하며, 소요 기관총 및 특종포 를 배속시킬 것)를 여단장의 지휘에 배속시키고, 혼춘 및 간도지방 에 있는 제국신민의 보호를 담당할 것.

   전령(傳令)으로 기병 하사 이하 10騎를 사령부에 배속시킬 것. 이 부대를 간도파견대로 칭함. 제19사단장의 직할로 함.

3. 간도파견대는 다음과 같이 배치할 것.
   * 혼춘   보병대대 본부 및 2중대
   * 국자가   보병대 본부 및 1중대
   * 백초구   보병 1중대
              이 부대는 국자가 보병대장의 지휘에 속함
   * 용정촌   파견대 사령부 보병 대대 본부 및 3중대
   * 두도구   보병 1중대
              이 부대는 용정촌 보병 대대장의 지휘에 속함

4. 보병 제78연대 제3대대는 가능한 한 신속하게 원 소속으로 복귀할 것.

위 대대 회령-청진-원산 구간의 철도 및 선박수송은 제19사단장이, 원산-용산 구간의 철도 수송은 제20사단장이 이것을 담당할 것.

5. 이후의 예하 부대 및 임시편성부대는 1921년(大正10) 1월 15일까지 점차적으로 조선으로 귀환 후 원래 소속으로 복귀할 것.

6. 기타에 관해서는 혼춘 및 간도에 파견되어 있는 부대의 잔류와 귀환에 관한 지시 및 별지 간도파견대에 관한 세부 지시에 의거할 것.

간도파견대에 관한 세부 지시

1. 간도파견대의 편성에 관해서는 <陸密 제272호> 외 다음의 각 항에 의거할 것.

① <朝軍作命 제17호> 훈령 제2항에 의해 보병대 본부 요원으로 보병연대附 중(소)좌 1명, 대(중)위 1명을 충당하여 국자가에 비치할 것

② 간도파견대 요원으로 다음의 인원을 제19사단에 임시 배속시킬 것

참모요원으로 佐官 1명(승마 1필 부여)

主計 2명 計手 5명

군의 2명 간호장 3명 간호졸 10명

2. 간도파견대는 해당 지방 중국관헌 및 군대가 확실히 同 지방의 치안유지, 특히 제국신민을 보호하고 불령선인 등의 토벌을 실행하여 제국영토내 치안유지에 누(累)를 미치지 않기에 이르기까지 일시적 주둔하게 한 것이므로, 同 파견대는 제국관민의 보호를 위해 필요상 불가피한 경우 외에 함부로 토벌행위를 하지 말 것.

3. 불령선인을 회유하여 친일선인으로 선도하는 것은 제국관민의 보호를 위해 필요할 뿐만 아니라 조선의 내치(內治)에 이용할 부분도 많은 것으로 생각되므로 항상 적절한 방법으로 그 효과를 거둘 수 있도록 힘써야 할 필요가 있음.

4. 중국군 및 관민과 힘써 화친을 도모하고자 하더라도 그 특징과 근래의 경향을 고려하여 관대함과 엄격함으로 적절히 대응할 필요가 있음.

5. 파견대 각 부대간 및 해당 부대와 조선 내부와의 연락을 확보하고 또한 블라디보스토크군 및 관동군 소속 관계의 諸부대 및 파견지방에 있는 제국외교관헌과 긴밀한 연락을 유지할 필요가 있음.

6. 간도파견대를 위해 그 주둔지에 집적해야 할 군수품과 방어 설비는 불시의 사변 때 가령 고립상태가 되더라도 그 책무 달성을 유감없이 해야 할 것이며, 특히 식량 및 말먹이는 혼춘에서는 병사 분량으로 1개월분, 다른 지역에서는 각 2개월분, 각지 재류 내지인에 대해서는 10일분을 표준으로 할 것을 요함.

군사령관은 위 훈령을 내린 다음 날인 17일 출동부대 일반에 대해 부록 제7의 훈시를 제시하였다. 제19사단장은 위 훈령과 지시에 입각에 12월 20일 각 지대의 편성을 해체하고 보병 제38여단장이 지휘하는 보병2대대를 기간으로 하는 부대를 혼춘 및 간도지방에 남겨두고 12월 하순부터 철병을 개시하였다. 이듬해 1921년(大正10) 1월 15일까지 전부 원래 소속으로 복귀하고 잔류하던 부대는 12월 31일에 그 편성을 완료하여 다음과 같이 배치하였다.

혼춘(琿春)
　　보병 제76연대 제3대대 본부와 제3중대, 제12중대
　　기관총 2, 저격포 1, 박격포 1
　　환자 요양반 1

용정촌(龍井村)

  보병 제38여단 사령부

  보병 제73연대 제2대대 본부와 제6중대, 제11중대

  보병 제74연대 제5중대 (1소대 결여)

  기관총 4, 저격포 2, 박격포 2

  환자 요양반 1

두도구(頭道溝)

  보병 제73연대 제10중대

  기관총 2

국자가(局子街)

  보병대 본부, 보병 제74연대 제2중대

  기관총 2

중일량구(中一兩溝)

  보병 제74연대 제5 중대의 1소대

백초구(百草溝)

  보병 제75연대 제11중대

  기관총 2 저격포 2

헌병 역시 대체로 사단의 행동에 준해 그 대부분을 조선 안으로 귀환시키고 일부를 간도파견대사령관의 지휘하에 배속시켰다. 다음과 같이 배치하였다.

국자가 헌병장(대위) ⎰ 국자가 헌병반　하사 이하 17명, 승마 4필
　　　　　　　　　 ⎱ 백초구 헌병반　하사 이하 9명, 승마 2필

용정촌 헌병장(대위) ⎰ 혼춘 헌병반　준사관 이하 11명, 승마 4필
　　　　　　　　　 ⎨ 용정촌 헌병반　하사 이하 16명, 승마 4필
　　　　　　　　　 ⎱ 두도구 헌병반　하사 이하 9명, 승마 2필

제6절 보병 제28여단의 행동

보병 제28여단은 3제단(梯團)으로 나뉘어 블라디보스토크에서 승선하고, 그 선두 제단(梯團)인 보병 제15연대(1대대 결여)는 10월 16일 포시예트만에 상륙해 19일 혼춘에 도착하여 군의직할로써 同 지역에서 여단 주력의 도착을 계속 기다렸으나, 21일 군 명령에 의해 제19사단장의 지휘하로 편입되었다. 당시 혼춘 방면에 있던 이소바야시 부대는 22일부터 전력을 다해 노흑산(老黑山) 및 나자구 방면의 토벌을 실시하기 위해 [준비하는 과정에서] 후방경비병력에 부족을 감지했고, 또한 용정촌 방면에 있던 히가시 부대는 홍범도와 김좌진 적단을 격멸시키기 위해 어랑촌 방면으로 가능한 한 많은 병력을 집결시킬 필요성을 인정하면서 동시에 후방경비병력의 부족을 호소할 뿐만 아니라 이후 정황 추이를 예측하지 않을 수 없으므로, 사단장은 보병 제15연대(제1대대 결여) 주력을 혼춘방면에 두고 이소바야시 지대장의 지휘하에 편입시켜, 혼춘경비 및 해당 지대(支隊)의 노흑산 및 나자구 방면에서의 행동 사이에 그 후방 연락선의 엄호(掩護)를 맡기는 것과 더불어 대대장이 지휘하는 2중대를 용정촌에 파견하였다. 또한 그 1중대를 회령으로 오게 하여 함께 사단장의 직할로 하여 해당 지방의 경비를 맡겼다. 용정촌 파견 부대는 29일과 30일에 걸쳐 용정촌 남방 수칠구(水七溝) 및 장암동(獐巖洞) 근에서 여러 차례 우리 연락선을 위협하는 적도를 토벌하고 장암동에서는 그 20여 명을 사살하고 가옥 12호를 소각하였다(제3장 제1절 참조).

여단 주력은 22일부터 30일에 걸쳐 포시예트만에 상륙하고 11월 3일 그 선두가 혼춘을 출발하여 양수천자(凉水泉子)를 지나 국자가로 진입하였다.

당시 히가시 지대는 주력으로 동불사, 천보산, 삼도구, 청산리 방면의 초토를 맡았다. 기무라 지대역시 그에 책응해 조양 하곡(朝陽 河谷)을 초토하던 중이었는데 해당 방면의 정황에 대응하기 위해 여단 주력을 국자가와 알하하[嘎呀河=가야하] 사이에서 잠시 대기 태세로 있었는데, 사방 주위의 정세가 더 이상 필요로 하지 않는 지경이었으므로 용정촌을 지나 시위 행군을 실시하였다. 회령에 들어가 11월 22일 모두 나남으로 집결하였다.

11월 20일 <참모본부 作命 제60호>(부록 제8)에 의해 내지로 귀환하는 것으로 되어, 군사령관은 제19사단장과 보병 제28여단장에게 다음의 명령을 내렸다.

제19사단장에게 내리는 명령(11월 21일 發)

1. 귀관은 보병 제28여단을 데리고 내지로 귀환하기 위해 11월 25일~26일 청진에서 승선시킬 것.
2. 위 여단의 선박 수송은 육군 수송부 본부장이 실시할 것.
   세부사항에 대해서는 추후에 제시함.
3. 同 여단은 청진 승선[시점]을 기해 나의 지휘하로 복귀함.

보병 제28여단장에게 내리는 명령 (11월 21일 發)

1. 보병 제28여단은 청진 승선 후 나의 지휘하로 복귀함. 우지나[宇品=히로시마에 위치]를 거쳐 내지로 귀환할 것.
2. 여단이 우지나(宇品) 상륙하는 시점을 기해 내 지휘를 벗어남.
3. 내지에서 철도수송에 관해서는 육군운수부 출장원이 이를 처리할 것.
   위 명령에 의해 同 여단은 25일, 26일 양일간 청진에서 승선하고, 29일, 30일에는 우지나(宇品)에 상륙하여 원래 소속으로 복귀할 것.

제7절 제20사단장의 조치

제20사단장은 10월 12일 <朝軍作命 제3호> 군훈령에 입각해 압록강 강안(江岸)의 수비를 엄중하게 하기 위해 군사령관의 승인을 거쳐 기동연습 참가 도중에 있던 부대에 대해 다음과 같은 조치를 하였다.

1. 미리 2년 후 병사들의 만기제대 후의 인원감축을 고려해 계획한 성천(成川)·희천(凞川)·덕천(德川)에 있는 고정원(高定員) 수비중대로부터 각각 약 50명씩 합계 150명을 중강진(中江鎭) 방면으로 증가시킬 것.
2. 평양 보병 제77연대로부터 약 100명의 1중대를 집성하여 그들을 강계(江界)수비대로 증가시킴. 이후 그들을 적당한 때에 소요 방면에 증가시키는 것은 보병 제39여단장의 판단에 맡김.
3. 창성(昌城)·의주(義州)·신의주(新義州)에 있는 2년병 퇴영 후의 감원을 보전(補塡)하기 위해 평양연대로부터 소요 인원을 해당 방면으로 증가시킴.
4. 이상에 의해 평양연대의 감원은 그대로 하고, 필요에 따라 용산부대로부터 응원을 받을 것.

제8절 제19사단에 책응할 블라디보스토크파견군 일부의 행동 개요

우리 군의 초토에 책응하기 위해 블라디보스토크파견군은 삼차구(三岔口) 부근으로부터 이남의 포시예트만과 혼춘 사이에 걸친 러시아 중국 국경지대의 요로를 막아 지켰다. 이어서 일부를 수분대전자(綏芬大甸子) 부근에, 다른 일부를 토문자 부근에 진출시키고, 또한 북만주 파견대의 일부를 해림(海林)으로 파견하였다. 그리고 국경수비는 10월 18일까지 이를 실시하였다.

1. 토문자 지대

제11사단 히데시마(秀島) 소좌가 지휘하는 보병 1대대 기관총 1, 기병 1소대, 공병 ½중대로 구성된 토문자 지대는 10월 19일 바라바시를 출발하여 국경을 통과하고 20일 이후 이소바야시 부대와 책응하고, 초모정자(草帽頂子), 토문자 부근 및 그 북방지구의 초토에 종사하였다. 다음으로 이소바야시 지대와의 초토 구역의 경계를 오도구(五道溝)를 포함하는 동쪽 지구로 정하고, 일부를 두황자(杜荒子)로 내어 주력(부대)로 혼춘 하곡 및 그 부근 諸부락에 잠재하는 비적 무리를 수색하고 초토에 종사하여 상당한 성과를 거두었다. 다시 병력을 북방으로 진출시켜 초모정자(草帽頂子), 난가당자(蘭家蹚子), 왕팔발자(王八脖子) 일대를 초토하고 불령선인 간부 6명을 체포하고 소총 100정, 탄약 3000여발을 압수하였다.

12월에 들어서면서 불령선인 토벌도 대략 일단락을 고하는 지경에 이르고, 9일 군 명령에 기반해 일부를 원래 소속으로 복귀시키고 보병 2중대를 기간으로 하는 부대는 여전히 토문자 부근에 있게 하였다. 12월 15일 모두 러시아 영토로 귀환시켰다.

2. 하뉴 지대

제13사단 하뉴 대좌가 지휘하는 보병 1대대, 기병 1연대(2소대 결여), 포병 1중대, 공병 1중대로 구성된 지대는 10월 19일 기병으로 20일 주력으로 국경선을 통과하고 22일 노흑산 부근으로 전진하였으나, 해당 지방에 있는 혼춘 습격에 참가한 마적은 이미 숨고 달아난 후였으므로 추가로 수분대전자(綏芬大甸子)를 향해 전진하고, 10월 27일에 同 지역에 도착한 이소바야시 지대에 속한 아베(安部) 토벌대 및 기무라 지대에 속하는 이와오(岩尾) 대대와 연락하였다. 이 날 지대가 이 지역에 도착하자마자 아베 토벌대의 일부는 노모저하(老母猪河) 부근에서 적들과 교전중임을 알고 일부를 증원하여 전투에 참가시키고 적단을 격퇴하였다. 이어서 아베 토벌대와 연계하여 수분대전자(綏芬大甸子) 남북 지구의 초토에 종사하였다. 同 토벌대가 혼춘으로 귀환한 후에도 일시 同 지역 및 그 부근에 머물러 있었으나, 11월 12일 사단명령에 의해 이도구(二道溝)를 거쳐 이십팔도하자(二十八道河子)로 전진하고 안자이(安西)[12] 지대에 책응하여 대소수분(大小綏芬) 하곡(河谷)의 초토에 종사하였다. 12월 9일 군명령에 의거하여 지대의 편성을 해체하고 보병 2중대를 기간으로 하는 부대를 삼차구에 머물렀는데, 이 부대도 12월 20일 전후로 전부 러시아 영토로 귀환하기에 이르렀다.

3. 안자이 지대

북만주 파견대 안자이 소좌가 지휘하는 보병 3중대, 기관총 4, 기병 1소대(기병은 제13사단으로부터 배속)의 지대는 군명령에 기반해 10월 16일까지 해림(海林)에 집결을 끝냈으나, 블라디보스토크파견군은 중앙부의 의도에 입각해 그들을 합마당 방면으로 파견할 계획을 중지하고 당분간 현재 태세를 유지하려 했는데, 11월 9일 소수분하(小綏芬河) 남쪽 지구 정황을 정찰 중에 무라타(村田) 중위의 장교 척후(斥候) 5명은 팔가자(八家子)에서 전부 전사하고, 금창(金廠) 이남 소수분하(小綏芬河) 하곡에 다수의

---

12 본문에서는 안자이의 한자표기가 "安西"인 반면, 부도(附圖)12에서는 "安在"로 되어 있음.

비적 무리들이 잠복해 있는 듯한 상황에 의해, 동 지대는 일부를 해림에 머물게 하고 주력으로 금창(金廠) 방면의 토벌을 명령하였다. 지대 주력은 소수분하(小綏芬河)에 도달하였다. 이후 금창(金廠)에서 사하자(沙河子) 부근 및 과채영(果菜營) 부근에 걸쳐 초토에 종사하였으나, 결국 적단과 조우하지는 못하였다. 11월 20일 소수분하(小綏芬河)로 귀환하였다. 24일 일부를 同 지역에 머물게 하고 해림으로 귀환하니 28일 북만주 파견대사령관에 명령에 의해 지대 편성을 해체하고 보병대 일부를 동지(東支)연선에 머물게 하고 기병은 니시(尼市)에, 보병은 하얼빈(哈爾濱)으로 귀환하였다.

이상 제19사단 및 블라디보스토크파견군 일부의 행동 개요는 附圖 제12와 같다.

제9절 간도사건에 관련되는 경찰관 행동 개요

자료 불충분으로 생략함 [원문자체 생략]

제10절 서간도 방면 관동군의 시위 행동

간도 및 혼춘 방면 소요(騷擾) 파동은 서간도 지방으로 미쳐 同 지방의 불령선인이 재차 활동할 조짐이 있어, 이에 우리 정부는 봉천성 내 초토가 필요함을 인정하고 장작림과 교섭하였으나, 승인된 바 없이 10월 17일에 이르러 그들은 드디어 사토(佐藤) 소장이 제출한 다음의 각서를 승인하기에 이르렀다.

1. 諸정보에 의거할 때 통화(通化), 집안(輯安), 회인(懷仁) 등 봉천 동쪽

변두리 여러 지방에도 불령선인이 다수 잠재해 있으면서 빈번히 음모를 기획하는 것은 사실인 듯함.

2. 이번에 연길 방면에서 중일 양국 군대가 협동출병하여 불령선인 및 비적을 초토하기로 한 것에 대해서는 도적의 무리들이 서쪽으로 도망쳐 봉천성 경계지역을 넘어 통화(通化), 회인(懷仁) 등으로 잠입함. 이들 지방의 비민(匪民)들과 합류하여 일대 소요(騷擾)를 일으킬 것은 필연적인 형세일 것임.

3. 따라서 봉천 방면에서는 중일 양국이 협동하여 다음의 2건을 실시할 것이 당장의 급무임.

(甲) 중국측은 통화 방면으로 출병하고, 同 지방 일대를 경비하고, 특히 동쪽으로부터 도망쳐 온 비민(匪民)의 수색·체포를 맡을 것.

(乙) 일본은 현지에 있는 불령선인을 위협할 목적으로 만주 주둔군의 일부로 해당 불온 지방에 행군·순회할 것.

위에 의해 관동군은 그 일부를 이끌고 해당 지방에서 불령선인 및 거기에 가담하는 마적을 토벌하는 것으로 하고(상황이 불가피할 경우는 적의 무리를 위압해 몰아내고 그들에게 겁을 주는 정도로 그칠 것), 10월 23일부터 행동을 개시하였다. 그리고 본 행동은 봉천성 성장(省長)인 장작림의 체면 유지상 남만주 동쪽 변두리에 시위 행군의 명의로 행하는 것으로 한다. 그 병력 및 초토 경로 개요는 다음과 같다.

1. 보병 제19연대장 스기야마(杉山) 대좌가 지휘하는 보병 1대대를 기간으로 하는 부대로 무순(撫順)에서부터 흥경(興京)을 거쳐 통화에 이르름. 11월 15일 통화를 떠나 환인대평초관순(桓仁大平哨寬旬)을 거쳐 12월 3일 안동 도착, 철령(鐵嶺)으로 귀환함.

2. 기병 20연대 주력은 공주령으로부터 해룡(海龍)·삼원포(三源浦)를 거

처 11월 7일 통화에 도착, 이후 홍경, 영액성(英額城), 남가대(南家臺)를 거쳐 11월 27일 개원(開原)에 도착, 공주령으로 귀환함.

제11절 중국 군대의 행동
/ 附 안도방면 초토의견과 중지 관련 경위

간도지방에 관해 각 방면에서 행동하는 중국 군대의 정황의 개요는 다음과 같다.

동지동선(東支東線) 방면

간도 및 혼춘지방의 정황에 비추어 볼 때 장작림은 위대여(衛隊旅) 및 잠편(暫編)혼성 제1여단 및 제28사단 기병 1단을 중장 관조새(關朝璽)의 지휘로 배속시키고 포크라니치나야 방면에서 간도로 파견되어 토벌에 종사시키기로 결정하였다. 그 선두 제단(梯團)인 위대여(衛隊旅)는 10월 6일 밤부터 봉천을 출발하여 동지선(東支線)으로 향하였다. 그 후 점차 병력을 이쪽 방면으로 증가시켰으나 중일협동토벌에 관한 협정에 기반해 그 병력을 간도지방으로 진출시키는 것을 중지하고 대략적으로 사건이 종료될 무렵 동지(東支)연선 부근에 있는 마적 토벌에 종사하게 했지만, 불령선인에 대해서는 아무런 고려함이 없어, 해당 협정에 대해서 성의를 보였다고 인정할 만한 점이 거의 없다.

간도 및 혼춘 방면

우리 군대가 간도방면으로 출동하자 미력했던 해당 지방의 중국 군대는 겁이 나서 숨을 죽이며 마음이 평안하지 않는 상황이 되었다. 몰래 불령선인을 선동하여 그들의 행동에 편의를 제공하고 우리 군대와 충돌하게 하려고 뒤에서 획책하는 것과 같은 소책(小策)을 세워 농간하는 것이 있는 상황이었다. 일반 중국인, 조선인 등은 머지 않아 중일 군대 간에 충돌이 발생할 것을 염려하기에 이르렀다.

10월 12일 불령선인 토벌이 불철저하여 맹(孟) 단장이 해직[革職=馘職]되자 그 부하 중 일부에서 동요 조짐이 있었다. 교대 때문에 보병 2영, 포병 1연, 기관총 1연은 단장 양금성(揚金聲)이 그들을 이끌고 돈화 방면으로부터 간도로 향해, 또한 길림혼성 제2여단장으로부터 연길진수사에 임명된 장구경(張九卿)은 블라디보스토크를 경유, 혼춘을 거쳐 11월 하순을 전후하여 국자가에 도착하였다.

이상에 의해 해당 방면의 중국군 총병력은 보병 5대대半, 기관총 1대, 기병 1대대(1중대 결여), 포병 1중대, 공병 1대대였다. 그러나 이렇게 증가한 군대는 일반적으로 태도가 불손하거나 우리 보선병(保線兵)에게 폭언을 내뱉고 보초들에게 모욕감을 주거나 우리군의 용역인 중국인을 협박하여 작업을 방해하는 등 폭력적인 상태가 매우 심각한 부분이 있었다. 제19사단장은 국자가에 있는 고이데(小出) 중좌로 하여금 중국측에 대해 강경하게 저항하게 하고 그 후에 재차 사과[陳謝]하여 상황이 완화되기에 이르렀다. 다행히 불상사가 발생하지 않고 경과하였다.(제3장 제5절 참조)

안도현 방면

간도 방면 토벌이 진척됨에 따라 불령자가 이 쪽 방면으로 숨고 달아가는 것이 있었고, 군에서는 이들의 취체에 관해 사토(佐藤) 소장과 기시(貴志) 소장에게 통보하여 장작림에게 요구하게 했다. 한편 군사령관은 10월 25일 육군대신과 참모총장에게 안도현 초토에 관한 의견을 상신하였으나 인가를 받지는 못하였다. 이러한 사정에 관해 참모본부 총무부장의 통첩은 다음과 같다.

봉천성 내 불령선인의 중일협동토벌에 관해서는 앞서 제국정부에서 장작림에게 제의한 바 있으나, 장작림은 북경정부 및 남방에 대한 그의 체면상 조선군이 봉천성 내에서 행동하는 것에 대해서는 절대 동의하지 않고 또한 관동군이라고 해도 토벌행위를 취하는 것에는 동의하지 못하므로, 우리 정부도 장작림의 체면을 구기면서까지 토벌을 강행하는 것은 정략상 유리하지 않다고 생각되고, 봉천성 내 불령선인은 장작림 스스로가 그들을 토벌해야 할 것이고, 우리로서는 관동군의 일부로 시위 행군을 행하여 그것으로써 조선군의 작전 추이에 따라 안도 방면으로 행동하는 것은 필요하나, 앞서 서술한 사정이 있으므로 당장 이것을 실행하는 것은 곤란하다고 판단되므로 이 기회에 장작림으로 하여금 안도현 방면에서 필요한 조치를 취하도록 조처할 것.

장작림은 우리 교섭에 대해 중국측의 보고에 의해서도 비적이 이쪽 방면에 숨어들어온 것을 긍정했고, 10월 하순 해룡성(海龍城) 부근에 있으면서 혼성 제5여단장 제사명(齊思銘)에게 명하여 새롭게 편성된 경비대 2대대를 배속시키고 안도현으로 파견하여 경계를 맡김. 그러나 이들의 취체는 시종(始終) 불철저하여 현저한 성과를 거두지는 못함.

기타 돈화(敦化) 방면에서도 불령자가 숨어 들어갔다는 정보가 있어 중국측에서는 그들의 토벌을 재촉하는 바 있었으나 결국 실현되지 못하고 종결됨.

이상을 요약하면 중국 군대는 본 사건이 일어나는 기간 동안 불과 동지(東支)연선 부근에서 마적의 토벌을 행한 것 외에 불령선인에 관해서는 거의 무관심한 상태로 시종일관하였던 것이다.

제3장 선전활동 및 교섭사항

제1절 외국인의 비난과 중상

간도출병을 결정하자마자 군사령관은 예하 일반에게 훈시(부록 제9)를 내려 그 행동을 신중하게 하여 외국인의 악감정이나 오해를 사는 듯한 언행이 없도록 특별히 경계하였다. 또한 군에서는 별책 <병졸의 명심사항>이라는 소책자(부록 제10)을 인쇄·배포하여 병졸들에게 주의를 촉구하였다. 출동지방 중국인 및 조선인에 대해서는 중일협동토벌의 본의에 관한 고시(부록 제11)를 발표해 훈시하였다. 제19사단도 수 차례 그 예하에 적절한 시기에 훈시 및 지시 등을 통해 군사령관의 의도에 철저히 맞게 힘쓰도록 하였으나, 토벌행동이 진척됨과 더불어 외국인들은 각자 자기의 입장에서 침소봉대하거나 과장된 언변을 사용하여 우리의 행동을 비난, 중상하고 심한 경우에는 황당무계한 말들을 유포시켜 일반 민심을 동요시키기도 하였다. 특히 영국인 선교사 및 배일중국인들이 하는 선전은 상당히 치열[熾烈=거세고 맹렬]하여 시종일관 우리의 행동에 반대하면서 우리를 궁지에 몰아넣고자 하는 힘쓰는 정황을 보였다. 이하 항목을 나눠어 그 개황을 서술한다.

1. 영미인

영미인의 선전은 크게 2종류로 나눌 수 있다. 정략적인 것과 종교적인 것인 것이 그것이다. 전자는 주로 일본인 세력을 몰아내기 위한 수단으로 이용하여, 주권침략범, 인도(人道)파괴, 이권강요 등으로 제언(提言)해서 중국인을 선동하고자 하는 것이다. 후자는 선교사들이 걸핏하면 위축되는 교세(敎勢)의 유지를 근심한 나머지 종교나 인도(人道) 등의 미명 아래 숨어 자신들의 잘못을 덮고 우리를 무고하게 고발해 내외의 여론을 환기시키고 그 신망을 획득하려는 책략으로 모두 저열한 배타주의에 기인한 것이다.

전자에 관해서는 간단히 하나의 예시를 들어 참고자료로 제공하고자 한다.

11월 6일 북경 리더紙[1]는 간도침입이라는 제목으로 간도에서 일본병의 행동 전말을 기술한 후 마지막에 다음과 같이 논결지었다.
우리는 러일 협정에 의해 포시예트만 지방의 문제가 해결되기까지 일본은 간도로부터 철퇴함 없이, 또한 중국은 일본군의 간도철병 댓가로 협동경찰권을 승낙하지 않을 수 없었다고 의심하고 있다. 현재 일본이 채택하고 있는 수단은 조선 및 그 국경에서 정치적 불안을 진정시키는 길이 아닌 것이 명백하다. 조선의 정치적 불안을 일소하고자 한다면 최근 모(某) 일본정치가가 선언한 것처럼 조선인 자치 기관을 확장해주는 것에 있다고 할 것이다.

후자에 관해 선전하는 장본인은 간도 용정촌 거주 캐나다 장로파에 속하는 영국인 선교사로, 경성, 봉천, 동경 등의 동지 및 이해관계에 있는 미국인 선교사 등과 연결되어 악선전의 근원지이다. 그 성명은 다음과 같다.

스코트[2]	(조선이름 서고도(徐高道))	둘다 가장 강렬한 배일(排日) 선교사임
바커[3]	(조선이름 박걸(朴傑))	
푸트[4]	(조선이름 부두일(富斗一))	은진(恩眞) 중학교(조선인청년교육) 교장임
카스	(조선이름 기애시(奇愛時))	여자선교사로 조선인여자교육학교인 명신여학교 교장임

1 The Peking Leader, 1917년~1930년 베이징에서 영어로 간행된 일간지.

| 페르스프 | (조선이름 배의도(裵義道)) | 여자선교사, 제창(濟昌)병원 간호부 주임 |
| 마틴[5] | (조선이름 민산해(閔山海)) | 제창병원 원장 |

위 선교사들은 조선이름이 있는 것에서 알 수 있듯이 전적으로 조선인 포교에 종사하고 있고 배일(排日)의 논리로 조선인에게 영합하고 있지만, 이번 토벌에 의해 신도들과 교회당(곳곳에 있는 茅屋에 불과하지만 그들은 이렇게 칭함)과 학교가 살육과 소각 등을 당하게 되면서 반감을 사게 되어 이 거동에 참가한 듯하다.

이하 몇 가지 사례를 적기(摘記)하여 참고자료로 제공한다.

10월 20일부로 북경에 있는 영국대리공사로부터 오바타(小幡) 공사에게 온 사적 서신

1. 10월 12일 무장한 1명의 일본병사가 용정촌 영국 장로교회 부지 내에서 잠시동안 통로를 왔다갔다하다가 퇴거한 일.
2. 같은 날 기관총대가 同 부지 내에서 행동하여 교회주관으로부터 [퇴거] 요구를 받은 후에 퇴거한 일.
3. 일본 군대는 일반인민에게 간섭하여 중국관헌이 발행한 통행증 [護照]을 가져가고 이를 파기하여 야간 여행을 금지하고 있는 것.
4. 일본 군대가 간도 전반에 걸쳐 사원, 학교, 기타 가옥을 계속 불태웠다는 보고가 있음.

위 사안 중 1, 2에 대해서는 교회측에서 일본영사로 조회한 결과, 군대 측이 사과하여 종료되었다고 함.

위 사적 서신에 대해 조사[取調]한 결과 다음의 사정이 판명됨.

2 W.M.Scott
3 A.H.Barker
4 W.R.Foote
5 S.H.Martin

1. 10월 16일(일자는 불확실) 도주한 말을 수색하기 위해 교회 부지 구역 내에 있는 도로를 통과한 것임.
2. 특종포대가 교회 교구내(柵外)의 공터(일반인이 통행하는 공터)에서 교련을 한 것으로 당시 지휘관은 그 공터는 누구의 소유인지는 원래 모르는 일이라고 함.
3. 우리 군대는 출병 후 사카이 영사와 용정촌에서 경계에 관한 협의를 함. 야간 보초를 서고 일반 통행자를 취조해 왔음. 이로 인해 영사는 중국 상부분국장(商埠分局長)과의 협정에 기반하여 야간통행권을 발행하는 것으로 함. 조선인에게는 우리 영사가 그것을 교부하는 것으로 정했음에도 불구하고, 상부분국장(商埠分局長)이 발행한 통행권을 소지하지 않은 조선인이 있어 영사가 그것을 가져간 것으로 파기한 사실은 없음. 그리고 영사는 상부분국장(商埠分局長)에게 부조리함을 꾸짖고 재발행할 것을 약속함.
4. 우리 토벌대는 그 대장이 과거·현재에 불령선인과의 관련 여하를 엄밀히 조사하여 장래의 화근을 남길 것이 인정되는 경우에 한해 교회당, 학교, 기타 민가를 소각하는 것으로 함.

위 중 1, 2에 대해서 교회측으로부터 우리 영사에게 조회한 결과, 군대측이 사과했다는 언급은 전혀 사실 무근이고, 다만 와타나베(渡邊) 헌병대위로부터 영국 선교사에게 그 실상을 설명한 것에 불과함.

11월 하순 이후 캐나다 동부 지방에서 우리 간도 출동부대에 대한 비난·공격이 가장 심했기 때문에 우리 외무성은 앞서 오타와에 있는 제국 총영사에게 훈령을 내려 위에 대한 변박(辨駁) 조치를 취하도록 하니, 토론토市에 있는 캐나다 장로파 전도 본부는 다시 우리 총영사에게 위 변박에 대한 참고 자료를 송부하였는데, 부록 제12 갑·을·병·정(甲乙丙丁)호대로 송부해 왔다. 위 4통의 보고서는 모두 간도에 있는 선교사들에게 보낸 것으로 개별 사건의 일시, 장소를 지적하고 있어 이에 대해 일반 추상

적 변명을 시도하는 것은 오히려 불이익이 될 수 있음을 인정하고, 이에 필요한 적확하고 구체적인 사실을 조사해야 할 것이라는 군무국장의 조회가 있었다.

위 본문 및 그에 대한 변박자료를 작성하였다(부록 제13). 또한 장암동 사건의 진상은 부록 제14와 같다. 특히 장암동 사건은 내외 각지에서 널리 선전되어 여론을 다소 선동하였다.

2. 중국인

이번 사건에서 중국인의 선전은 다양하고 복잡한 이유가 존재한다고 하더라도 그것을 크게 나누면 대략 다음과 같다.

> 1) 국토유린을 분개하는 것
> 2) 개인적 원한에 대한 복수 의미를 가지는 것
> 3) 일본배척(排日)과 동시에 장작림 배척(排張)을 외치며 장작림 실각을 책략하는 것
> 4) 이욕(利慾) 혹은 인연(因緣) 관계로 불령선인과 맺어진 것에 의한 것
> 5) 지방관리, 특파조사원 등 자기의 지식을 발휘하려하거나 무지한 인민을 무언[誣言=없는 일을 꾸며서 남을 해치는 말]으로 미혹한 데서 기인한 것
> 6) 신문 등 영업확장의 방책에서 기인한 것

그리고 이러한 것은 단일하게 혹은 상호관련되어 그 원인을 이루는 것으로 위에 열거한 것 중에 정략적 의미를 포함한 것에는 그 배후에 영미인이 잠재되어 있다는 것은 추찰하기 어렵지 않다.

이하 항목을 나누어 개략적으로 설명한다.

1) 국토유린을 분개하는 것

이 부류의 많은 경우는 진정한 애국심에서 기인한 것이 아니며 다른 선동에 의해 맹목적으로 선동된 청년들이 일시적으로 움직인 것에 불과한 듯하다.

북경학생연합회가 10월 22일에 다음과 같은 발표를 하였다.

1. 일본은 우리나라를 엿보며 기회를 놓치지 않고 혼춘사건을 일으켜 과장하여 출병시키고 동지선(東支線)을 반거[蟠居=근거지를 확보하여 세력을 펼침]하며 그 악랄한 수단[毒牙]을 늘어뜨려하며, 동북 지역 산지 일대에 미치고 있어 위험하다.
2. 조선인들이 불굴의 용기를 떨치며 독립을 시도하고 있다. 우리들은 의롭고 좋은 것이므로 그것을 돕지 않으면 안된다.
3. 장(張) 순열사에 대한 일본의 횡포에 대해 정당방위책을 취해야 할 것임을 전한다. 길림성전체학생연합회는 11월 4일 길림성 의회에서 개최하여 각지 대표자가 회합했는데 100여 명에 달했다. 위의 취지서를 대총통과 장(張) 순열사에게 전보로 보내고, 추가로 북경 각 학교에 송치해 일치된 행동을 종용하였다.

   "일본이 중국에 대해 항상 야심을 가지고 있는 것에 대해서는 안팎이 같이 분개해야 할 바이다. 최근 그들은 거류민 보호를 구실로 마음대로 병사를 연길 지역으로 진출시키고 영구히 주둔할 것을 기획하였다. 우리 영토 주권을 침해하는 행위는 거국적으로 분개해야 할 바이다. 길림은 그 통한(痛恨)을 가장 깊이 느껴왔는데, 이제는 군중이 함께 격앙하여 일본의 거병(擧兵)이 공법(公法)에 위배된 것으로 하고자 한다. 이 폭동의 기인(起因)은 무고한 한민(韓民)들에게 있다. 한국은 일본의 속국이므로, 우리나라[=중국]를 소란스럽게 한 점에서는 우리가 [일본에 대해] 배상을 요구해야 마땅할 것이다. 그러나 일본은 오히려 병력을 우리 영토로 침투시켰다. 우주 어디에 이러한 이치가 있겠는가.

또한 이것을 마적의 소행이라고 한다면 그것은 우리 내정(內政)에 관련되는 것으로 타국의 간섭을 받을 이치가 없다. 일본인들은 입으로 친선을 외치는 것으로써 침략의 핵심으로 삼고 있다. [중국의] 안위(安危)가 연결되어 있는 바 어찌 순순히 수용할 수 있겠는가. 대총통(순열사)는 이미 병력을 파견하고 사자(使者)를 보내 교섭을 하고 있으나, 본래 미리 구상한 바가 없더라도 국가의 흥망은 필부(匹夫)에게도 책임이 있고 학생이라도 묵과할 수 없는 것이다. 이로써 대총통(순열사) 외교부에서 간절히 바란다. 신속히 일본인과 엄중히 교섭하여 즉시 철병하게 하라" 라고 하였다.

또한 이것과 관련되어 일본제품 배격, 일본인 가옥 조차사용 금지, 일본 화폐 사용금지, 학생 공개연설 등을 기획하였으나 모리타(森田) 총영사의 주의에 입각한 교육청장의 금지에 의해 중지되기에 이르렀다.

봉천에서는 학생들의 격렬한 배일 격문을 배포하고 대오를 짜서 배일 시위운동을 야기했으나 중국관헌들의 단속에 의해 큰일 없이 진압될 수 있었다.

2) 개인적 원한에 대한 복수 의미를 가지는 것

이러한 종류의 것은 일본이나 일본인을 원망하며 기회가 있을 때마다 악선전을 시도하는 것이 자연스러운 형세이다.

불령선인 토벌이 불철저했기 때문에 해직[薢職]당한 단장 맹부덕(孟富德)은 독군(督軍)에 글을 보내어 일본군의 행동을 과장되게 퍼뜨려 비참하고 인도(人道)가 없는 것으로 칭했기 때문에 독군은 연길도윤에게 일본측과 엄중히 교섭해야 할 것을 명령하였다.

3) 일본배척(排日)과 동시에 장작림 배척(排張)을 외치며 장작림 실각
   을 책략하는 것

하나의 사건이 발생할 때마다 그 기회를 이용하여 다른 것을 배제하려
하는 것은 중국에서의 정치적 투쟁 수단으로, 직예파 및 기타파가 음으로
양으로 배일을 외치며 여론을 환기시켜 장작림을 공격하고 그를 괴롭혀
장작림은 의기가 상당히 침체되었고 이와 관련된 교섭을 회피하는 지경
이 되었다.

<10월 25일 밤 장작림은 사토 소장에게 회견을 요청했고
그 때 말한 요지>

최근 중앙 및 남방 정계에서 장작림 반대 당파가 일본의 이번 출병
으로 장작림 배척에 이용함. 그 배후에는 영미인들이 있는 것이 확실
한데, 그 운동이 날로 지극히 맹렬해서 일본의 불법행위는 필경 장작
림이 암묵적으로 승인한 것으로, 장작림은 중국의 국적(國賊)이라고
조차 불리며, 거세게 배일(排日) 및 배장(排張) 선전이 이루어지고 있
음. 이것을 기회로 삼아 장작림을 중국 전역에서 민심을 잃게 하려는
음모인 듯함. 실로 우려스러운 바가 심대하다고 함.

다음날 26일 오후 외교부장을 그의 대리로 하여 사토 소장에게 보
내 말하기를, 간도출병 및 서간도 행군 문제에 대해 중국 여론이 들끓
고 있으며, 특히 어제 아침 이후부터 각종의 학생 및 기타 단체로부터
장작림에게 보내오는 전보 수가 상당히 많고, 게다가 그 언사(言辭)가
지극히 격렬함. 만약 이 상태를 방치하고 여론을 완화시킬 아무런 수
단도 취하지 않는다면 장작림은 국내에 대한 입지가 파괴될 것임. 장
작림에게 일본을 중시할지 [중국] 전국의 민심을 중시할지를 묻는다
면, 물론 중국 전국의 민심을 중시한다고 하지 않을 수 없을 것이므
로, 이번 기회에 시급히 현재의 군사행동을 멈추고 여론의 완화를 시
도하도록 그쪽 계통으로 전보를 보내주기를 바란다고 함.

<11월 9일 장작림과 기시(貴志) 소장의 담화 한 구절>
"저는 지금 일본의 출병에 의해 내외로부터 공격을 받아 고심이 심합니다"라고 했다고 함.

4) 이욕(利慾) 혹은 인연(因緣) 관계로 불령선인과 맺어진 것에 의한 것

간도지방 총 인구의 8할 내외는 조선인으로 해당 지방의 중국관민과 조선인의 관계는 여러 점에서 밀접한 부분이 있다. 또한 조선인 중 이른바 간민[墾民=개척민]으로 중국인 하급관리 혹은 하사졸인 경우가 상당히 다수인 상황이므로 불령선인과 중국 관민 간에 여러 이해 혹은 인연 관계를 가진 경우가 있다. 이들 무리들은 사적 감정에 의해 우리 군의 행동을 중상하고 철병을 재촉하고자 애쓰기에 이르렀다.

5) 지방관리, 특파조사원 등 자기의 지식을 발휘하려하거나 무지한 인민(중국인을 포함)을 무언(誣言)으로 미혹한 데서 기인한 것.

지방관리, 군인, 특파 조사원 등으로 허구 혹은 과대 보고를 지어내어 상사에게 제출하는 것은 중국인의 통상적인 폐단이다. 다음과 같은 마치노(町野) 고문의 전보는 그동안의 소식을 말해주는 것으로 칭하지 않을 수 없다.

"장작림 수하에는 간도에서 중국지방관헌, 기타지역으로부터 토벌대의 행동을 결심하고 침소봉대적으로 왜곡하고, 일일이 장작림의 지시를 떠받들러 오기 때문에 장작림은 번거로움이 심한 상황임. 해당 지방 관헌과 협조하여 그들로 하여금 우리에게 호의를 갖도록 지도·회유하기를 바람"

또한 다음의 일례는 우리에게 사전에 발견되어 사죄하게 했으나 현저하게 악랄한 그들의 심리를 고찰하는 자료가 될 것이다.

<사죄장>

　화룡현 경찰 제3구분소 소속의 순경 강수(姜守) 및 통역관 한용수 (韓龍秀) 두 사람은 1920년(중화민국9) 2월 13일 화룡현 명신사(明新 社) 삼도구(三道溝) 청산자나월평(靑山子蘿月坪) 부근에 사는 조선인 을 협박하여 귀국(貴國)의 군인이 이 지역 부근에 사는 조선인 부인을 강간하려 했다는 취지의 소장(訴狀)을 작성하여 이름을 쓰고 날인시 키려 했으나, 그것을 긍정하지 않자 구타·폭행하고 결국 강요한 사실 은 귀대(貴隊) 부속 장교 헌병 및 외무성 순사와 해당 분소 소속의 순관(巡官) 및 순경 입회하에 실사(實査)한 바에 의거해 명백합니다.

　본 사건은 귀국 군대의 위신과 명예를 훼손하고 아울러 귀국 군대 의 작전행동을 방해한 것으로 진심으로 몸둘 바를 모르겠습니다. 이 에 앞으로는 이러한 불법행위에 굴복하지 않게 할 것을 서약함과 더 불어 삼가 사죄합니다.

　1920년(중화민국9) 12월 15일

　[발신] 화룡현 경찰 제3구분장 후수우(候樹友)

　[수신] 삼도구 주둔 대장 무타(牟田祐三郎)

　또한 사이토 대좌 앞으로 길림독군공서(公署) 공함(公凾) 및 이것에 대 한 제19사단의 조사표가 왔다. 부록 제15, 제16과 같다.[6]

　6) 신문 등 영업 확장의 방책에서 기인한 것.

　이것은 어느 곳에서도 있을 법한 일로 상당히 주의를 요한다.

---

6 이하 원문표기와 부록사료의 숫자가 1개씩 어긋나 있음. 15번 이하 숫자 불일치 부분을 조정하여 표기함.

3. 상사(上司)로부터의 주의 사항

<10월 31일 육군대신의 훈시전보[訓電]>

간도방면에서 불령선인의 토벌은 철저하게 행함은 물론이지만 그와 동시에 무고한 중국인과 양민 조선인의 생명과 재산에 위해를 가하면 국제적인 문제가 되거나 열강들의 오해가 생길 듯한 일이 있게 되면 또 다시 작년처럼 관성자(寬城子) 사건과 같은 결과를 낳지 말아야 할 것이므로 이 점에 대해서는 특히 주의를 기울여야 할 것이다. 또한 이러한 사건으로 중국 관헌 혹은 외국인 등과 현지에서 하등의 문제가 되거나 문제가 될 수 있다고 고려되는 건은 시기를 놓치지 말고 그 진상(眞相)을 보고해야 할 것이다. 그렇게 되면 사전에 이쪽에서 시기에 맞게 조치를 취할 수 있는 경우가 많기 때문이다.

<11월 18일 육군차관 전보>

간도출동 군대의 행동이 근래 점점 배일 중국인 및 선교사들의 선전사업에 편승되는 경향이 있다. 이것은 군대와 영사 및 중국 관헌 사이의 연락이 충분하지 않고 군대측에서 독력(獨力)으로 처리해 버리기 때문이 아니겠는가. 예를 들면 각 부락에 산재하는 개개의 조선인 체포시에는 중국 관헌과 협동하여 이를 행하고, 그 임무를 담당하는 중국 경찰측을 교묘히 조종하는 데에서는 중국측의 오해를 피하고, [불령]선인에 대해서는 중일 협동동작을 [취하는 것으로] 보여준다. [이것은] 결국 불령선인으로 하여금 음모의 책원지를 단념시키기에 이르고, 또한 선교사들에 대해서는 제국군대를 비난할 구실을 주는 것으로 되는 것이 아닌가.

요컨대 간도에서의 군대 행동에 관해서는 이 기회에 중국측을 교묘히 이용하고 영사측과 밀접히 연계하면서 행동하는 것에 특별히 주의를 기울어야 할 것이다.

<11월 19일 참모본부 총무부장 전보>

(前略) 앞으로의 시국에 관해 외교 및 선전상에 필요한 건은 시기를 놓치지 말고 중국 관계 각 지역 특히 북경에는 통지하기를 바람. 전보 말미에 반드시 개소(個所)를 기재하기 바람.

제2절 간도 선전반

군에서는 간도에 거주하는 외국인에게 우리 군의 행동을 양해시키고자 노력하는 점이 있다고는 해도 그 효과는 여전히 불충분하므로 11월 4일 이러한 업무에 적임인 장교를 파견하는 방법을 육군성에 신청하였다.

육군성은 이것을 인가하고 11월 9일부로 약 1개월 예정으로 보병 대좌 미즈마치(水町竹三)[7] 이하 5명의 장교를 파견하였다. 이들 장교는 11월 18일에 경성에 도착하였다.

선전반에게 주어진 지시 사항

선전반은 제19사단 및 혼춘·간도에 있는 우리 제국 영사 등과 밀접한 연계를 유지하고 대략적으로 다음 사항에 관해 처리 및 선전을 담당하는 것으로 함.

1. 혼춘·간도에 거주하는 외국인(중국인 제외)에게 우리 군의 출동 목적과 작전 행위에 대해 선의의 양해를 얻을 수 있도록 힘쓸 것.

---

7 미즈마치 다케조(みずまち たけぞう), 1875~1960. 최종 계급은 일본 육군 소장, 만주국군 중장.

2. 중국측 문무관헌에 대해서는 특히 그들과 우리의 [원만한] 의사
   소통을 시도해 우리 작전행동에 편의를 얻을 수 있도록 함과 더
   불어 우리 군에 불리한 정보를 보고하지 않도록 힘쓸 것.
3. 외국인(중국인을 포함) 특히 선교사의 허구 선전에 대항하고 사
   실을 거론하여 그들의 몽매함을 깨우치고 우리 군의 정의를 공
   표하도록 힘쓸 것.
4. 혼춘 및 간도에 있는 신문통신원을 이용하여 항상 그들의 선전
   에 시기를 제어할 수 있도록 힘쓸 것.
5. 혼춘 및 간도 방면에 있는 중국인과 조선인에 대해 과격파의 주
   의 및 조선독립의 부당한 연유를 선전함으로써 그들의 사상을
   선도하는 데 힘쓸 것.

위 선전을 위해 특히 필요한 인마(人馬) 및 재료는 제19사단에 요청할
수 있다. 또한 선전사항은 군사령부에 통보할 필요가 있다.

위 일행은 11월 25일, 26일 이틀에 걸쳐 간도 용정촌에 도착해 외국인
선교사와 접촉했고 결국 격의없는 선의의 양해를 얻어내었다. 중국 관헌
에 대해서도 사이토 대좌 등과 잘 협력하여 형세의 완화를 위해 노력하였
다. 또한 통신원 우드를 조종해서 일본에 대해 유리한 인상을 얻을 수 있
도록 힘썼다. 또한 현재 간도에서 총독부 및 군에서 일시적으로 설치한
등사판 인쇄로 적은 부수이지만 그 중에서 조선어 신문 동만통신(東滿通
信)을 지도하고 조선인의 사상을 선도하도록 힘쓰며 또한 다른 일본인이
경영하는 간도신보(間島新報) 창설의 단서를 마련하는 데 크게 진력한 부
분이 있다. 단시일 동안 양호한 성적을 거두고 12월 21일 경성에 도착,
23일에 일본으로 귀환하였다.

이로 인해 미즈마치(水町) 대좌가 간도에 들어간 지 수일 후에 용정촌
에 있는 외국인 선교사에게 준 각서는 국지적으로는 쌍방간에 숨김없는
의사 소통을 하는 데 이용하는 바가 컸다고는 해도, 내외의 여론을 극심

하게 자극시켰다(부록 제17).

제3절 기타 선전 및 연락

우리 군은 출동전부터 간도에 출장중인 길림독군고문 사이토 대좌는 중일협동토벌 협정과 더불어 독군(督軍)의 명령에 의해 여전히 그 지역에 머물고 있는 중국장교 이하 약간 명을 지휘하고 용정촌에 연길화룡군사연락처를 설치하고 우리 군 및 영사관과 중국 관헌 및 군대 사이에 중재하며 곤란한 입장이었는데 협조를 위해 크게 힘썼다.

제19사단도 토벌행동이 진척됨에 따라 선전의 필요성을 인정하고 11월 2일 오키(隱岐) 중좌를 용정촌에 파견하여 주로 이 업무에 종사하게 하였다.

군에서는 미리 제19사단과의 연락을 담당했기 때문에 히라마쓰(平松) 참모를 회령으로 파견했는데, 위 참모는 용정촌에서 스에마쓰(末松)[8] 경시(警視), 야마구치(山口)[9] 조선총독부 고등경찰과장, 오키(隱岐) 중좌와 회동하여 선전의 중복을 피하고 통일을 기대하기 위해 11월 12일 다음과 같은 협정을 맺었다.

1. 군사 행동 및 그에 관련된 선전은 군부에서 행할 것.
2. 간도지방의 민심 등에 관해 조선인 통치에 영향을 미칠 수 있는 사항으로 총독부에서 선전하는 것이 적당하다고 인정될 경우에

---

8 스에마쓰 기치지(末松 吉次 : すえまつ きちじ) 지칭. 생몰연대 등 상세이력은 미상(未詳).
9 야마구치 야스노리(山口 安憲 : やまぐち やすのり) 지칭. 1887~1962.

는 총독부 간도파견원으로부터 총독부로 전보할 것. 위 전보는 오키(隱岐) 중좌의 승인을 얻어 보내며, 그 사본을 오키 중좌 및 영사에게 송부할 것.

3. 선전에 관한 전보 문서는 영사·오키 중좌·군·총독부 간도파견원 사이에 복사본을 송부하거나 혹은 공람[10] 등의 방법으로 연락을 취해 동일하게 보조를 맞출 것.

이상의 것 이외에 군은 총독부와 연계하여 때때로 간도 및 압록강 강안(江岸) 지방 외국인 선교사와 연계를 맺고 있는 영미선교사 등의 오해를 푸는 데 힘써야 할 것이다. 또한 본 토벌 사이에 가장 곤란함을 느꼈던 불령자와 양민 간의 식별을 용이하게 하는 하나의 보조 장치로 제우교(濟愚敎) 교두 이인수(李寅秀)의 청원을 받아들여 11월말 그 동생 이해수(李海秀) 외 8명을 제19사단으로 파견하고 그들을 각 지대에 분속시켜 옥석이 혼재된 폐해를 제거할 것이다. 또한 조선인들에게 우리 출병의 본 취지를 이해시키도록 힘써야 할 것이다. 이러한 제우교(濟愚敎) 교도들은 대체로 열심히 그 업무에 충실히 따라 상당한 성과를 거두었다.

또한 간도지방 일반의 민심이 점차 우리 군대에 대해 신뢰를 보이는 경향임을 감안해 볼 때 더욱 이를 조장하고 초토의 진의를 이해시킬 목적 하에 출동부대 부속 위생부원들로 하여금 업무 여가시간에 위생재료를 가지고 곳곳에 부상병자들을 치료할 수 있도록 상사에게 신청하였다. 11월 13일 인가를 얻어 외래진료에 한해 이것을 실시하게 되었다. 본 치료 시술은 용정촌 및 국자가 지방에서는 종래 총독부 자혜원 및 외국인 병원 등에서 계속 실시해오던 것으로 그 효과는 큰 듯 한데, 혼춘 지방 및 벽지에서는 이러한 기관이 없으므로 그 은혜에 감사하는 자가 매우 많아 상당

---

10 원문상으로는 "同覽"으로 표기되어 있으나, "供覽"의 誤記로 추측하여 번역함.

한 효과를 거두었다.

이번 사건에 의해 임시 배속된 통역 장교 대(중)위 11명은 각 지대 및 기병연대에서 2~3명씩 분속(分屬)시켜 군대와 지방관민과 연락하고 양해를 얻어내는 데 힘써 유익을 끼친 측면이 크다.

제4절 귀순자의 취급

우리 군의 토벌 진척과 더불어 간도 및 혼춘 지방의 민심이 일변하였다. 특히 10월 하순 독립단의 정예로 자타 공히 믿어온 홍범도, 김좌진 등의 일대도 거의 개수일촉[鎧袖一觸=갑옷 소매 한번 스치는 정도로 쉽게 상대를 물리침]이 되어 결국 사방으로 흩어지는 운명에 빠지자 이후 우리 군의 진가를 이해하고 귀순 및 자수를 신청해 오는 자가 빈번해 지고 속출하기에 이르렀으므로, 제19사단은 이들의 취급에 관해 사카이 간도 총영사대리, 야마구치 조선총독부 고등경찰과장, 히라마쓰 군참모, 오키 중좌 등과 협정한 결과 대략 다음의 취지에 의거해 이들의 취급을 개시하였다.

1. 지대장을 위원장으로 삼고 영사관원 및 기타 필요한 인원을 추가해 [이들을] 위원 조직으로 해서 귀순자 취급을 맡길 것.
2. 중범자는 귀순을 허가하지 말고 단호한 조치를 취할 것. 기타 다른 자들에 대해서는 가능한 한 온정주의를 채택하여 석방할 것.
3. 석방해야 할 자는 총기·탄약을 제공하고 선서하게 한 후 거주부락민 5명 이상의 보증을 받은 후 사단사령부가 발행하는 귀순증을 부여할 것.
4. 석방된 귀순자의 감시는 주로 관할 영사관에 맡길 것.
5. 강안(江岸) 부근에서의 귀순자 취급은 헌병 경찰관 원조하에 수

비대장이 주로 이것을 맡을 것.

귀순자 취급규정은 부록 제18과 같다.

각 지대장은 이에 기반하여 10월 하순부터 순차적으로 혼춘, 용정촌, 국자가, 백초구, 두도구의 각 요지에 佐官을 長으로 하는 위원을 마련해 본 업무를 개시하고 선전과 맞물려 상당한 효과를 거두었다. 이들 귀순자의 심리상태는 일시적으로 우리 토벌을 면하고 생명을 위협받는 위험에서 벗어난 자가 많고, 마음속으로는 후회하고 장래에 충성을 기약하는 데까지 도달한 경우는 대체로 소수이나, 유·무형으로 제국의 이익이 되는 부분이 큰 것은 의심할 바가 없다.

본 업무는 주력 부대의 철퇴와 더불어 그것을 소재 영사관에 인계하는 것이다. 대략 12월 29일에서 1921년(大正10) 1월 15일까지 기간에 걸쳐 각각 신청서 발송을 마치고 장교 이하는 조선 내로 귀환시켰다.

업무 인계까지 취급한 귀순자 수는 다음과 같다.

귀순자 조사표

구분 지대별	수괴	간부	기타	합계	귀순신청부락수
히가시 지대	7	153	5,919	6,079	441
이소바야시 지대	1	16	674	691	56
기무라 지대	-	15	1,591	1,606	17
강안(江岸)수비대	-	116	3,735	3,851	153
합계	8	300	11,919	12,227	667

또한 사건 후 간도에서 도주해 온 조선 내에 잠복해 있던 자 혹은 조선 내에 있으면서 대안(對岸) 불령자와 기맥[氣脈=의기투합]을 통해 불령 행동을 계속 해 왔던 자 등에 대해서는 함경북도에서 대략 사단 규정에

준한 규정을 만들어 각 경찰서가 이에 대한 조치를 맡도록 하였다. 그 강안(江岸)지대 수비대와 중복하는 것이 있을 때는 양자간에 상호 협력해서 원만하게 조치해야 할 것이다.

도청(道廳)에서의 규정은 부록 말미에 첨가하였다.

제5절 교섭 사항 개요

중국 군대가 길림 방면으로부터 증가되자 관병(官兵)의 일본군대에 대한 태도가 점차 불손해지거나 혹은 우리 보선병(保線兵)에 대해 모욕적인 언사를 퍼붓거나 혹은 우리 보초에게 권총을 겨눈다거나 [중국의] 증가대(增加隊)가 일본군을 무너뜨리기 위해 왔다고 말하거나 혹은 우리 군 숙사의 징용을 방해하거나 혹은 우리 군용 전선을 절단한 의심이 있는 등 매우 심하게 무례한 행태를 보였지만, 우리 군은 은인자중하며 구구한 감정에 휘둘려 대국을 그르치지 않도록 계속 노력하였다. 11월 27일 국자가에서 중국 장교가 우리 군에서 징용 사역중인 인부를 해산시키는 사건이 있었다. 제19사단장은 이러한 사고의 빈발을 미연에 방지[防遏]하기 위해 29일 국자가에 있는 고이데(小出) 중좌로 하여금 중국측에 강경한 항의서를 제출하게 했다.

다음날 30일 고이데 중좌는 히가시 소장의 명령을 받아 우리 군의 군사시설 방해 건에 관해 영사를 대동하고 중국측과 엄중한 담화를 시도한 결과, 장(張) 진수사[=장구경]로부터 서면으로 된 정식 사과문이 왔으며 앞으로는 단언코 이러한 실태(失態)가 없도록 부하들을 엄훈(嚴訓)할 것이라 하였으므로, 사단장은 각 대에 대해서는 종래의 감정을 일소하고 중일 친선의 교의를 완성하며 또한 이번 기회에 특히 우리 장졸들의 군기·풍기를 한층 엄숙하게 하여 그들로부터 역공격성 항의를 받아 국군의 위신을 실추하는 것과 같은 것이 없도록 엄하게 경계할 것이라는 훈유와 더불어 인양 도중에 일시 귀환을 중지하고 야포병 2중대의 귀환을 명령하였다.

또한 본 사건은 중앙부로부터 특히 외교에 관한 것이므로 신중하게 처리해야 할 것이라는 취지의 훈시가 있었다. 12월 7일 사단장은 국자가에 이르러 중국관헌과 친교를 나누었고, 이후 장교 상호간의 친교를 거듭하기에 이르렀으므로 양국 군대의 충돌 예방에 효과가 클 것으로 인정된다.

참고

기시(貴志) 소장으로부터 본 건에 관해 봉천에 있는 중국 당국에 경고한 것에 대해 관(關) 봉천교섭원[=關朝璽]의 회답을 확인하기 전에 복사해서 보냄. 조선군 내전(來電)으로 온 국자가에서 중국 군대의 태도불손한 건에 관해 당서(當署)로부터 그 뜻을 길림독군에게 전달해 조사하여 판명할 것을 요구하였고, 그 답신서에서 말하기를 일본군이 입경(入境)한 이후 여러 차례 군대에서 충돌을 피하도록 훈육했고, 전 참모 조유흠(趙維欽)의 보고에 의하면 연길로 향해 출발한 대오는 연도(沿道)에서 일본군과의 오해가 발생할 것을 고려해 일본군이 주둔하는 지점에 숙박하지 않았던 점, 항의에 관련된 일본군에 모욕을 가한 것에 대해서는 순열사 및 사이토 고문으로부터도 이와 전후하여 전보가 왔으므로 그 취지를 연길진수사 장구경(張九卿)에게 전달해 사실에 대한 조사를 명령함과 더불어 단속을 엄격히 할 것도 명령. 그 답신에 의하면 결코 그러한 일은 없었고 또한 우리 군은 여러 차례 장관의 훈령에 기반해 충돌을 피해왔고, 매우 바쁘고 일이 많아서 사건의 단서를 만들 만한 여유가 없다고 함(1920년(大正9) 12월 16일부).

장(張) 연길진수사, 도(陶) 연길도윤 두 사람의 명의의 포고문

현재 중일 양국 군대가 이 지방에 있으면서 상호 친애 조화를 이루어 중일간의 친선 목적을 달성해야 할 것임. 양국은 불과 두만강으로 서로 접해 있는 밀접한 관계에 있음. 군민이 성심으로 서로 접촉하여 불령스러운 무리들이 있어서 예의를 알지 못하고 임의로 언동을 취하여 일본 중국 간의 친교를 방해하는 것이 있으면 엄중히 처벌할 것임(12월 5일부).

제4장 줄병의 효과

이번 출병은 그 출동 지대의 적지(敵地)가 아니었던 점, 중국 군대의 타협적 토벌 이후여서 적도들이 사방으로 흩어진 점, 긴급 출동 직후 초토행동으로 나설 수 없었던 점, 외교 및 기타 관계상 서쪽과 북쪽 지구는 대체적으로 개방된 정황이었던 점, 지역이 광활한 데 비해 병력은 매우 적고 시일은 짧았던 점 등의 여러 요인에 의해 그들에게 섬멸적 타격을 가하는 것은 불가능했다. 중심적 인물로 주목했던 인물들의 대부분은 놓쳤다고 하더라도 유·무형으로 그들에게 지대한 타격을 가해 그 화근을 제거하고 그 목적을 달성하여 상당한 효과를 거두었다. 이하 구체적으로 그 효과를 상세히 설명하고자 한다.

제1절 직접 효과

1. 적 무장단의 흩어짐

혼춘 방면과 이쪽 방면의 유일한 세력이었던 한민회는 우리 군이 혼춘으로 들어옴과 동시에 해산할 수밖에 없는 지경에 이르렀다. 회장 윤동철(尹東喆)은 귀순하고, 기타 간부는 토벌되거나 숨거나 흩어졌다. 거우 최경천(崔慶天) 일파의 작은 무리의 일부가 러시아 중국 국경 부근에서 [세력을] 유지하고 있으나 도저히 재기할 가망은 없는 지경에 이르렀다.

왕청 방면은 종래 불령단의 소굴지대로 군정서·국민회·독군부·기타 단체가 서로 착종(錯綜)하였으나, 우리 군의 출동을 전후해서 군정서의 주력부대는 김좌진이 이를 이끌고 화룡방면으로 이동하였다. 그 총재 서일

(徐一) 일파는 북방 영안(寗安) 방면으로 달아나고, 국민회 역시 대부분이 사방으로 흩어졌는데 회장 구춘선(具春先)은 불과 몇 명의 부하와 함께 돈화 방면으로 숨고, 독군부 최명록 일당은 나자구 부근에서 이소바야시 지대와 하뉴 지대로부터 일격을 당해, 동지선(東支線) 방면으로 도주하였다. 독립군 수령 홍범도 역시 부하 200여 명과 함께 화룡현, 안도현 경계 지방으로 사라졌고 그들의 팔·다리 역할을 하던 간부들이 잡배를 이끌고 귀순한 자도 적지 않다. 그 부근 일대는 결국 뿌리뽑히고 제거되는 상황에 이르렀다.

화룡 방면은 우리 군이 간도로 들어가기 이전에 이미 화룡현, 안도현 경계 부근으로 숨어들어가 우리 군을 맞이해 일대 혈전을 치르게 될 것이라고 호언장담하던 홍범도, 김좌진 등의 적단은 히가시 지대 때문에 지리멸렬 상태에 빠져 안도에서 돈화, 액목(額穆), 혹은 영안(寗安) 방면으로 숨거나 달아났고, 불과 의군단(義軍團)의 일부가 무산, 간도 지역에 출몰하는 것에 불과하다.

요컨대 우리 군의 초토에 의해 연길-혼춘 지방은 더 이상 두드러지게 활약하는 무장단이 있다고 인정하기 어렵게 되었다. 멀리 뒷걸음쳐 달아난 무리도 그 기상은 이미 상실되었고 과거의 허세조차도 유지할 수 없는 상황에 이르렀다.

2. 적의 근거 및 자원의 복멸(覆滅)

그들이 산간벽지를 무대로 장정을 훈련하고 간부를 양성하고자 애쓰며 병사와 무관학교 등을 건축했으나 이러한 것들은 우리의 초토행위에 의해 거의 전부가 복멸되었고, 그들은 재거(再擧)시 사용하고자 은닉해둔 병기(兵器) 및 기타 자원 역시 우리의 주도면밀한 수사에 의해 모두 잃게 되었기에 설령 그들이 의지를 모아 재흥(再興)을 꾀하고자 하더라도 회복하려면 수많은 세월이 필요할 것이다. 하물며 전반적인 환경을 갖추는 것도 예전과 같이 그들의 편리에 맞게 구성될 수 있겠는가.

이 2번째 항목의 근거가 된 초토 효과 및 수량은 다음의 附表와 같다.

附表

초토효과 일람표

1920년(大正9) 12월 20일 조사

제19사단 사령부

구분 방면	사살 인원	체포 인원	노획 혹은 압수품목 수량					소각 건축물 수			
			소총	기관총	권총	탄약	기타	민가	학교	교회	兵舍(棟數)
히가시 지대	222	327	269	3	27	34,338	25	292	17	1	-
이소바야시 지대	50	77	129	1	4	1,550	500	43	1	-	4
기무라 지대	94	132	67	-	3	5,489	4	106	2	-	9
강안수비대	107	17	77	-	6	81	4	94	3	-	8
병참수비대	21	54	7	-	-	316	1	6	2	-	-
총계	494	607	549	4	40	41,774	531	541	25	1	21

비고
1. 사살(射殺) 인원에는 전투 결과 유기된 시체를 포함.
2. 탄약은 권총탄 163, 폭탄 16을 포함하며, 기타는 전부 소총탄임.
3. 기타 내역에는 칼, 나팔, 쌍안경, 군기(軍旗), 피복 등을 포함.
4. 소각 건축물은 불령자의 주소 혹은 불령자의 양성소 혹은 음모책략 등에 사용되던 것임.

3. 귀순자의 속출

제3장 제4절과 같다.

그러나 귀순자의 심리에 대해서는 [여전히] 많은 의문점이 있다. 또한 이미 기술한 했지만, 우리 군의 진가를 현실적으로 알게 된 것만은 확실하므로, 앞으로 일부 책사(策士)로 교묘한 선전을 할 것이나, 일반 인민은 종전과 같이 이에 편승해 갑작스럽게 경거망동함이 없도록 관찰하도록 하였다.

제2절 간접 효과

1. 연길-혼춘 지방 조선인에 대한 우리 시설의 확장

종래 만몽조약과 간도협약 간의 끝이 나지 않는 논쟁에 의해 더 이상 진전이 없었던[停頓] 조선인에 대한 우리 시설[구축문제]은 이번 출병에 의해 점차 확장 기운을 촉진하여 조선인민회 설립, 경찰관의 분재(分駐), 기타 교육 위생, 금융, 우역(牛疫) 예방 등의 諸시설[마련 논의·실행]을 진일보시키기에 이르렀다. 이곳에 사는 조선인들에게 제국 은혜의 빛을 쪼이게 하여 앞으로의 감화·지도에 이용할 부분이 클 것이다.

2. 조선 내 민심의 각성 및 지방행정에 미치는 효과

조선 국경지역 가까이에 존재하는 불령단의 일소는 조선 내 특히 함경북도 지방의 민심을 각성시켜 그들과 서로 영향을 주고 받는 조선 내 불령자들은 자연적으로 겁이 나서 숨을 죽이게 만들거나 초토에 의해 단서를 얻어 [그들을] 검거함으로써 양민들이 안도하게 되었다. 강안(江岸) 지방의 불안 때문에 일시적으로 행정 기관의 운용이 원활하지 못했던 여러 측면들도 한번에 개선되는 진척을 보였다.

3. 중국관민의 각성

우리가 출병하기 이전에 연길-혼춘 지방 중국관민의 대부분은 우리 군의 진가를 알지 못해 그들 관병(官兵)과 동일시하였다. 또한 [그 목적이] 아무리 불령선인을 발본색원하는 것에 있다고 해도 일본 군대가 국경을 넘어 멀리 출동하는 것과 같은 상황은 완전히 불가능한 것이라고 경신(輕

信)한 채 음·양으로 [그들을] 비호하고 영리(營利)를 추구하는 정황이었는데, 우리 군의 출동에 의해 불령선인 취체를 불철저하게 하는 것은 장래 중대한 결과를 초래할 것을 조금이라도 인지하게 된 것은 확실하므로 앞으로 재차 불령자를 발본색원하려 할 때 중국관민이 종전처럼 방만한 태도로 나오는 것이 아니라 조금이라도 그들의 취체에 한걸음 나아가야 할 것으로 판단하게 될 것이다.

제5장 주력 철퇴 후의 정황

제1절 일반 정황

주력 부대의 철퇴는 일반 민심에 일대 영향을 미쳐 다시 불안해지는 분위기에 휩싸이게 되지 않을지를 우려했지만, 큰 변화없이 진행중이다. 이하 항목을 나누어 그 정황을 서술하고자 한다.

1. 내지인[=일본인] : 간도파견대를 남겨두는 결정에 의해 당분간은 병사의 주둔이 계속 유지될 것으로 믿고 안도하고 있었는데, 2월 상순 철병에 관한 각의 결정 건이 신문에 발표되자 일시적으로 불안과 두려움이 커져 각지의 거류민회가 모두 주병(駐兵)청원운동에 열중하였다. 그러나 그 후 철병은 대국상(大局上) 어찌할 수 없는 상황임을 깨닫고, 철병 후의 치안유지법을 자세히 연구하는 데 전념하여 커다란 동요를 보이지 않게 되었다.

2. 조선인 : 불령의 무리들이 삼삼오오 벽지에 출몰하고, 돈과 곡식을 모집하고 친일자 및 귀순자를 위협·살해하는 일을 개시하고, 귀순자 중 다시금 불령화되는 자가 점차 증가하는 경향이 되었다. 또한 중국측의 압박이 거세지려는 상황 등에 의해 다소 동요하는 기미가 없지는 않았으나, 불령무장단의 대부분은 멀리로는 러시아 영토 추풍(秋風), 이만(Iman=달리네레첸스크), 합부(哈府=하바로프스크), 아시(亞市=알렉시예프스크, 훗날 자유시) 등의 지역으로 자취를 감추고, 가까이 거주하는 경우에는 나자구, 영고탑, 안도현에 있는 소수단체에 불과하므로 큰 흐름상 두드러진 이변으로 인정할 만한 것이

없고, 겨우 일부 조선인들을 선동하여 우리 영사관(분관을 포함)이 있는 도회지로 집중되는 경향에 도달하고 있는 것에 지나지 않는다. 한편 우리 영사관헌은 경찰관을 각소에 분치하고, 그 지역에 조선인 민회[鮮人民會]를 설치하여 그들이 외부의 압박에 대항하기 위한 조치를 강구하도록 힘쓰게 함으로써 불안을 점차 완화시켰다.

3. **중국인** : 내지인에게는 두드러진 반감적(反感的) 태도를 보인다고 인정할 만한 것은 없지만, 조선인에 대한 모멸적 태도는 현저해졌다. 그 압박과 주구[誅求=관청에서 백성의 재물을 강제로 빼앗음]는 점점 더 커지고 있다. 그러나 중국 유식자(有識者) 계층은 일본 세력이 점점 연길-혼춘 지방의 조선인들 위에서 광대해져갈 것을 우려해 그에 대한 대책[마련]에 고심하는 것이 현저해지고 있다. 지금 이러한 [상황을 잘 보여주는] 일례로 혼춘사건 조사를 위해 출장온 길림성 공서원(公署員) 구월(瞿鉞 : 吉長日報 주필)이 포(鮑) 성장(省長)에게 제출한 의견서의 몇 구절을 적록(摘錄)하고자 한다.

1) 간민(墾民) 감화(感化)

연변의 간민은 지금 수만 명에 달함. 종래 중국 관리는 대부분 이들 간민에 대해 방임주의로 대하며 언어·복장·가옥·마을 명칭 등에 대해 조금도 제한을 가하지 않았음. 이것은 식민방책과 배치되는 것임을 경원시한 것이었는데, 이후 법을 마련하여 감화시키고 입적시킨 후 동화를 수용하는 데 편승했고 또한 간민 교육에도 주의를 기울임. 한인들의 성격[韓人性]은 인품이 후하고 소박¹한 면

---

1 원문에서는 "撲厚"로 표기되어 있으나 "樸厚"의 誤記로 추측하고 번역함.

이 있음. 우리가 보육정책을 유지하여 관용과 회유함으로 구제하고 징세·소송 등에서도 편파 없이 시행한다면 어찌 우리의 통치하로 들어와 편하게 살려고 하지 않겠는가. (중략) 일본인이 한국인을 농락하지 않더라도 한국인들끼리 나날이 보복하려는 생각을 하게 될 것임. 다만 우민(愚民)은 조금도 정견(定見)이 없음. 우리 역시 마음을 놓치 않으면서 [상황의 추이가] 이렇게 되어간다면 반드시 [조선인들의 마음이] 일본으로 향할 것임. 친일자위단의 조직과 같은 것이 그 분명한 일례임.

2) 경찰인재[警才] 정선(精選)

연변에 경찰관 인재가 결핍되어 경찰 중에 문자를 아는 자가 매우 적으니 업무에 임함에 정통하고 분명하게 해결할 수 없음. 또한 이들에 대한 급여도 매우 적어 체면을 유지하기도 어려우므로 省 당국에서 변법(辨法)을 특정하여 경비를 증가시켜 경찰학당 졸업 혹은 중등교육을 받은 자를 선발하여 (중략) 한당(韓黨) 및 간민의 정세와 형편을 수시로 탐색하고 보고하게 하며, 일본인을 농락하는 방법도 은밀하게 저지[抵制=보이콧]하는 방략을 도모할 것. 그렇지 않으면 인심이 밖으로 향하여 영토도 온전히 보전할 수 없음. 이 때에 무리들에게 주권을 지킬 것을 외치더라도 아마도 유명무실할 것임.

3) 중국인 이식(移植)

연변에서 한국인 간민과 중국인의 비율을 보니 화룡현 간민 95/100, 왕청현 8/10~9/10, 연길현 1/2, 혼춘현 6/10~7/10을 차지하고, 중국인 노농자(勞農者)는 매우 적고 한 마을 전체가 모두 한국인 간민에 속하는 경우가 있음. 따라서 간민은 점점 동화되기 어려움. 이에 대해 성(省) 당국에서 이민계획을 타정(妥定)하고 관에서 완전하게 자조(資助)해야 할 것임. 즉, 현상금으로 고무·장려해야 할 것임. 그렇게 하면 재난을 입은 백성들이 이주해 와서 그 세력으로 인해 이롭게 이끌기에 좋을 것임. 변경지역에 중국인이 많지 않은데 즉, 간민 [전체 중에서] 1/10의 세력을 줄여야 할 것. 그렇지 않으면 수십만 명의 간민이 한국인인지 일본인인지를 불문하고 독립을 도모하여 결국에는 마음속에 숨겨두었던 화를 만들 것임. 영토가 있고 사람이 없으면 어찌 영토를 보존할 수 있겠는가. 또한 러시아 국경 일대 러시아 적(籍)을 가진 한국인이 문전성시를 이루는 상황을 볼 때 그들 나라가 일단 부흥하고 [그들이] 일치단결하면 우리는 단지 한 장의 조약문을 응시하며 공허하게 통치를 운운하는 것에 불과하지 않겠는가라고 언급함.

정황이 이상과 같음으로 간도 지방에서의 우리 세력의 확장 양상에는 시종일관 중국인과의 사이에 조선인 문제가 커다란 암초와 같은 존재임을 인지하고, 이에 대한 대책을 궁리하는 데 힘쓰지 않으면 안될 상태이다.

4. 백인 : 용정촌에 거주하는 캐나다 선교사 등의 악날한 선전은 점점 완화되는 듯하지만, 그들은 여전히 거주지 및 여행 혹은 포교사업 등에 대해 일본측의 제한과 불편이 더해지는 것처럼 사추[邪推=못된 의심을 품고 짐작]하여 누누히 일본정부 혹은 현지의 영국 관헌에게 불평을 제기하므로, 5월에 들어서 경성에 있는 영국영사 커닝엄이 실지 조사를 위해 간도에 왔다. 본 건에 관해 동경에 있는 영

국대사가 우리 외무차관에게 [말하기를] 위 사항은 정부 당국으로서 단지 공평한 사실에 대한 보고를 얻고자 하는 취지일 뿐으로 전혀 일본에 대한 비우호적인 의향을 취한 것은 전혀 아니라는 취지의 내고(內告)가 있었다고 한다.

또한 북경에 있는 미국 공사관 부속 무관 보좌관 페르나 소좌는 12월 하순 영고탑으로부터 간도로 들어가 주로 중국 관헌과 접촉했고, 혼춘에 가서 방문한 우리 장교에게 혼춘 습격시의 마적 수, 불령선인 과격파 러시아인의 수, 우리의 출병 목적, 노획한 병기(兵器)의 수, 불령선인 독립운동의 이유 및 향후 교섭 등에 관해 질문했고 별다른 특이한 언동으로 인정될 만한 것은 없었으나, 도윤(道尹) 및 지사(知事) 등에게 우리의 불법 행위에 관해 그에게 호소한 자가 있었다고 하는 정보는 전반적인 주의를 심각히 환기시키는 부분이다. 그는 1월 상순 혼춘에서 포시에트만을 향해 출발했고, 이후 블라디보스토크를 경유해서 귀환한 듯하다.

제2절 간도파견대

간도파견대는 12월 31일에 편성을 완결하고 附圖와 같이 배치되었다. 그 경비 규정은 부록 제19와 같다.

그 중 일양구(一兩溝)에 장교가 지휘하는 20명을 배치한 것은 국자가-백초구 구간의 통신선이 중피복선(中被覆線)으로 설치된 관계상 중계를 그 지역 부근에서 시행할 필요가 있는데, 전선 절단이 빈발하고 보수작업에 상당한 병력을 필요로 하기 때문에 그 병력을 용정촌 주둔부대로부터 파견하였기 때문이다.

또한 천보산에 1부대를 파견한 건에 관해서는 간도총영사 및 간도재류민으로부터 간청하는 바가 있어 제19사단장이 병력주둔[駐兵]에 관한 의견서를 상신[具申]한 것이지만, 군은 주둔 병력이 매우 적어 천보산까지 상시(常時) 그들을 분산시키는 것은 부적당하다고 생각되고, 해당지역의 경비는 경찰관으로 충당해야하는 상황, 특별히 그것이 필요한 상황이 되면 파병하는 것이 적당하다는 취지로 회답하였다.

또한 국자가에 중좌(中佐)를 長으로 하는 보병대 본부를 특설하는 것은 同地가 간도에서 정치 및 군사상의 중심지이므로 중국측에 대한 접근 및 균형상의 필요에서 나온 것이다.

제3절 군사령관과 장(張) 순열사와의 회견 협정 사항
/ 附 중일국경순찰잠정변법안

오바(大庭) 군사령관은 상사의 의도를 체득하고, 2월 상순 봉천에 도착하여 순열사와 회견 협정한 결과, 다음과 같이 육군대신과 참모총장에게 전보를 보냈다.

아카쓰카 총영사, 기시(貴志) 소장, 사이토 고문, 마치노(町野) 고문과 깊이 논의한 끝에 이번 달 5일 정오에 장작림을 방문하여 제관(諸官)의 입회하에 간도사건 선후책에 관해 특히 성의를 피력하며 간담을 나누었고 그[=장작림]도 성의를 다해 응수하였다. 그 결과는 다음과 같다.

1. 제국이 이미 성명한 것과 같이 귀국(貴國)에서 치안을 확실히 유지하는 상황이 되면 신속히 철병하고자 함. 그러나 간도방면에 있는 귀국의 군대는 그 병력이 매우 적기 때문에 적절한 때에 불령선인, 마적을 확실하게 진압할 수 없으므로 신속히 소요 병력을 간도 방

면으로 증파하여 경찰력을 충실히 하고, 교통 통신을 완비함으로써 불령자를 취체하고 양민을 보호하며 일본 내지인의 사업을 안전하고 견고하게 하기 위해 특히 과격사상의 침입을 방지하지 않을 수 없다고 말하는데, 그는 간도방면은 나(本職)의 직접 관할(권)외이지만 포(鮑) 독군과 상담하여 책임지고 반드시 치안을 완전하게 유지하도록 힘쓸 것임. 이를 위해 길림성으로부터 보병 3영(營)을 즉시 증파하여 지금부터 약 1개월 후에는 간도지방에 도착할 것이며, 또한 혼춘 북방지구 마적토벌을 위해 봉천군 중에서 오준승(吳俊陞) 또는 장작상(張作相) 사단을 급파하기 위해 현재 계획중이라면 신속히 이를 결행해야 할 것이라고 대답함.

2. 그는 마적 장강호(長江好) 일당이 조선 내로 숨어들어갔을 뿐만 아니라 일본의 총기 탄약 다수를 소지하고 있던 것으로 볼 때 일본관헌과 마적이 무엇인가 관련이 있는 듯한 의심이 들어 심히 유감스러워하는 모양새였으므로, 그 오해가 있는 부분을 [우리측에서] 충분히 설명한 다음, 종래 국경에서는 양국이 엄격하게 국경을 지켜 한명의 병사의 침입이라도 허용하지 않고 마치 적국을 대하는 것 같은 감정이 있어서는 중일친선의 대의에 어긋나고 또한 불편이 적지 않게 됨. 앞서 조선총독으로부터 우충한(于沖漢)에게 경찰관이 서로 월경(越境)할 것임을 통고한 대로 앞으로 귀국의 마적이 우리 조선 내로 도망쳐 오면 우리는 그를 체포하여 귀국에 넘기거나 혹은 귀국 경찰이 우리에게 통보하고 월경하여 조선 내로 들어오게 할 것임. 우리는 즉시 그것을 허용할 뿐만 아니라 자진해서 체포 토벌을 원조할 것임. 그것과 마찬가지로 귀국 영토에 살고 있는 불령선인을 귀국에서 취체할 필요가 있다면 [그들의] 토벌을 위해 우리 헌병 혹은 경찰관의 진입을 승인하고 서로 원조하여 영토의 치안을

확보하고자 요구할 것이라고 요구하자, 그는 처음에 일본측에서 마적이 조선측으로 들어가는 것을 방지하고 잠입한 자를 체포하여 중국측으로 넘겨주는 것은 바람직하되, 양국 상호간에 월경하는 것에 [대해서]는 자진해서 동의를 표하지 않았으나, 우리의 설명에 의해 대요(大要)를 [파악하고] 그 요구를 승낙함.

3. 간도파견대 철병 후에는 당분간 우리 장교 약 10명을 간도 및 혼춘의 중국군 소재지에 남겨두고 우리가 알아 낸 불령선인의 상황을 중국측에 통보하고 그들의 토벌을 요청하자 이를 승인했고, 중국측으로부터도 연락 장교를 용산·나남·회령 또는 압록강 방면의 우리 군대로 파견하여 양 군대가 서로 연락장교를 통해 상황을 통보하고 서로 요구들을 교환하면 양국의 협동이 결실을 거두어 가장 원만하고 신속하게 해결될 것이며, 총독부에서도 경찰관의 연락자를 서로 차출하기를 절실히 바라고 있다고 말하자, 즉시 이것을 승낙하고, 포(鮑) 독군에게 권고(勸告)할 것이라고 답변함.

이상의 3가지 요건은 가장 원만하게 이를 해결할 수 있는 것으로, 마지막에 아카쓰카 총영사는 이번 군사령관의 언명(言明)에 의해 각하가 알고 계신 것처럼 제국은 처음부터 신속하게 철병하기를 원하는 의사가 있었음에도 북경에서 외교총장이 우리 군의 철병을 확인한 후가 아니면 교섭에 응하지 않겠다고 성명하여, 마치 우리군의 주둔으로 인한 횡포를 드러낸 듯이 표현한 것은 제국의 성의를 이해하지 못한 것으로 각하의 배려에 의해 북경정부의 오해가 풀어지길 바란다는 점을 주의해야 할 것이다. 요컨대 오늘 회견에서는 우리와 그들이 모두 성의를 피력하며 격의없이 서로 대화하여 만사 원만하게 진행되었지만, 그들이 이미 건강이 좋지 않은 상태로 마지막 시기까지 이르러 피로한 상태이다. 긴 간담회를 연속해서 하지 않았다면 유감이 없었을 것이다. 이상과 같은 상황으로 3월 초

길림으로부터의 병사가 3영(三營)에 도착하는 시기를 우리측이 철병을 개시하는 시기로 정하기를 원하며, 군은 이와 같은 예정으로 모든 일의 준비에 착수해야 할 것이다.

위 협정의 제2항의 건에 관한 <陸密 제72호>로 3월 18일 육군 차관으로부터 참모장 앞으로 다음과 같은 통보가 있었다.

중일상호월경에 관한 건 통첩

지난번 군사령관 장작림과 회담 결의한 상호 월경(越境)에 관한 것은 다음의 기록대로 알고 계시기를 바라며 이에 통첩함.

左記

1. 행정 경찰상의 필요에 입각해 조선총독 혹은 영사의 요청에 따라 군사령관이 그 경찰력의 보조로서 헌병과 협력하려는 뜻에서 중국 영토로 월경하는 것에 관해 중국측의 선의의 양해를 구하는 것은 지장이 없으나, 군사령관이 국경 밖으로 출병할 권리는 없다는 것은 법규상 명료함.

2. 중국 군대는 원래 경찰관이라고 하더라도 우리 영토를 향해 침입하는 것은 우리 주권을 침해하는 것으로, 이러한 종류의 협정은 조약 사항에 저촉되므로 현재 외무당국에서 이것과 유사한 조약안을 작성중으로 이에 관해 오는 28일경 관계 제관(諸官)이 봉천에서 회동할 움직임이 있다는 것은 알고 계실 것이므로 해당 조약 성립까지는 이 건에 관한 협의를 확정하지 않도록 조처해 주기를 바람.

참고

재만 불령선인 취체 문제[에 대해] 점차 시끄러운 목소리[喧囂]가 높아지자 당시 외교총장은 이것은 취제의 일법(一法)으로 중국안남국경비적취체에 관한 협정 즉, 대신변법(對沭²辨法)에 준해 일본과 중국간에도 조선과 만주 국경 경비에 관해 어떤 형태로든 협정을 만들 필요가 있음을 우리 오바타(小幡) 공사에게 말한 결과, 이후 봉천총영사관에서 이에 관해 궁리 중인데, 그 초안을 탈고했으며 다른 방면에서도 초안을 작성한 것이 있으므로 각 방면 관계자가 모여 이에 대해 연구를 하기로 결정하고, 3월 28일부터 3일간에 걸쳐 위 인원들과 봉천 총영사관에서 회합하여 토의한 결과, 중일국경순찰변법안(부록 제20)의 형태로 의결함. 그러나 [이것은] 단순히 하나의 초안에 지나지 않으며 이것으로 언제 어떻게 중국과 교섭을 개시할 것인가 등에 관해서는 결정된 것이 아무 것도 없음. <참석자(列席者)> 요네자와(米澤) 외무성 사무관, 야기(八木) 북경공사관 부영사, 아카쓰카 봉천 총영사, 모리타 길림 총영사, 이리에(入江) 안동 영사, 아카이케 조선총독부 경무국장, 스에마쓰 조선총독부 경시(간도파견원), 다나카(田中) 조선총독부 사무관, 노다(野田) 관동청 비서관, 가미무라(神村) 조선군 참모, 무토(武藤) 관동[군] 참모.

제4절 중국 군대

1921년(大正10) 2월 군사령관과 장(張) 순열사와의 회견 협정에 기초하여 중국 군대 3영(營)은 3월 상순부터 하순에 걸쳐 영고탑 방면으로부터 간도에 도착, 또한 혼춘현 아래에 있던 공병 대대가 그것을 보병영(步兵營)으로 개편하여 점차적으로 부대를 정비하고 충실하게 하여 각소에 배치를 변경하였다.

---

2 중국어 對汛(duì xùn)은 두 나라 또는 두 지역이 합류 지점에서 순찰하기 위해 병력을 파견하는 것을 뜻함.

이에 따라 연길 혼춘 지방에 주둔하던 병력은 4월 시점에서 보병 3단(團), 기병 1영(營), 포병 및 기관총 각 1연(連)이 되었다.

5월 말에 배치 (상황은) 附圖 제13과 같다.

제5절 포태산(胞胎山) 부근의 마적 토벌

장강호(長江好)가 이끄는 약 500명의 마적이 함경남도 최북단의 포태산 부근에 있다는 정보를 얻은 군사령관은 장작림과의 협정에 기반하여, 그들을 조선 밖으로 몰아내고 필요하다면 무력을 사용하여 토벌할 필요성을 인정해, 2월 21일 제19사단장에게 그에 관한 명령을 내리게 하였다. 사단장은 당시 때마침 혜산진 방면 수비대 시찰 중이었으므로 히가시(東) 소장에게 신속히 필요한 보병과 기관총 및 특종포를 함흥, 북청, 성진 각 부대로부터 불러모아 마적을 토벌하게 하였다. 히가시 소장은 혜산진에 있으면서 함흥 방면으로부터 보병 1중대 기관총 1소대, 박격포 저격포 각 1씩 불러모으고, 여기에 혜산진 및 삼수(三水)수비대의 병력을 추가하여 토벌대 편성에 착수, 3월 3일에 집결을 완성하였다.

당시 동변도윤(東邊道尹) 하후기(何厚琦)는 장작림의 명령을 포함하여 마적 정황 시찰을 위해 장백(長白)에 도착했고, 우리 행동에서 주의가 필요한 정황은 없었다.

집결 완료 당일 장강호(長江好) 적단은 일단 중국 영토로 들어가 숨어 달아날 것을 기획했으나, 2월 27일 중국 관병으로 인해 퇴격했고, 다시 포태산으로 후퇴했다는 정보를 접하고 군사령관은 사태가 이 지경에 이른 것이라면 즉시 제대로 된 토벌을 실시할 필요가 있다고 판단, 그 취지를 히가시 소장에게 훈령하였다.

히가시 소장은 3일 밤 제대(諸隊)에 긴급히 집합하도록 명령하고 즉시 이노우에 중좌가 지휘하는 보병 1중대, 기관총 1소대를 선견(先遣)부대로 하여 즉시 출발시키고, 이후 제대(諸隊)는 스스로 통솔하여 이튿날 4일 새벽에 출발하여 선발대에 따라 붙었다. 4일 아침 마적 경계를 위해 독립리(혜산진 북방 약9리) 부근에서 출동중이던 헌병 하사 이하 5명은 同 지역 상류 약 1리 지점에서 약 70명의 마적과 충돌하고 그 중 2명을 죽이고 소총 2정, 탄약 약간을 노획하였다. 토벌대는 5일 대평리(大坪里) 이북으로 진출해 포태산 부근의 각 방면에 걸쳐 힘써 수색하였으나 적의 그림자를 발견하지 못하였다. 6월 포태산 산속 마적 근거지로 인정되는 반쯤 불탄 건물을 발견하였으나, 적은 이미 수일 전에 사라진 것으로 판명되었다. 또한 초토의 결과 적은 그 무장단의 주력으로 조선 밖으로 숨어 달아나고 기타 약 100명은 무장을 해제하고 철도공사에 종사하고자 쿨리[苦力]로 가장하여 성진 방면에서 남하하는 형적(形跡)이 있음을 알게되었다. 따라서 이들 체포에 관해 성진수비대 대장에게 [명령을] 내림과 더불어 토벌대는 8일, 9일 양일간에 걸쳐 대평리를 떠나 10일까지 혜산진에 도착하라는 명령에 따라 토벌대의 편성을 해체하고 제대(諸隊)는 각 소속으로 복귀하였다.

성진수비대 대장은 6일 오후 同地 북방 약 2리 [떨어진] 학중면(鶴中面)에서 55명을 체포하였다. 그 후 각지 경찰 등에게 체포된 자를 합해 그 억류지와 인원을 제시하면 다음과 같다.

성진(城津)	58명
길주(吉州)	12명
단천(端川)	81명
갑산(甲山)	2명

혜산진 부근	12명
경성(京城)	5명(함흥 자혜의원에 부상으로 입원중인 자)
총계	171명

위 마적은 총독부, 군, 안동, 봉천 영사 및 기타 협의상 지난번 군사령관이 장(張) 순열사와 협정 및 중일 친선의 본래 취지에 비추어 볼 때 이것을 조선총독으로부터 중국측에 인도하는 것으로 하였다. 군에서는 소요 병력을 차출하고 그들의 호송(護送)을 원조하기 위해 4월 16일, 17일 양일간 안동에서 동변도윤(東邊道尹)에게 인도하였다.

제6절 영사경찰관의 분치(分置)

11월 6일 간도방면 출병 선후책에 관해 각의에서 결정되자 외무대신은 오바타(小幡) 공사로 하여금 외교총장에 대해 결정사항의 승인을 요구하게 함과 동시에 군대 철퇴 후 경찰 경비상의 필요를 고려하여 간도총영사관 경찰력의 충실을 도모하고, 또한 필요한 지점에 경찰분서 혹은 파출소를 설치해야 할 것과, 그 설치방법에 대해서 중국중앙정부의 개괄적 승인을 요구하고, 그 설치 지점 등은 추후에 해당 영사관과 중국측 지방관헌 사이에 상의하여 결정한 것이므로 동의를 얻어 두어야 할 것을 훈령하였다. 그러나 위 경찰관의 분치는 중국측이 승인하는 바가 아니었다.

12월 28일에 이르러 간도 총영사는 우선 현재 인원으로 다음 지역에 범인 조사를 위해 출장 주재(駐在)의 명의로 경찰관을 분치할 것을 결정하고, 29일에 설치에 착수하였다.

총영사관 관내	대랍자(大拉子), 걸만동(傑滿洞), 동불사 (銅佛寺)
국자가 분관 관내	양수천자(涼水泉子), 알하하(嘎呀河), 의란구(依蘭溝)
두도구 분관 관내	이도구(二道溝), 부동(釜洞)
혼춘 분관 관내	흑정자(黑頂子), 두도구(頭道溝)

비고

위의 지역 외에 총영사관 관내 천보산은 중일합변[合辨=합작투자] 은 동광(銀銅鑛) 개광(開鑛) 당시부터 남양평, 국자가 분관 관내 팔도에는 만 몽조약 체결 당시에 이미 경찰관을 배치했으므로 약간의 증원을 함.

이후 간도파견대 철퇴 전후에 약 130명을 증원하여 군대와의 접속을 양호하게 하고 이어 약 50명의 증원을 보충하여 합계 350명의 인원으로 영사관 소재지 및 위 13개소에 분산배치하여 경비를 맡기기에 이름.

제7절 구휼

주력 부대의 철퇴에 따라 간도지방 주민에 대해 구휼 문제가 논의되었 다. 그 후 많은 우여곡절을 거쳐 1921년(大正10) 2월 22일 군무국장으로부 터 다음의 통첩이 있었다.

조선인 구휼에 관해 다음과 같이 정함.
1. 구휼 금액 10萬圓으로 함.
2. 구휼금은 조선군으로부터 조선인 단체에 교부할 것.
3. 위 조선인 단체 및 그들에게 교부해야 할 금액의 배당률은 간도

에 있는 파견대 사령부 및 총독부 대표자 영사가 협정할 것.
4. 각 조선인 단체의 구휼금의 보관 출납 및 감독 지휘는 용정촌 총영사가 맡을 것.

이어 2월 25일 <陸密 제57호>로 육군차관으로부터 다음과 같은 요지의 통첩이 있었다.

1. 본 구휼금은 이것을 조선인 단체에 교부한 이후에는 군부의 손을 떠나는 것이 이치에 맞으므로 이후 사용 등에 관해서는 간여하지 말 것.
2. 본 구휼금의 사용 목적은 이번 사건으로 인한 조선인을 구휼하는 것에 있음은 물론이지만, 이것을 일시적으로[=한꺼번에] 사용할 것인가 혹은 저리(低利) 자금 융통기관의 자금으로 삼아 영구적으로 사용할 것인가 등에 대해서는 외무(성) 및 조선총독부 측의 의견에 일임할 것.
3. 본 구휼금은 임시군사비·물건비·잡비를 지불하는 데 쓸 것. 영사 副書가 있는 조선인 단체자 대표의 수령증을 징수할 것.

또한 위의 기록은 2월 24일 외무대신으로부터 간도에 있는 총영사대리 앞으로 보낸 훈령으로서 육군대신으로부터 통첩이 있었으므로 그 전문(全文)을 게재하여 참고자료로 삼고자 한다.

간도방면에서 조선인 구제 건에 관해 이번 달 17일 別電甲과 같이 각의에서 결정되었고, 육군성, 조선총독부 척식국, 당성(當省) 관계자 협의를 거친 후 別電乙과 같이 결정된 바, 본 건은 이번 제국군대의 토벌에 의해 손해를 입은 조선인들을 구제하도록 하는 취지에서 나온 것임은 물론이지만, 위 구제금을 직접 피해자 각 가정에 분배하면 한꺼번에 써버려 아무런 공적과 효과가 없게 되는 지경에 이르게 되므로 이번 기회에 구휼금을 이용하여 친일 조선인 단체의 보호 및 설립을 도모하고 싶음. 위 구휼금은 조선인 단체에 분배하더라도 그 관리 및 사용 방법은 모두 영사에게 일임하도록 결정하고자 함. 따라서 미리 귀관(貴官)으로부터 품신받은대로 위 금액을 기금으로 삼아 금융조합 또는 기타산업조합 등을 조직하게 하여 민회의 부속기관으로 하여 조합원에게 편의를 제공함과 동시에 다른 한편 이자를 불려 그 수입을 공공사업에 충당하게 하면 그 공적과 효과를 영구히 잔존시킬 수 있음. 다만 당면한 조치로는 재해를 입은 자를 위해 위 금액 중 일시 피해복구 자금을 낮은 이자율로 융통하게 해야 할 것은 위 조합 이용시 첫 번째로 착수해야 할 일임. 귀관은 위 취지 및 다음의 각 항목들을 포함시킨 다음 본 건 금액을 분배해야 할 단체와 그 배당 금액 등을 시급히 분관(分館) 주임 및 기타 군대측과 협의하여 답신을 해 주길 바람. 또한 이 기회에 기존에 설립된 파출소는 물론 신설 파출소 소재지방에도 미리 계획한 민회를 시급히 설립하게 하여 그 역원(役員)으로는 사복 순사를 고문으로 삼고 부속시켜 그 민회와 조합의 기금 사용용도를 감시하는 임무를 맡게 하도록 조치를 취하길 바람.

1. 본 구휼금은 영사에게 모두 건내는 형식을 취해 교부할 수 있음. 조선인 단체 대표자의 영수증서를 필요로 한다고 함.

2. 제3항의 조선인 단체는 본 구휼금의 지출을 신속하고 용이하게 하기 위해 새로이 설립하게 할 지방 부락 각 민회의 성립을 기다리지 않고 먼저 기존 단체에서 교부하더라도 지장이 없음. 그러나 이러한 경우에는 자연히 민회에 가입한 구역을 상부지(商埠地)에만 한정하지 말고 앞으로 설립될 지방소(小)민회도 포용하게 할 것. 간도 및 혼춘 일대에 걸쳐 그 관할 구역을 일정하게 하고 나아가 총본부를 총영사관 소재지에 설치하는 것처럼 조직을 수립하여 본 구제의

취지가 [특정] 지방에 국한되지 않도록 조치를 취할 필요가 있음.

3. 모든 경우에서 현금은 실제 그것을 각 단체에 교부하지 말고 배당액을 결정·통고하는 것에 그치고, 필요에 따라 자금을 융통하는 것으로 할 것. 현금은 일괄적으로 용정촌 조선은행 지점에 예금해두고 이자를 불리도록 하는 것이 적당할 것임.

4. 배당액 결정 표준을 구체적으로 지시하는 것을 오히려 피하고자 함은 원래 본 구휼금 지출의 취지가 본 건에 의거해 피해 조선인을 구제하는 것에 있음은 물론이지만, 기타 제반 지방의 사정을 참작하여 실제 상황에 따라 적절히 결정하게 하려는 취지에서 나온 것임.

5. 규정 제4항에 용정촌 총영사로 기재되어 있는데 표면상 총영사의 통할적 감독을 받으라는 의미로, 실제로는 각 분관장도 역시 그 책임을 맡게 되는 것은 물론임.

6. 당초의 자금 사용 방법은 물론 장래의 사용 감리(監理) 상황을 고려해야 하지만, 매년 일정한 시기에 이를 본성(本省)에 보고할 것.

7. 본 자금의 회수방법, 대출, 기타 출납 보관 등에 관해 조선인 민회장의 의견 등을 참작하여 일반적인 규칙을 마련할 필요가 있음.

別電甲

간도 방면 조선인 구휼에 관한 건, 2월 16일 각의결정은 다음과 같음.

간도 방면 불령선인 토벌의 결과 이 지방이 전반적으로 평온해 지고 있음. 토벌과 함께 이 지방의 조선인들이 다소 손해를 입은 것은 당연한 결과로 불가피하게도 그들 조선인들 역시 제국신민으로 과거의 잘못을 뉘우치고 우리에게 귀순한 것으로 우리 또한 그들을 양민으로 대우하지 않으면 안됨. 이러한 의미에서 적당한 기회에 그들에게 물질적 은혜를 부여하는 것은 그들로 하여금 우리를 신뢰하게 하는 유력한 공적이 될 것임. 따라서 이번 기회에 금 10萬圓을 목표로 하여 적당한 방법으로 이 지방 조선인들을 구휼할 것. 그 구휼방법의 세부적인 부분은 외무성 및 조선총독부와 협의하여 결정해야 하겠지만, 대체적인 방법으로 신뢰할 만한 단체에게 교부하고 그 사용 분배 등에 대해서는 영사의 승인을 얻어 단체 스스로가 그것을 결정하고 기타 영사측에서 상당히 유리하게 사용하게 할 것. 이를 감독·지도하길 바람. 추가로 본 금액은 임시군사비에서 지변되는 것으로 할 것.

別電乙

(앞서 서술한 군무국장 통첩 내용과 동일하므로 생략 [원문자체 생략])

구휼금의 배당액은 각 관계자가 협정한 결과, 피해(살상인원, 소실(燒失)가옥)에 대해 1萬圓, 호수(戶數)에 대해 9萬圓으로 하여 영사 본관 각 분관 관할구역으로부터 분할안배[按分]하고, 추가로 제반 상황을 고려하여 취사선택하여 결정할 것이다. 그 금액은 다음과 같다.

용정 본관 구역 3萬   8,500圓
내역
  용정촌 민회   8,000圓
  남양평 민회   6,500圓
  동불사 민회   6,000圓
  천보산 민회   6,500圓
  걸만동 민회   3,500圓
  대랍자 민회   8,000圓
국자가 분관 구역 2萬圓
내역
  국자가 민회   3,500圓

팔도구 민회	3,000圓
알하하 민회	5,000圓
의란구 민회	5,000圓
냉수천자 민회	3,500圓
두도구 분관 구역 2萬 1,500圓	
내역	
두도구 민회	7,500圓
이도구 민회	8,000圓
부동 민회	6,000圓
백초구 분관 구역	
백초구 민회	5,000圓
혼춘 분관 구역 1萬 5,000圓	
내역	
혼춘 민회	8,500圓
흑정자 민회	2,000圓
두도구 민회	4,500圓

위 금액은 5월 18일 각 민회의 長을 간도 총영사관으로 불러모아 그 의견을 청취하여 금융 기관을 설립하기로 결정하고, 다음에 기록한 조선 군의 구휼금 교부에 관한 취의서를 낭독 청취하게 한 후 각 민회에 교부하고 정관 확정에 이르기까지 전부 조선은행 용정촌 출장소에 예탁하였다.

취의서
모(某) 민회

연길·혼춘 지방에 있는 조선인들은 불령한 무리 및 마적 등의 횡행으로 이번 연도에 손해를 입은 바 적지 않다. 특히 근래 보기 드문 금융핍박으로 인해 한층 더욱 구휼이 절실히 필요하다. 또한 종종 얕은 생각으로 오해해 불령한 무리 속에 섞여있다가 우리 군대가 초토하는 상황에 맞닥뜨려 그 유족이 되거나 혹은 무고하게 추위와 배고

품에 우는 자도 있을 것이다. 대개 비적의 흉폭함은 원래 나쁜 것이지만 어찌 노인과 어린아이와 부녀자들의 불행을 가엾게 여기지 않겠는가. 따라서 이러한 궁한 백성들[窮民]을 구휼하기 위해 이에 본 민회에 대해 金 ○○圓을 급여한다. 각자 그 뜻을 잘 체득하며 우리의 일시동인(一視同仁)한 성의를 잘 헤아려야 할 것이다. 단, 본 구휼금의 보관·출납·사용·지휘·감독은 간도총영사에게 맡길 것이니 그 취지를 명심해야 할 것이다.

1921년(大正10) ○월 ○일   조선군

제8절 남겨진 부대의 철수

1921년(大正10) 3월 24일 남겨진 부대 철수에 관한 <(참모본부) 作命 제62호> (훈령 부록 제21-1)와 그에 기반한 참모총장의 지시(부록 제21-2)를 4월 1일 육군대신의 지시(부록 제21-3)를 수령하였다.

군사령관은 위 훈령 및 지시에 기반해 다음과 같이 훈령 및 지시하였다.

<朝軍作命 제13호>

제19사단장에게 내리는 군 훈령(4월 5일, 용산에서)

1. 군은 혼춘 및 간도지방에 있는 부대를 철수시키고자 함.

2. 제19사단장은 간도파견대 및 지금 간도에 있는 무선전신반, 비둘기 통신반으로 하여금 배치를 철수시켜 조선 안으로 귀환하게 할 것.

3. 위 부대의 철퇴는 점차적으로 수행하여 5월 상순까지 완료하도록 하며, 제19사단장이 실시할 것.

4. 세부[사항]에 관해서는 별도로 지시할 것임.

지시

<朝軍作命 제13호>에 기반해 다음과 같이 지시함.

제1. 일반적인 것에 대해

1. 1921년(大正10) <陸密 제95호> 간도에 남겨진 부대 철퇴에 관한 건 이외의 사항에 대해서는 본 지시에 의거할 것.

2. 諸물건의 복구에 대해서는 별도로 지시함.

3. 철병은 영사경찰의 충실과 더불어 그들과 교대시킬 것이며, 순차적으로 실시할 필요가 있음. 즉, 백초구와 같이 멀리 떨어진 지점에서 먼저 영사경찰의 충실을 재촉하여 수비대를 철수하고 조선내로 귀환시키고 이후 영사경찰이 충실히 [완비되는 정도]에 따라 잠차 수비구역을 축소하여 결국에는 모든 철병을 완료하는 것과 같이 하는 것이 필요함.

4. 국자가, 용정촌, 혼춘에서는 철퇴준비가 끝나면 일반적인 정황 및 위생급양, 숙사 관계를 고려하여 적당한 시기에 병력을 감소시킬 것.

(제2 이하는 생략함 [원문자체 생략])

조선헌병대사령관에게 내리는 군 훈령(4월 5일, 용산에서)

1. 조선헌병대사령관은 혼춘 및 간도지방에 남겨 둔 헌병으로 하여금 그 배치를 철수시켜 조선 안으로 귀환하게 할 것.

2. 위 철수는 간도파견대의 행동과 함께 할 필요가 있음.

위 훈령 및 지시에 기반해 제19사단장 및 헌병사령관은 각각 명령 및 지시하는 바가 있었다. 간도파견대는 4월 15일 먼저 용정촌 및 혼춘수비대 중에서 각 1중대의 귀환을 개시하고 이후 영사경찰의 충실과 더불어 4월 25일부터 5월 8일에 걸쳐 오지로부터 순차적으로 철병하고 5월 9일부로 전원 조선 내로 귀환하고 원 소속으로 복귀하였다.

헌병 역시 파견 부대의 철병과 더불어 철퇴 직후의 시말(始末)과 사찰을 시행하고 수일 동안 그 배치를 철수하고 조선 내로 귀환하였다.

제9절 간도연락반의 설치

1921년(大正10) 2월 군사령관과 장(張) 순열사와의 협정에 기반하여 <陸密 제95호>에 의해 장교 9명을 간도파견대 철퇴와 연계하여 간도연락반을 마련하고 국자가에 반장 이하 3명, 혼춘에 2명, 용정촌·두도구·백초구·천보산에 각각 1명씩을 배치하여 연락원으로 삼아 첩보 임무를 맡게 하였다.

그러나 5월 5일 도(陶) 연길도윤은 용정촌에 이르러 사카이 총영사대리에게 철퇴를 요구하며 말하기를 "간도방면에 연락원을 배치하는 건에 대해 장(張) 연길진수사[=장구경]가 장작림에게 물은 바, 오바(大庭) 군사령관과 회견시에 일본측 연락원으로 장교 1명을 당현(當縣)에 주차(駐箚)시키기로 한 것은 알고 있지만 10명을 간도방면에 분주(分駐)시키는 것은 전혀 들은 바 없는 일이므로 연락원을 철퇴시키기를 바란다는 것"이었다.

5월 10일 장(張) 진수사로부터 연락반장 하라다(原田) 대좌 앞으로 위와 같은 통첩이 왔다.

그 후 도(陶) 도윤은 사카이 영사 앞으로 공문을 보내 거듭 철수방법에 대해 요구하였다.

군은 기시(貴志) 소장을 통해 장(張) 순열사에게 교섭 방법을 의뢰하였다.

기시(貴志) 소장은 6월 18일 장(張) 순열사에게 교섭하기를, 그는 반대 입장은 아니지만 관할 관계상 손(孫) 독군의 동의를 구하고 싶다는 뜻을 답신하였다. 6월 20일 기시(貴志) 소장은 때마침 봉천으로 오는 중이던 길림독군 손열신(孫烈臣)과 회견하였는데, 그는 중일 군대가 동일한 지역에 있을 경우에 연락원이 비로소 그 의미를 가지게 되고 또한 필요도 있게 되지만, 일본군이 철퇴한 현 시점에서는 연락할 필요가 없으며 또한 불령선인 등에 관한 諸정보는 간도에 있는 일본경찰관에게 보고하는 것으로도 충분하지 않겠는가라는 여론을 두려워하여 쉽게 승인할 뜻이 없었는데, 거듭 설명한 결과, 그는 연락반 또는 연락원이라는 명칭을 없애고 사적으로 장교가 주재하는 것으로 한다면 공공연하게 이를 승인하지 않더라도 그대로 있어도 지장이 없다고 인정하였는데, 일단 순열사의 소견을 듣고 회답해야 할 것이라는 취지로 대답하였다. 게다가 6월 25일 손(孫) 독군은 국무원 참의 우충한(于沖漢)을 통해 기시(貴志) 소장에게 간도에 있는 일본 장교 잔류 건에 관해 중국측의 항의는 항의로 그대로 두고 비공식적으로 주재하는 것은 지장이 없으나 9명은 너무 많으므로 7명 정도로 줄이길 바란다고 대답하였다.

이상으로 군은 중국 관헌에 대해 공문상으로는 연락반(연락원)이라는 명칭을 피하도록 명령하였으나, 인원에 관해서는 당분간 현상을 유지하고, 시기를 봐서 감소시키는 방침을 취하였다.

제6장 장래에 대한 소견 및 참고사항

본 소견 중에는 당시의 실정에 비추어 볼 때 다소 이상(理想)에 치우친 점이 없지는 않으나 장래의 개선에 도움이 되게 하고자 기재하였다.

제1절 편성·장비

장래 이러한 종류의 사건의 발발시에는 조선 사단의 현상(現狀)을 감안하여 그 출동방면 병력 및 행동지역의 대·소(大小) 등을 고려하여 편성 및 장비상 적절[여부를] 다음의 제건(諸件)을 고려해 두는 것이 필요하다.

1. 평시 정원 특히 장교 이하 간부의 충실

   임시병참 기타 諸기관의 편성에 필요한 인원, 출동 후 분산 배치에 소부대라고 하더라도 그 長은 장교로 할 필요가 있는 점, 유수[留守=남아서 지킴] 부대 역시 상당한 간부를 남겨두지 않을 수 없다는 점에 의거해 인마(人馬) 위생에 필요한 간부의 부족 또한 커다란 불편을 감지하게 함.

2. 각 지대에서 참모 혹은 그에 적임인 장교 적어도 1명을 배속

   작전 지휘, 첩보, 대중국 교섭 및 통신 검열 등을 위해 이를 필요로 함.

3. 선전 및 연락기관의 배속

   각종 오해를 피하고 선전에 선제적 유리함을 차지하기 위해 이를 필요로 함.

   영어, 중국어, 조선어 통역 장교 내지 통역(종교 및 출신 관계 등을 고려하여 옥석이 혼재된 폐해를 예방하는 것이 필요함), 사진반 등을 부속시키는 것도 필요로 함. 또한 이들에게 귀순업무를 수

행하게 하는 것도 하나의 안(案)이 될 것임.

4. 측도반(測圖班)의 배속

외국 측도를 위해 절호의 기회이므로 이를 놓치지 않는 것도 필요함.

필요하면 병요지지(兵要地誌)조사반을 편성하고 이에 부속하게 하는 것도 하나의 안(案)이 될 것임.

5. 비행기, 산포, 자동차, 각종 통신 및 위생기관의 배속

이유 생략 [원문자체 생략]

6. 헌병 및 경찰관의 배속

주도면밀하게 조사할 필요가 있기 때문임.

7. 장비에 관해 다음과 같은 주의를 필요로 함.

 1) 배낭을 각 병졸에게 지급할 것.

 2) 줄사다리[繩梯子] 종류를 보병 중대에 3~6개를 휴대하고 다니게 할 것.

 3) 권총을 비전투원에게 휴대하게 할 것.

 4) 보병 소행리(小行李)에 참호(塹壕)용 들것[擔架], 거적 들것 [菰[1]擔架]과 같이 간편한 들것을 휴대하고 다니게 할 것.

위 행동지역의 대부분은 산지이며, 불령자와 양민과의 구별이 명확하지 않으므로 생각지 못한 위해(危害)를 예방하기 위해 필요한 것이다.

제2절 전술(戰術)

불령선인단의 무력은 우리에 비해 상당히 열약(劣弱)한 것은 그들 역시

---

1 菰(こも)는 짚을 두툼하게 엮거나, 새끼로 날을 하여 짚으로 쳐서 자리처럼 만든 것(=거적).

이것을 자각하고 있으므로 정정당당하게 승부를 겨룰 용기가 없고, 다만 그들과 우리가 우연히 만나 불가피하게 전투하는 경우 또는 진퇴양난에 빠져 반서[反噬=은혜를 원수로 갚음]적 동작으로 나오는 경우 외에 우리에게 대항하는 전투의지[戰意]로 인정할 만한 것이 없다. 또한 불가피하게 전투하는 경우에도 전투법이라고 해봐야 분리된 소부대, 척후(斥候) 또는 군대 후방을 왕복하는 인마(人馬)의 무리가 모이는 때를 기다려 기습·엄습 [실행여부를] 밀림속에 잠복해 있다가 허점을 노려 저격하는 것이 통상적이다. 또한 산길 여러 곳을 돌아다니는 데 익숙해져 일정한 근거지가 없고 후방 연락선이 필요없는 그들은 전세가 불리하다고 판단되면 즉시 그 거주지를 바꿔 모습을 감추거나 혹은 양민으로 변장하여 소재지에서 모습을 감추고 출몰하지 않는다. 이러한 적도들을 근본적으로 소멸시키는 것은 원래 용이한 일이 아니다. 그들에게 대항할 수 있는 방도는 그들로 하여금 그들이 자신있어 하는 전법(戰法)을 실행할 여지를 없애는 것에 주의하면서 우리가 불리한 것처럼 연출하는 데에 있다. 다시 말해 [우리] 토벌대의 행동도 일반 전술과 달리 기습·엄습을 기초로 하여 제반 준비를 갖추고 그 행동을 규정할 필요가 있다. 이하는 그에 관한 주의를 약간 서술한 것이다.

1. 토벌 요령

적도들을 토벌하기 위한 병력 사용법에는 두 가지가 있음. 하나는 미리 부대를 집결시켜 적의 상황에 응해 수시로 부대를 보내 토벌하는 것이고, 다른 하나는 적의 정황을 가능한 한 각 방면에서 처음부터 수개의 토벌대를 편성하여 신속히 각 요지에 배치하고 각 담당 구역을 정해 토벌지역 전반에 걸쳐 가능한 한 서로 협력하여 동시에 초토에 착수하는 것임.

두 가지 모두 장·단점이 있으나 평시에서의 조사가 대략 정확하며 그것에 기초하여 토벌 계획을 책정하여 얻은 정황이라면 오히려 후자가 유리한 경우가 많음. 그리고 이러한 병력을 분둔(分屯)하게 하더라도 이렇게 함으로써 전술적 포위선을 형성하고 점차 이를 수축시켜 일망타진적으로 토벌하려고 하는 것 등은 병력이 충분하지 않는 한 대부분은 실패로 끝나므로 통상적으로 각 담당 구역 내에서 국부적 기습 작전을 채택하기 마련임. 단, 정황에 따라 그들과 우리 토벌대가 서로 협력하여 부분적으로 포위적 행동을 채택하는 것이 유리할 때가 물론 있으므로 그것을 조율하는 것은 주로 지대장에게 맡길 것.

또한 무력단의 초토가 일단락된 후에는 병력을 주요 각지에 분산 배치하여 수사·검거를 주도면밀하게 하여 적의 잔당을 수색하고 그들을 초멸해야 할 필요가 있음. 또한 수사·검거는 번거로움을 꺼리지 말고 계속해서 그들의 비밀·약점을 들추어 내기[爬羅剔抉]를 이행함으로써 그 효과를 얻을 수 있을 것임. 또한 그 기간에도 다시 약간의 무장단체가 출현할 수 있음을 고려해서 자유로운 동작을 유지할 수 있게 하기 위해 각 지대는 상당한 예비를 남겨두지 않을 수 없음.

또한 거주민의 평화를 가장하여 단사호장[簞食壺漿=군대를 환영하기 위해 갖춘 음식]하여 임금의 군대[王師]를 맞이하는 것처럼 상황에 따라서는 오히려 위기를 숨기는 것에 특히 주의를 요함.

2. 기도(企圖) 및 행동의 비밀은닉

아군의 적정(賊情) 첩지(諜知) 및 통신연락은 극히 곤란한 위치에 있는 반면, 적은 매우 유리한 위치에 있음. 특히 그 연락근무 즉 각 부락을 연락하는 체전식[遞傳式=차례로 여러 곳을 거쳐서 보냄] 통신법은 상당히 발달하여 미세한 징후도 실로 놀라운 말한 속도로 그들은 순식간에 전달되는 것에 주의하지 않으면 안됨.

예증(例證)

○ 회령에서 마을동네로 간단한 야식을 주문하거나 혹은 출동경찰관 등의 가정에서 도시락을 만드는 것 등에 의해 우리 행동이 간파되어 모처럼의 기획도 수포로 돌아간 적이 있음.

○ 가노(加納)토벌대가 동불사(銅佛寺) 부근을 초토하던 중에 압수한 서류에 의하면 10월 22일 히가시 지대의 어랑촌 부근 전투통보가 이튿날 23일 십수 리 떨어진 동불사 부근의 국민회 전원에게 도달한 적이 있음.

이것을 비롯하여 주의할 諸조건은 다음과 같음.

1) 우리 군의 기도 및 계획은 직접 계획에 참여한 장교 이외에는 이것을 알지 못하게 할 필요가 있음. 영사관의 조선인 사무원, 고용인 혹은 순사 등에 의해 금새 사방으로 전파되어 기회를 잃게 되는 경우가 있음. 헌병보 등도 마찬가지임.

2) 야간에 가장 은밀하고 정숙하게 급히 집합하여 곧바로 출발할 것을 요함. 이를 위해 저녁 식사 준비시에 3끼 분을 동시에 마련해 두어 불시의 출발에도 지장이 없을 수 있도록 방안을 궁리하며 참고해야 할 것.

3) 행동 개시 시각은 가능한 한 한밤 중일 필요가 있음. 일몰 직후 또는 밤 9시 전후까지의 행동은 항상 적이 예상가능하고 알고 있을 것으로 생각하지 않을 수 없음. 그리고 동트기 직전에 목적지에 도착하여 諸준비를 완료해 두어, 동이 틈과 동시에 토벌을 개시할 필요가 있음. 그렇게 하기 위해서 토벌대는 밤중 행동에 익숙해 질

필요가 있음.

4) 행동 개시 전 촌락 주위의 경계병을 배치하고 그 기간 촌락 내외의 교통을 두절시키는 것이 필요함.

5) 우리 군의 행동을 비밀리에 숨길 수 없는 경우에는 반대 선전에 의하거나 혹은 일시적으로 실제와 반대 방향으로 행동하는 것 등에 의해 거류민을 속이는 것도 필요함.

6) 통신국 전화는 물론 군용전화라고 하더라도 이것이 도청되어 우리의 기획이 폭로되는 것이 있지 않은지[를 살피고], 특히 조선인 교환수 사무원 등은 주의를 요함.

7) 인마, 차량의 징발시에는 그 행선지를 절대적으로 비밀리에 숨길 필요가 있음.

8) 행동시 도중에 만나게 되는 중국인 조선인에게 주의하고, 또한 급히 부대를 지나쳐 가야 할 때는 중국인·조선인을 불문하고 그들 모두를 억류해 둘 필요가 있음.

3. 행동의 민첩성과 속도, 퇴로 차단

이를 위해서는 기병 자전거 또는 자동차를 이용하는 것이 중요함. 독립적으로 행동하는 토벌대에게는 많고 적음에 상관없이 기병을 배속시키는 것이 유리할 경우가 많음.

예증(例證)

혼춘 방면에서 보병 소대를 기반으로 하는 토벌대가 적의 모험대장 김운서를 토벌할 수 있었던 것은 거기에 부속된 기병 3기의 병력에 힘입은 바 컸음. 만약 이 기병이 없었더라면 건강하고 발빠른 그들을 놓쳤을지도 모름.

4. 후방 연락선의 보호 부근 諸부대의 반복 수사

우리 군이 토벌을 개시하자 그들은 산간 계곡에 그 그림자를 숨기거나 민가 특히 중국인 가옥에 잠복하거나 양민으로 가장하여 거리를 방황함. 그리고 우리 군이 사라지자 소재지에 출몰하거나 통신선을 절단하거나 흉기를 들고 몇 명의 통행자에게 위해를 가하는 등과 같은 일이 있었으므로 스스로를 지키는 생활 속에서 이러한 일에 주의를 요함.

5. 밀림 및 그 부근의 전투에 관한 히가시 부대의 교령(教令)은 실제 경험에 입각한 것으로 향후를 위해 참고 삼을 만한 것이 많음이 인정되어 다음과 같이 그 전문(全文)을 게시함.

교령(教令)

① 적들은 종래 간도 안을 휘젓고 돌아다니며 밖으로는 기습전투에 능한 것처럼 생각되었지만, 최근 적들의 전투법을 생각해 보면 그 전투법은 트인 개활지(開闊地)에서는 약간은 볼만한 것이 있지만 밀림전에서는 심히 유치하여 우리의 용감한 돌격에 대해서는 전투력이 거의 없다고 해도 과언이 아님. 그러나 그들의 어수선하게 쏘아대는[狼狽] 난사(亂射)에 머뭇거려 망설이거나 방화 등에 공포감을 느끼면 의외의 손해를 초래할 것임.

② 밀림속에서는 전략 및 전술상 수색은 불필요함. 그들이 척후(斥候) 등을 내어 정찰을 하려 하는 것은 대체적으로 효과가 없을 뿐만 아니라 도리어 수용에 곤란을 초래하여 철퇴시에 근본적으로 전진(前進)·전진(轉進) 모두 행동의 민첩함을 결여시킴. 1종대(縱隊)가 전대(全隊) 1團이 되어 조우할 때마다 온 힘을 다해 싸워야[奮戰] 할

필요가 있음. 또한 전위(前衛)·후위(後衛)·측위(側衛) 등을 설정할 경우에도 거리를 두지 말고 밀착되어 움직이고 임무에 따라 움직이는 것이 바람직함. 예를 들면 후위는 본대의 바로 뒤에 있지만 적의 습격시 후방을 향해 힘써 싸워야 한다고 생각하는 것이 적합함. 이것은 밀림속에 있을 때 가장 양호한 경우에서도 사계(射界) 20m를 넘는 경우가 적기 때문임. 그러나 양귀비[罌粟] 재배를 위해 고지(高地)의 능선에 빈 수풀[林空]이 존재하기도 하는 점에 주의할 것.

③ 적의 무리들은 전략 책원을 가지고 있지 않으므로 그들이 식량을 얻어야 할 촌락 또는 음료를 얻을 수류(水流)에 주의를 요함. 특히 혹한기에 촌락은 가장 주의를 요하므로 이들 촌락 및 수류(水流)를 향한 행동은 긴요(緊要)함. 그러나 우리가 근접해 오고 있음을 눈치챈다면 고지의 정선(頂線)에 길게 진을 칠 수 있음. 즉, 연료가 풍부하고 눈이 녹아 음료수를 얻을 수 있는 곳이기 때문임.

④ 주군(駐軍)의 경계에서 각 경계부대는 본대(本隊)에 가까운 곳에 위치하고 적의 습격시에는 적의 방향뿐만 아니라 아군의 방향으로부터 사격을 받더라도 안전할 수 있는 설비를 갖추는 것이 가장 유리함.

⑤ 혹한기에는 동상의 우려가 있으므로 모닥불(燎火)을 금지할 수 없을 것임. 그러나 [그렇게 불을 피우는 것을 통해] 적에게 우리 위치를 알리게 되어 갑자기 유효한 사격을 입게 될 우려가 있으므로 최전선의 경계단은 모닥불을 엄금하고, 가까운 위치에서 모닥불을 피우는 부대와 빈번히 교대하는 것은 가능함. 단, 모닥불에 의해 우리의 전반적인 위치를 탐지당하게 되는 것은 불가피하더라도 밀림이므로 적이 지근(至近)거리로 접근하지 않는다면 유효한 사격을 할 수 없음.

⑥ 앞에서 서술한 것처럼 이미 전략적이면서 전술적인 수색으로는 목

적을 달성하기 어려우므로, 적을 수색하려 한다면 모든 부대의 다양한 징후를 파악해 우여곡절을 가리지 말고 열심 분투의 기개를 떨쳐 스스로 밀림속에 매몰되어[강조점-원문그대로] 적을 추격할 것. 따라서 몇일 분의 식량을 각자 휴대하고 다닐 필요가 있음. 적이 접근해 오면 그 노영 상태, 취사 연기 흔적, 나뭇가지의 꺾인 흔적, 도로를 가로질러 쓰러져 있는 나무 위의 이끼의 짓밟힌 상태, 모닥불 배치 등으로부터 적의 위치, 그 경계법 상태, 경계의 주된 방향 등에 주의하면 종종 유리할 때도 있음. 적의 첩보에 의해 적의 개략적 위치를 알고 현장 부근에 도달했으나 아무런 노력[=전투]을 못했는데 적과 조우하지 못한 채 적이 적이 이미 떠난 듯한 상태라거나 혹은 적이 수십 보 거리에 잠복해 있는 것을 놓친 유감스러운 상황을 [이하 원문 누락]

⑦ 종래의 전투 경험으로 볼 때 기관총은 단독병이 가능한 한 휴대하고 다니지 않으면 안됨. 그러나 경사진 곳을 오를 때 빈번히 단시간의 휴식을 제공하면 운반수의 피로감을 줄여 주지 못하며, 오히려 행진을 신속하게 해야 할 것임. 또한 운반수는 여러 차례 교대하여 가능한 한 많은 예비원을 비치해 둘 필요가 있음. 이 때문에 다른 보병을 원조하게 하는 것이 유리할 때도 있을 것임.

⑧ 만적(蠻賊)에 대해 특히 밀림속에서는 기관총 관통 위력이 그들의 간담을 서늘하게 하는 가장 유력한 힘이므로 각 종대(縱隊)는 불의의 기습을 피하기를 바람. 약간의 기관총을 선두에 행진시키는 것이 바람직함.

⑨ 밀림속에서는 몇 걸음마다 고목(枯木)이 쓰러져 있으므로 연료로 삼기에 가장 용이함. 특히 자작나무[白樺]는 생피(生皮)이더라도 폭발적인 연소성이 있어 언제든지 점화하기에 좋은 재료이므로 주

의할 것.

⑩ 노영한 불씨의 흔적을 완전히 없애는 것은 불가능하더라도 아군의 노영지는 쌀·보리의 흩어짐, 빈 깡통의 방치, 뒷간[間厠]의 흔적 등이 현저하여 적의 숙영지와 다른 점이 있음. 만약 적 중에 기도심 (企圖心)이 풍부한 자라면 우리를 추적하는 재료로 삼을 수 있을 것임. 그들과 우리를 구별할 수 있는 특징을 없앨 필요가 있음.

⑪ 혹한기의 행군에서는 동상 예방을 위해 자주 [젖은 양말을] 건조시킨 양말과 교환할 것을 요함. 러일전쟁에서 흑구대 회전(黑溝臺 會戰)시 혹한의 경험이 있는 제8사단병이 이러한 방법으로 영하 27도의 야간 전투에서 동상을 예방했던 실제 경험이 있음.

⑫ 각대(各隊)는 약간의 삽[圓匙]·톱[鉅] 등을 휴대하고 다닐 필요가 있음. 약간의 공사 연료 및 노영 재료의 채집시 필요할 수 있음. 또한 다량의 성냥[燐寸]을 휴대하고 다닐 필요가 있음.

⑬ 밀림속에서는 하초[下草=숲 속 나무 그늘에 돋는 잡초]가 적으므로 화재의 위험이 없지만, 소림[疏林=나무가 듬성한 곳]에서는 마르고 건조한 잡초는 종종 불길을 놓치면 맹렬한 기세로 연소되므로 종종 종대(縱隊)에 위험을 주는 경우가 없지 않음. 적의 방향과 풍향에 의해 전술상 특히 주의를 요함.

⑭ 밤중에 수류(水流) 부근에 머무르는 것이 불리한 것은 [진중]요무령 (要務令)에서 교시한 바인데, 적의 접근을 알아채기에 곤란할 수 있기 때문임.

⑮ 청산리 서쪽 방면 삼림 속 하천 방향은 우리 행동에서 크게 주의를 요함. 즉, 고동하(古洞河)는 북쪽으로 흐르므로 이쪽 곡지(谷地)로 흘러들어가면 귀환이 용이함. 동북쪽으로 흐르는 것은 해란하(海蘭河)의 조류로 이 수류(水流)를 따라가면 이도구, 두도구로 귀환할 수

있음. 남쪽 혹은 동남쪽으로 흐르는 것을 따라가면 무산(茂山) 혹은 삼하면(三下面) 방향으로 진출할 수 있음. 기타 서남방면·서북방면·서쪽방면으로 흐르는 것을 따라가면 멀리있는 안도현 안쪽으로 역진(逆進)하는 것이 됨.

1920년(大正9) 11월 9일 지대장 히가시 마사히코(東 正彦)

제3절 첩보

1. 평시의 준비 조사

1) 병요(兵要)지리조사에 한층 힘을 기울일 필요가 있음.

이주 조선인 부락의 분포 상태, 물자 및 교통망의 경황, 삼림 지대의 상태, 중국인·조선인의 노작(勞作) 관계 등의 조사가 불충분하여 우리 군의 행동에 미칠 수 있는 불리함이 크므로 적의 정황만을 조사하는 것에 치우치지 않도록 주의하는 것이 중요함.

2) 적의 정황 조사는 한층 구체적인 필요가 있음.

적의 무리들과 그 근거지를 다른 곳으로 옮기거나 사방으로 흩어지는 경우에 수사·검거를 유리하게 하기 위해 간부의 성명, 연령, 출신지, 가족, 친척, 지인 등의 관계 및 단체의 조직, 세력 범위, 연락 계통 등을 정밀히 조사하여 간단한 명부 식으로 만들 것. 토벌대가 휴대하고 다닐 수 있게 할 필요가 있음. (주로 경무첩보)

3) 통일된 첩보망의 설치

가능하다면 유사시 적절한 때에 모(某) 지구(地區)를 폐할 수 있도록 첩보동원이라고 칭할 만한 계획의 준비가 필요함. 순전히 군사 행동만을 취하지 않는 지역에서 특히 이것이 필요함이 인정됨.

2. 거주민의 이용

1) 목재상, 잡화상 등 오지 깊숙한 곳에 거래처를 둔 경우, 요리 가게, 旅店 등 많은 사람이 모이는 곳의 주인과 점원 등을 이용하면 유리한 정보를 얻는 경우가 종종 있음.
2) 조선인은 당 속에 당[黨中黨]을 만들어 서로 싸우는 경향이 특히 현저하므로 출신지, 종교, 단체별 등에 유념하여 서로간의 반목이 발생하도록 이용할 필요가 있음.
3) 부녀자, 아동 등으로부터 의외의 정보를 얻는 경우가 있음.
4) 조선인 정보를 탐지하는 데에 중국인을 이용하면 통상적으로 상세한 내용을 알기가 곤란함.

3. 밀정(密偵) 이용

1) 군 대대의 행동 개시와 더불어 수시로 사용할 수 있는 밀정과 같은 존재는 귀순자·자수자·밀고자 중에서 선정하며, 또한 첩보의 목적 및 종류에 따라서는 그들 및 지방 유력자에게 책임을 지게 하거나 또는 일부 부락 등에 공동책임을 지게 하여 밀고하게 하도록 하는 것이 유리할 때가 있음.
2) 대부분의 잡배들은 크게 유익함이 없음. 소수이지만 유력자를 사용하는 것에 유념할 필요가 있음.

3) 밀정은 무직자 중에서 택하기보다 유직자에서 선택하는 것이 바람 직한 경우가 많음.

　이들의 도망을 예방하고 밀정인 것이 발각되지 않게 하기 위해서 도 필요함.

4) 중국인은 국가 관념이 박약하고 금전에 대한 애착심이 강렬한 점 등을 감안하며, 당파 관계를 고려하여 물색할 필요가 있음. 또한 종 종 유곽에 출입하는 자, 빚에 허덕이는 자, 아편 상용자 등에 착목 하는 것 역시 하나의 방편이라고 하더라도 여차할 때 그들의 이른 바 체면을 중요시하는 측면이 있음에 주의하지 않으면 의외로 실패 를 초래할 수도 있음.

5) 불령단에게 원한이 있는 자를 채용할 때는 그로 인해 그 자신의 사 적인 원한을 풀려고 하는 자가 아닌지 주의하지 않으면 안됨.

6) 조선인 밀정 중에는 우리 군의 위엄을 빌려 부정행위를 하려 하는 자가 적지 않음. 감시경계를 요함.

7) 타협적 정보의 작위(作爲), 교환, 복수의 간첩 행위 예방에 대해 깊 은 주의를 요함. 밀정으로 하여금 서로가 알아차리는 듯한 것은 종 종 이 폐해에 빠지는 원인이 됨.

4. 정보 점검

정보의 진위를 감별하기 위해서는 모름지기 대세(大勢)에 통달하여 각 종 정보를 대조하여 종합판단하는 것이 가장 중요하지만, 또한 다음과 같 은 점에 주의를 요함.

1) 조선인은 자신의 사적인 원한을 복수하기 위해 허물이 없는 양민을 무고하게 고발하는 경우가 종종 있음.

2) 거리가 다소 멀거나 혹은 행동이 곤란한 지점에서는 항상 큰 집단이 존재하는 것처럼 선전할 것.

3) 상시 고용된 밀정과 같이 일정한 보수를 받는 자의 보고 사항이 적어 그를 문책하게 되면 정보 작위(作爲)의 폐단에 빠지는 경우가 많고, 또한 정보의 가치에 따라 보수를 주는 것은 사실을 과장·수식·날조하여 많은 금액을 탐하는 지경에 이르는 경우가 있음.

4) 불령단, 마적 등은 과대 선전에 능함. 침소봉대하여 사실을 전달하는 정보에 휘둘리지 않을 필요가 있음.

제4절 통신

1. 강안(江岸) 각 수비대를 연락하는 군 전용 통신망의 필요

1919년(大正8) 소요사건 당시 제19사단 관하에는 강안 경비의 필요상 동년 말 나남을 기점으로 하여 무산 및 회령에 이르는, 나아가 회령을 기점으로 하고 종성, 온성, 경원에 까지 군용전화를 가설했기 때문에 이번 사건에서 다대한 편익을 얻음. 체신국 線의 불비, 통화 폭주 및 비밀유지의 필요 등의 관계를 고려하면 군 전용 통신망이 필요한 것으로 사료됨.

2. 체신국의 작업 능력은 평소부터 파악하고 있을 필요가 있음.

이번 사건에서 전신·전화의 신설을 총독부 체신국에 의탁하였으나 그 작업 능력[은] 작전의 진척을 따라오지 못해 큰 불편을 느끼게 함. 평소 [작업] 능력 및 유사시 확장할 수 있는 한도 등에 관해 미리 연구하고 파악해둘 필요가 있음.

3. 체신 기재(器材)를 증가 지급할 경우에는 동시에 가설 기구의 증가 지급을 요함.

중앙부로부터 다량의 통신기재가 지급되더라도 가설 기구가 부족하기 때문에 작업상 불편을 느낌.

4. 통신망 구성의 통일

각 방면의 통신망의 구성은 제19사단에서 통일하고 공병 대대장으로 하여금 지휘하게 하므로 각 지대에서는 약간의 불편을 느끼는 점이 없지 않을 것이지만, 이것저것 재료를 융통하는 데는 편의를 얻을 것임. 앞으로도 충분한 통신 기재를 사용할 수 없는 상황이 발생하면 이 방법을 채택하는 경우가 많을 것임.

5. 비밀 유지를 위해 지방 우편국 전화 교환수는 일본인[內地人]으로 할 것.

조선인 교환수 중에는 종종 괴이한 행동을 하여 의심스러운 자가 있어 주의를 요함.

6. 보선[保線=선로 관리, 유지, 수선]

전화선의 절단·도취 등이 속출하여 보선이 곤란함.

잠복 척후(斥候)를 배치하고 주민들에게 구역을 정해 책임·감시·선전에 의한 위협 등 다양한 수단을 강구하여 이를 예방할 필요가 있음.

7. 무선 전신 및 비둘기 통신 등의 필요

지형 관계 및 보선(保線) 곤란 등에는 특히 이것이 필요하며 크게 도움되는 부분이 있을 것으로 사료됨.

제5절 병참

1. 병참 근무에 관한 서류 및 재료의 준비

병참 설치시 그에 필요한 근무령, 지도, 행리(行李) 등의 준비가 불충분하여 겨우 각 부대의 것을 일시 융통하여 봉합하는 모양새였는데 앞으로의 준비가 절실히 필요함.

2. 병참 근무에 관한 적확한 임무와 업무범위의 지시 필요성

이번처럼 변칙(變則)인 병참은 근무령에 의거하기 어려운 점도 많으므로 미리 충분한 연구를 하고 실행시 적확한 지시를 할 수 있도록 [준비]해 두지 않으면 업무상 여러 착오 및 지장이 생기게 됨.

3. 위생 및 경리 부원의 결핍

이유 생략 [원문자체 생략]

4. 소요 물자와 현지 조달

간도 지방은 물자가 풍부하므로 대부분은 현지조달에 의존하는 것이 유리함.

추송(追送)이 필요할 품목의 대요(大要)는 다음과 같음.

된장, 간장, 감미료 제품, 말린 생선과 고기, 담배, 일용품

5. 운반구

간도 지방은 중국의 마차(馬車) 및 우차(牛車)가 많아 수송 기관이 부족하다고 느낌. 그리고 그것을 고용해서 임시징발적으로 사용할 때는 가격은 싸지만 한꺼번에 대량으로 사용할 수는 없음. 현재 고용한 것은 전적으로 이를 위반해 쓸데없는 경비가 증가되었으므로 청부업자를 선정해 임시 소요 차량을 제공하게 하는 것이 유리할 듯함. 현재 1일 표준 가격 및 적재량은 대략 다음과 같음.

마차 5圓~7圓 250貫

우차 3圓~5圓 80~100貫

6. 중국 관헌과의 원만한 협조

위압적인 행동은 일시적으로는 유리하지만, 훗날 누를 끼치는 경우가 많음. 오히려 온화하고 솔직하게 교섭하는 것이 유리함. 또한 중국 관헌의 위력은 중국 인민에게는 큰 부분이 있지만 명령의 보급은 상당히 완만하므로 "먹지 않고 이득을 취할 수 없다[喰わずに利をもってず]"라는 식의 선전에 의해 일반민들의 의향을 우리의 요구쪽으로 유도하는 것을 첩경으로 하는 경우 종종 있으므로 [이에] 유념할 필요가 있음.

제6절 교육

1. 장교 교육상 다음을 고려하는 것이 필요함.

1) 비적에 대한 특종 전술
2) 병참의 연구
3) 국법 및 국제법
4) 중국어 및 조선어

2. 병졸 교육 및 훈련상에서 다음의 주의를 요함.

1) 일개 병졸의 언행이라도 국외에서는 영향이 지대하다는 점에 대한 이해
2) 중국인, 조선인, 백인의 풍습 전반
3) 중국인, 조선인 가옥에서 협소하고 축소된 병영[舍營]에서 생기는 군기·풍기의 유지
4) 불령선인에 관한 개념 및 그에 대한 경계심
5) 보초시 수사 및 사격을 해야 할 경우에 주의 사항
6) 탄약 남용 예방 점검, 약탈행위에 대한 예방훈계(특히 단독적으로 행동하는 경우)
7) 행군력의 양성 : 마적 불령선인 등은 1일 20리의 산길을 보행, 이를 수행하지 못하면 자립된 군인[一人前]라고 할 수 없다고 함.

제7절 병기(兵器)

간도 지방에서 추운 계절[적 특성이] 병기에 미치는 영향은 다음과 같음.

1. 소총은 대기(大氣) 및 숙사 내의 건조함에 의해 [銃身 앞뒤 부분인] 상대·하대(上帶下帶)의 동요가 많으므로 아마인유(亞麻仁油²)를 바르는 것으로 예방할 것.

2. 일반적으로 철 부분의 발청[發鑄=녹이 스는 현상]이 적음.

3. 온토로(溫土爐)는 가죽으로 만들어진 병기가 단단히 굳어지거나 목제품이 휘거나 수축될 우려가 있음.

4. 강설(降雪)이 적은 반면, 강풍이 항상 심하여 먼지가 소총·화포의 총신[腔中] 속에 부착되어 사격시 손상[疵痕]시킬 우려가 많음.

5. 섭씨 영하 20도 이하로 내려갈 때는 현재 상용하는 광유(鑛油)가 얼어붙을 수 있음. 이것의 대용으로 '아이스마렌油' 혹은 '하리스油' 등을 사용하는 것이 유리할 수 있음.

6. 화포·특종포 등 강설 중에 발사하면 설편(雪片)이 약통(藥筒)에 부착하기 때문에 장전에 곤란할 수 있음. 약실[藥室=총포안에 탄약을 재어넣는 부분]·약통 모두 설편(雪片) 및 수분이 부착되지 않도록 하는 것에 특별히 주의를 요함.

---

2 아마의 씨에서 짜낸 기름. 누런색이나 갈색의 건성유로, 도료·리놀륨·인쇄 잉크·유포(油布)·연비누 등의 원료로 쓰임.

제8절 보급 및 급양

1. 현지 물자의 이용에 관해 평상시에 상세한 조사를 해 둘 필요가 있음. 간도 지방 물자의 상황이 공막[空漠=막연하여 종잡을 수 없음]하고 실제와 괴리감이 심해 보급 계획 입안시 지장이 생길 뿐만 아니라 추송품의 선정을 잘못할 수 있음.

2. 나남 육군 창고를 보급창과 같이 현지 조달품 이외 추송품 전부를 관장하게 하는 것이 바람직함. 그리고 보급을 위해 긴박함이 필요한 물품은 사단의 요구에 응해 직접 보충하는 등의 권한을 부여할 필요가 있음.

3. 보급 계획에서는 그 중점을 피복 및 진중(陣中) 사무용 소모품에 둘 필요가 있음.

   이번 사건에서 보급상 가장 곤란했던 점은 피복품 및 진중 사무용 소모품 등이었고, 식량 및 말먹이와 같은 것은 대부분 현지 조달에 의해 행동에 지장이 없었으나, 이것은[=사무용품] 모두 추송이 필요함.

4. 출동 부대의 장비를 응급 준비에 준하게 하지 않았기 때문에 부대의 피복, 식량, 진중(陣中) 사무용품 등 모든 있는 물건을 휴대하고 이동하게 됨. 이로 인해 추송 보급상 커다란 곤란이 발생함.

5. 출동시의 색채가 불선명하여 여기에 기인한 행동 간 諸규정의 개정, 폐지가 빈발 하는 등 이에 따른 업무 혼란이 극심했음.

   출동 초기에는 사단이 먼저 연습행군의 사례에 준거해 諸급여·諸정액을 정했고, 이후에 점차 전시급여와 유사한 형태로 진행함. 따라서 평시와 전시 양쪽의 諸규정에 의거해 경리(經理)를 조율하지 않으면 안됨. 또한 행동 지역이 조선 내외에 걸쳐 있어 그 기간 급여에 차이가 발생하고 이에 더해 군과 사단과의 위치관계 및 견해 차이에 입각한 군 규정에 의해 종종 사단의 규정을 수정하지 않을 수 없는 경우도 있음.

6. 피복 보수반의 편성은 앞으로를 위해 필요함.

　　이번 출동시 피복 보수반의 편성이 없어서 봉화공장(縫靴工長) 같은 것은 대부분은 유수대[留守隊=남아서 지키는 부대]에 편입됨. 그러나 출동부대의 피복 손상이 심한데 보수는 불과 몇 명뿐인 공졸(工卒) 및 개인의 수리를 기다리지 않으면 안될 뿐만 아니라 분산 배치된 관계상 이들 공졸의 사용조차 충분하지 못함. 따라서 앞으로는 봉화공장을 반장으로 하여 약간의 공졸을 배치한 보수반을 편성해 각지를 순회하게 하는 등의 방법을 강구해야 할 것임.

7. 대·소 행리(大小行李)용 마필(馬匹)은 이번에 실시한 것처럼 구매·징용(徵用)하는 것이 유리함. 구매한 말 1필당 평균 70~80圓에 불과했음. 사용 후에는 매각하면 그 가격이 평균적으로 20圓으로, [원구입 가에서] 빼면 [실제 부담금액은] 50~60圓에 불과함. 그런데 이것을 징용하면 그 역임(役賃)은 적어도 1일 2圓이 필요함. 1개월 고용역임이 구입가격 수준에 도달하므로 출동기간이 다소 장기간이 될 경우는 구입하는 것이 유리함.

8. 행동지역의 상황에 따라 휴대 식량 및 말먹이가 증가하므로, 휴대하고 이동하는 것에 관해 연구할 필요가 있음. 산악이 중첩된 밀림지대 등에서는 후방과의 연락이 곤란하며, 게다가 현지 조달이 전혀 불가능함. 이 때문에 식량 및 말먹이를 휴대하고 이동하며 정량을 증가시킬 필요가 있더라도 현행 제도상 휴대하고 다닐 수 있는 식량은 그 용적상 도저히 다수를 가지고 다닐 수 없음. 따라서 앞으로는 휴대구량(口糧)으로 떡 종류, 휴대마량(馬糧)으로는 압착밀 등과

같이 용적이 적은 것으로 휴대할 수 있도록 연구를 필요로 함.

9. 소금 조리 및 조밥[粟飯] 등에 대해 평상시 연구를 필요로 함.

　　교통이 불편한 지방에서는 전적으로 현지의 물자만으로 급양할 필요가 종종 생김.

10. 조밥도 취사법에 따라서 맛이 크게 다름.

　　중국 및 조선에서 현지 조달하는 조[粟]에는 모래나 돌이 섞여 있는 경우가 많은데, 씻을 때 그것을 제거하고 취사도구(조선식 平釜)를 이용해 밥을 지을 경우 일반적으로 찐 강낭콩[鵲豆]을 바닥에 깔고 조[粟]를 찌면 상당히 맛있는 밥을 지을 수 있음. 여기에 수수[高粱] 혹은 차조[餠粟] 반량(半量)을 추가해 조리하면 보리밥[麥飯]에 버금가는 밥이 됨.

11. 일용품 지급이 필요함.

　　일용품의 결핍에는 각 부대 모두 현저하게 곤란함을 느낌. 혼춘, 용정촌의 경우는 시가지에서는 구할 수 없는 것은 아니지만 상당히 고가(2배~3배)이며 기타 지방에서는 전혀 구입할 수 없음. 게다가 군매점품[酒保品]의 추송은 뜻대로 되지 않아 작은 부대에는 보급이 안되는 경우도 있으므로 휴지 및 기타 일용필수품의 준비가 특히 필요함.

제9절　人 위생, 馬 위생

1. 人 위생

1) 위생재료 특히 소모품(주로 붕대 재료)를 의급 내용품 이외에 가능

한 한 많이 휴대하고 가게 할 필요가 있음.

　행동 시 보급 곤란할 뿐만 아니라 대대도 수개 분할 사용하는 경우가 많으므로 이것을 고려할 필요가 있기 때문임.

2) 전용(戰用) 위생 재료에 상당한 예비품을 갖추어 둘 필요가 있음.

　병참 諸부대에 충당해야 할 전용품을 가지고 있지 않기 때문에 대 상용품 혹은 연습용구를 사용해야 하므로 근무상 불편이 적지 않을 뿐만 아니라 철수 후 정리 또한 대단히 혼잡함을 야기함.

3) 야전 방역반 편성의 필요

　행동지역의 관계상 전염병이 다발할 확률이 높음.

4) '크레오소트丸'[3] 지급 필요

　이유는 (다)와 동일함.

2. 馬 위생

1) 탄저병[4] 예방 접종 필요

간도 방면은 때때로 이 병이 발생할 위험이 있기 때문임.

2) 짐 끄는 소[輓牛] 검역의 필요

대행리(大行李) [운반에] 편성된 우차(牛車)가 조선으로 들어갈 때 총독부에서 국경 방역에 관해 걱정을 많이 하는 것을 감안할 때 이것을 고려할 필요가 있음.

---

3 creosote를 주성분으로 하는 위장약, 지사제. "정로환" 제품의 초기 형태.
4 탄저균으로 인하여 내장이 붓고 혈관에 균이 증식하는 병. 소, 말 등의 초식가축에 주로 발생함.

3) 전상마(戰傷馬)의 치료시 지혈법을 실시하기 위해 봉창침(縫創鍼) 및 견사(絹絲)를 수의사가 휴대하는 가방에 준비해 둘 필요가 있음.

4) 간도 지방에서 제유(蹄油)는 대두유(大豆油)를 사용하는 것이 유리함.

제10절 선전

1. 일반적인 요령

선전은 일종의 술책으로 그 요령은 대략 전술 원칙에 비추어 적절히 응용할 수 있다면 큰 과오가 없을 것임. 즉, 기선을 제압하고 공격 태세를 갖추어 동작의 자유로움을 유지하는 것이 제일 핵심임. 또한 방어시에도 공세로 나아가거나 지구 추격, 퇴각, 수용, 측방(側防) 등의 경우를 상상하지 않으면 안되는 것임.

2. 선전 기구의 조직

대략 백인, 중국인, 조선인에 대해 3가지로 나누어 생각할 필요가 있음. 백인에 대해서는 특히 세계의 대세 및 그 국가의 언어·종교·습관 등에 정통하고 사려 깊을 필요가 있음. 중국인에 대해서는 이번처럼 중일협동토벌의 명의하에서는 연락원으로 하여금 이것을 겸하게 할 수 있음. 또한 조선인에 대해서는 귀순자 취급위원의 겸무로 해도 지장이 없지만, 상호간에는 물론 군대, 영사관, 총독부 측과 밀접하게 연계하여 모순당착없이 기민하게 업무를 수행하지 않으면 안됨.

3. 주의할 제건(諸件)

1) 전적으로 배일(排日)을 주로 하는 선전에 대해서는 직·간접적으로 중국인 특히 그 관리로 하여금 사건에 간여(干與)하게 해 두면 이를 예방할 수 있는 때가 많음. 이 경우에는 후증(後證)이 될 것을 수집해 둘 필요가 있음.

2) 직접 전투에 의한 것 이외에 백인, 중국인, 조선인을 불문하고 그 생명과 재산에 손해를 입혔을 때는 대소를 불문하고 그 성명, 장소, 수량, 가격, 사유, 증거물건 등을 조사하고 시기를 놓치지 않고 보고할 것. 특히 교섭 사항에 관해서는 일의 여하를 불문하고 바로 특보(特報)하며 후에 더욱 상세하게 보고할 필요가 있음. 대체적으로 이것에 의해 임기응변의 수단을 강구하여 외교분쟁을 피하기 위함임. 현지 군대와 인민간의 시담(示談)이 성립했다고 해서 보고를 소홀히 하지 말 것.

3) 백인에 대해서는 표면상으로라도 그 인격을 존중하고 그 입장에 동정하거나 위협을 느끼지 않게 할 방법을 선택하는 것이 바람직함. 그들은 선교사 등으로 종교의 범위를 초월하여 부당한 행위를 감행한 것 등에 대해서는 적확하고 확실한 물적 증거를 포착하여 그들을 궁지에 빠뜨릴 자료를 수집하는 것이 중요함.

4) 중국인, 조선인에 대해서는 위력과 이익에 의해 그들을 유도하는 것이 유리한 경우가 많음. 즉, 병기의 견학, 치료 시술, 구휼, 각자의 입장 내지 체면의 위협 혹은 옹호, 매수 등의 수단 역시 하나의 방안임을 잊지 말 것.

5) 모든 경우에서 동일 인종, 동일 민족, 특히 유력자로 하여금 선전하게 하는 것은 효과가 다른 것에 비해 큰 것이 일반적임. 단, 매수되

었음을 알게 되면 도리어 반대의 결과를 낳으므로 주의를 요함.

6) 일반적으로 문자에 의한 선전은 [그 효과가] 널리 퍼지지만 [피부에 와 닿는] 감각이 옅음. [반면] 입으로 하는 선전은 전적으로 이와 반대임. 民度가 낮은 경우에는 특히 이것 저것 적당히 안배할 필요가 있음.

7) 통역 특히 조선인 통역을 사용하는 경우에는 사용자의 위엄을 빌려 법에 어긋남[非違]을 오히려 감행하거나 혹은 사적인 은혜를 빌미로 의지하려는 경향이 있는 자가 많음에 주의하지 않으면 안됨.

8) 우리에게 다소 불리한 사실이 존재하여 그것을 공격받는 것 같은 상황에서는 큰 국면에서 영향이 없는 한 언제까지나 우리가 완전함을 주장하는 것은 도리어 불리함을 유발하게 됨. 오히려 적절한 때에 반대 선전의 일부를 승인하고 동시에 절대 사항을 가장 강하게 지지하는 것이 유리할 경우도 적지 않음.

9) 종군 기자를 지도·이용할 때는 유의가 필요함. 주의할 제건(諸件)은 대략 다음과 같음.

① 최초에 준수해야 할 제건(諸件), 허가할 행동 범위 등에 대해 충분히 이해시킬 것.

② 과도한 비밀주의에 치우치지 말고 재료 공급을 풍부하고 신속하게 할 것.

만약 신속하지 않을 때는 그들이 전보를 보내는 것보다 먼저 경성, 동경 등의 신문에 게재되어 버리면 그들이 설 자리가 없어지는 지경이 될 수 있으므로 주의하지 않으면 안됨. 또한 통신을 중단시켰을 때는 그 이유를 간곡히 설명할 만한 아량이 있어야 함.

③ 기자 중 군사적 소양이 있는 자가 적은 현황이므로 적절히 지도하여 전반적 상황 및 정세에 관해 정당한 판단을 할 수 있도록

주의가 필요함.

④ 신문기자 담당 장교 및 통신 검열관의 인선(人選)에는 특히 주의를 요함.

⑤ 대우는 대략 장교에 준해 후하게 하고 호감을 가지고 그 업무에 종사하도록 하게 하는 것이 유리함. 특히 최초의 인상은 쉽게 벗어나기 어렵다는 점에 유념할 것.

제11절 귀순(歸順)

1. 규정된 작위(作爲) 및 그 취급 실시에 관해 총독부 및 영사관헌과 극히 밀접한 연계를 유지하고 작은 틈새도 생기지 않게 하는 것이 필요함.

　軍政을 실시하지 않는 지역에서 이러한 종류의 업무는 일종의 변태(變態)이므로 서술상의 주의가 특별히 필요함.

현저한 일례

　귀순 석방한 한 조선인이 현재까지 범죄로 검거되어 결국 사형 선고를 받은 경우가 있음. 그는 귀순증을 제시하고 석방 내지 감형을 신청했으나 어떻게도 할 수 없는 상태에 이르렀기 때문에 군부의 위신에 관한 문제를 야기함. 이것의 주 요인은 영사관헌과의 연락이 불충분하여 생긴 것이며 경무국과 법무국 간의 양해가 잘 되지 않았던 측면이 있었던 것으로 앞으로는 충분히 주의하지 않으면 안됨.

2. 업무 개시 시기

주로 시기별 정황에 따라 달라져야 할 것이지만 대략 그 경향이 현저함에 이를 때 개시하면 좋을 것으로 판단됨.

3. 폐쇄 시기

군대의 행동이 동반되는 것이 가능한 1~2개월 동안에는 존치시키는 것이 유리하다는 의견이 있지만, 군대 철퇴 후에 계속 군인이 이러한 종류의 업무를 계속하는 것은 다양한 폐해를 낳을 수 있으므로 이번처럼 영사관에 인계하는 것이 타당함.

4. 조직 및 예속 관계

대략 제19사단 규정(부록 제 [원문 공란] 호) 대로 하면 큰 지장이 없을 듯함.

5. 귀순자의 이용

첩보, 귀순자의 유치(誘致)·권고·선전·은닉한 병기와 문서 등의 수집·토벌 부대의 길안내[嚮導] 등에 이용하면 큰 효과가 있음.

6. 잡건

1) 수괴로 주목된 자는 쉽게 귀순하지 않으나 일단 귀순하면 비교적 영속성을 지니는 듯함. 잡배들은 이것과 반대임.
2) 업무 개시 초기에는 그들을 감시하고, 때와 장소에 따라서는 숙사를 배당하고 급양·취체·보호 등에 관해 상당히 고려할 필요가 있음.

제12절 헌병 및 경찰관

1. 용도

1) 토벌 행동 간 : 가택 수사, 검거, 통역, 길안내[嚮導] 등
2) 귀순 업무 : 신상 조사, 기타 업무, 귀순자의 감시, 취체 등
3) 선전 업무 : 중국인, 조선인에 대한 선전 보조
4) 기타 : 정보 수집, 치안 유지

2. 배속인원 계급 및 비율

이번 사건에서 제19사단 실제 경험상 의견은 다음과 같음.
1) 헌병과 경찰관과의 비율 : 3 : 2가 바람직함.
2) 각 지대 분속 요원
 헌병 장교 1, 하사 5. 헌병 20 (내지인vs조선인의 비율 1 : 1)
 경찰관 경부 2, 순사 15 (내지인vs조선인의 비율 2 : 1)

3. 소질

1) 헌병 : 대체적으로 군사상의 요구에 합치됨.
2) 총독부 경찰관 : 재향군인이 많고, 대체적으로 곤궁하고 결핍된 상
   황에 잘 견디지만, 우수자와 열등자 간의 차이가 다소 큼.
3) 외무성 경찰관 : 토지 정보에 능통한 잇점이 있으나 곤란한 행동에
   추종하지 않는 경우도 많음.
일반적으로 조선인은 중국인에 대해 항상 사양하는 기질이 있어 그 능
력을 충분히 발휘하지 못하는 경향이 있음.

4. 사용상 주의점

1) 헌병과 경찰관과의 협조를 충분히 해야 할 것.

   사용방면, 임무의 분과 등을 적당하게 하여 무익한 경쟁에 빠지지 않게 하며, 토벌대 지휘관을 충분히 고려할 필요가 있음.

2) 헌병보, 조선인 순사의 사용에 대해서는 조선인 밀정 및 통역의 사용에 대해 서술한 것과 마찬가지의 주의를 요함. 이 때문에 내지인[=일본인] 헌병 혹은 순사의 감시하에 복무하게 하는 것이 바람직함.

3) 주류(駐留) [기간이] 다소 길어질 때는 평소 행실에 주의 및 감독을 요하는 경우가 생김.

   또한 그것의 발생은 모두 군부의 위신에 관계될 우려가 있으므로 힘써 단독적 행동을 피하도록 특별한 주의가 필요함.

제13절 보유(補遺)

1. 사건의 발발을 예상할 수 있는 경우에는 미리 준비를 완성해 둘 필요가 있음. 즉, 다음과 같음.

1) 군에서 출동 계획을 세우고 관계 각 부대·관아 등에 통첩하고 게다가 세부사항의 계획을 작위(作爲)할 것.

2) 사건 예상지의 사정을 상세히 조사·연구·편찬하게 하여 정황이 허락된다면 필요한 조사원을 파견하여 실지 답사를 할 것.

2. 영사와 국경수비대 및 경찰 및 전자(前者)와 총독부, 군 사령부 간의 연락은 더욱 긴밀해질 필요가 있음.

   혼춘사건시 구원(救援) 요청를 위해 이 지역 영사분관에서부터 파건된 경찰관은 밤중에 훈융 대안(對岸)으로 와서 권총 몇 발을 발사하도록 신호를 보냈으나 훈융수비대에 전달되지 않음. 이러한 신호는 미리 가장 확실한 방법으로 협정해 둘 필요가 있음.

국경 근처에 주재하는 영사와 총독부, 군사령부의 관계자와는 서로가 긴밀하게 연락을 유지하며 미리 각종의 경우에 응해 조선인 문제에 대한 대책에 관해 충분히 연구와 협의를 해 둘 필요가 있음.

부 록

[부록 제1]

간도지방 불령선인 초토계획

1920년(大正9) 8월 작성

제1. 총칙

1. 본 계획은 간도지방에 있는 불령선인을 초토할 목적으로 출병을 필요로 할 경우를 위해 미리 준비해야 할 사항을 제시하는 것임.

    1919년(大正8) 9월 12일 <朝參密 제906호> 對불령선인 작전에 관한 훈령 제2항에 의거한 출병은 본 초토와 전혀 관련이 없는 것임.

2. 본 초토는 그 기간을 약 2개월로 함. 제1기(1개월)는 전적으로 각 행동지역 내에 있는 불령선인단의 초토를 행하고, 제2기(잔여 기간)에는 제1기의 결과에 따라 기타 방면에 대해 실시하는 것과 같이 대략적으로 정한 것이 있으므로, 소요 군수품은 우선 제1기분을 계획하고, 이후의 소요는 초토 진척[상황]에 따라 그 시기보다 앞서 준비하도록 할 것.

3. 본 계획에 관련있는 사단장, 군 각부장, 창고장은 9월 20일까지 더욱 세부적인 계획을 수립해 보고할 것.

제2. 출동

4. 초토부대의 편조(編組), 출동 구분, 출동 방면, 행동 등에 대해서는 附表 제1에 의거할 것. 단, 출동구분에 제시한 전부대를 출동시킬 것인지 또는 그 구분에 속하는 부대만을 한정해서 출동시킬 것인지는 출동시에 명령함.

5. 제19사단장은 앞 항목의 諸부대 편성을 담당할 것.

6. 출동부대는 소속위생부원 외에 위생반을 편성할 것. 그 편성 및 인 마(人馬), 재료 차출 구분은 附表 제2, 제3에 의거함.

7. 출동 각부대에 배속된 헌병의 파견 구분은 附表 제4와 같음. 경찰관의 배속에 대해서는 추후에 시달(示達)할 것임.

8. 부대의 파견 또는 물건 송치를 위해 필요한 수송은 파견 혹은 발송 부대에서 준비할 것.

9. 각 출동부대의 도문강 도하(渡河)는 미리 계획해 둘 것.

제3. 병기(兵器)

10. 출동부대는 대략 다음의 표준에 의거해 탄약을 휴대하고 다닐 것.
    - 소총　　　1자루당 240발
      기병·공병은 전시 휴대 탄약수의 약 배수(倍數)
    - 기관총　　1자루당 6480발
    - 포(砲)　　1문당 136발
    - 권총　　　1자루당 30발

11. 수류탄은 보병 1중대당 약 200발을 표준으로 하여 휴대하고 다니 는 것으로 함. 출동시에 이를 교부함.

12. 이후의 보충에 관해서는 별도로 지시함.

제4. 통신

13. 출동 지역에서 기본 통신 회선은 附圖 제2와 같음. 그 건설은 제19 사단에서 출동 개시와 더불어 착수하는 것으로 함.

14. 건설에 필요한 기재 중 군에서 교부해야 할 물품과 인원수(수량)는 附表 제5, 제6과 같음.

15. 건설에 필요한 재료 중 제19사단에서 임시로 조달해야 할 품종 및 수량은 附表 제7과 같음.

제5. 급양(給養) (본 항목은 최초의 계획을 개정한 것을 게재)

16. 출동부대는 출동시에 다음과 같은 식량 및 말먹이[糧秣]를 휴대하고 다닐 것.
  · 휴대 구량(口糧=인원수 대로 나눠주는 양식) : 甲 2일분, 乙 1일분
  · 휴대 마량(馬糧=말먹이) : 진중요무령(陣中要務令) 규정에 의거함
  · 휴대 식량·말먹이 : 혼춘지대(甲), 백초구지대(乙)-4일분/용정촌·국자가지대(丙)-2일분

     앞 항목의 휴대 식량·말먹이는 출동 후의 상황에 의해 진중요무령 규정에서 정한 양까지 감소시킬 수 있는 것으로 함.

17. 식량·말먹이의 집적은 조선 내에서는 육군 창고가 담당할 것. 그 집적 장소 및 수량의 표준은 다음과 같음.
  · 경원(慶源) : 혼춘 지대(甲)에 30일분, 제14사단 부대에 7일분
  · 온성(穩城) : 백초구 지대(乙)에 10일분, 제14사단 부대에 3일분, 삼차구(三岔口), 해림(海林) 지대에 우선 (보병 2대대, 기병 3중대) 5일분
  · 회령(會寧) : 백초구(乙), 용정촌, 국자가(丙) 지대에 3일분, 제14사단 부대에 20일분

     앞 항목의 식량·말먹이는 부대 출동 초기에 준비할 양(사단 야전 창고 현재의 집적량을 통산)으로 함.

18. 창고의 충실은 나남 지고(支庫)에 저장된 전쟁용 예비 식량·말먹이, 내지(內地) 추송품 및 육군창고 조달품에 따라 필요할 경우 추송을 육군성에 청구할 것.

19. 조선 밖에서 식량·말먹이를 집적하고 급양하는 것은 제19사단이

담당하고 상황에 따라 군 창고를 추진(推進)한 경우 해당 창고는 군 직할로 함.

제19사단으로부터 파견된 부대가 혼춘에 도착한 후의 급양은 군 창고 추진(推進)전에는 제19사단에서 담당하고, 필요하면 諸協정을 맺은 후 군에서 담당하는 것으로 할 것.

20. 출동부대의 급양은 현지 물자를 이용하도록 힘쓸 것.
21. 조선 밖에서 행동시 급양은 육군전시급여규칙 세칙 제1, 제2표를 기준으로 함. 그 증가, 가급(加給)은 제19사단장에게 위임함.
22. 부대와 행동을 함께 하는 헌병 및 경찰관의 급양은 소속 부대에서 처리하는 것으로 함.

제6. 징용(徵傭)

23. 필요한 사람, 가축, 차량 등은 이를 징용[徵傭=품팔이꾼을 구하거나 물품 구매]하는 것으로 함.

단, 직접행동을 함께 해야 할 필요가 있는 말 수레[輓馱馬] 또는 소 수레[輓馱牛]는 구입할 수 있음. 이 경우에는 초토 종료 후 사단에서 이를 정리하는 것으로 함.

부록 附表 제1

간도방면 불령선인단 초토 계획표

출동구분		출동방면	초토부대 편조(編組)	파견부대	행동지역
제19사단	갑	혼춘-초모정자	보병 1대대	} 步76	경원 부근에 집합 후 附圖 제1의 甲구역
			보병 기관총대		
			기병 1소대	騎27	
			야포병 1소대	砲25	
			공병 1중대(1소대 결여)	工19	
			헌병 약간		
			경찰관 약간		
	을	서대포-합마당-백초구	보병 1대대 半	} 步73	온성부근에 집합 후 附圖 제1의 乙구역
			보병 기관총대		
			기병 1소대	騎27	
			공병 1소대	工19	
			헌병 약간		
			경찰관 약간		
	병	용정촌-대계구-국자가	보병 1대대	} 步75	회령 부근에 집합 후 附圖 제1의 丙구역
			보병 기관총대		
			기병 1중대(2소대편성)	騎27	
			야포병 1소대	砲25	
			공병 1중대(1소대 결여)	工19	
			헌병 약간		
			경찰관 약간		
	정	광포-두도구	보병 1대대	} 步73에서1중대 步74에서3중대	서강(西江) 부근에 집합 후 附圖 제1의 丁구역
			보병 기관총대	步74	
			기병 半소대	騎27	
			공병 半소대	工19	
			헌병 약간		
			경찰관 약간		

비고 1. 본표는 현 상황에서 [상황이 달라지면] 적절하게 변경할 수 있음.

부록 附表 제2

위생반 편제 및 파견 구분표

계급 \ 구분	1반의 편제 인원	1반의 편제 승마	파견구분 (4반에 대해)
군의	1	1	19사단에서 1,2등 군의 3명, 승마 4, 나남병원에서 2등 군의 1명
간호장	1	-	용정촌 병원, 나남병원으로부터 각 2명
간호졸	4	-	용정촌 병원, 나남병원으로부터 각 8명(상등 간호졸 각 2명을 포함)
1, 2등졸 (馬卒1포함)	5	-	19사단으로부터.
인부(人夫)	약간	-	19사단에서 고용(備)시.

비고
1. 환자의 수용치료근무 등에 관해서는 환자요양반 규칙에 준거하는 것으로 함.
2. 附表 제1출동 구분 갑을병정(甲乙丙丁)에 각 1반을 배속하는 것으로 함.
3. 본 표의 인원은 제19사단의 인원으로 하되 약간 증원해도 무방함.

부록 附表 제3

위생반 소요 재료 차출 구분표(1반)

품목	수량	차출구분
약제 행리	2개	육군창고로부터
들것[擔架]	2개	육군창고로부터
공용 행리	1개	제19사단으로부터
두터운 모포	10장	제19사단으로부터

비고
1. 본 표 외에 환자 수송차, 천막 등 약간을 휴대하고 다닐 수 있음.
2. 사단장은 약제 행리(行李), 정규 내용품 이외에 필요하다고 인정되는 위생재료를 휴대하고 다니게 할 수 있음.

부록 附表 제4

초토부대 배속 헌병 인원표

출동구분	출동방면	집합지	장교	준사관	하사	상등병	헌병보	계
갑	혼춘-초모정자	경원(慶原)	-	1	1	5	3	10
을	서대포-합마당-백초구	온성(穩城)	1	-	2	6	4	13
병	용정촌-대계구-국자가	회령(會寧)	1	-	2	6	4	13
정	광포-두도구	서강(西江)	-	1	1	5	3	10
계			2	2	6	22	14	46

부록 附表 제5 [오류 번역을 피하고자 부정확한 경우 원문 그대로 제시함]

통신 기재 품목 수량표

구분	품목 \ 수량	보관 구분 영흥	보관 구분 나남	품목 \ 수량	보관 구분 영흥	보관 구분 나남
기구 (器具)	전선철	21	100	線卷車(또는 架)	2	-
	鹿足鎚	4	-	調線秤	4	-
	군용사다리	2	-	뿔모양(角形) 장선기(張線器=wire grip)	6	-
	삽[圓匙]	-	30	호루라기	4	-
	십자괭이[十字鍬]	-	6	根固杵	1	-
	곡괭이[鶴嘴]	-	十字鍬로 충당 20	線掛	4	-
	톱[鉈]	-	1	군용사다리	6	-
	펜치[枝剪]	2	-	火壺	2	5
	線攔	2	-	인두[燒鏝]	1	6
	穴掘	1	-	大旗 (竹竿함께)	-	1
	土揚	1	-	小旗 (竹竿함께)	-	5
	絡車擔棒	2	-	小搥	-	1
	랜턴[角燈]	26	-	대패[鉋]	-	8
	낙차(絡車[1]) (피복선용)	62 40	-	一寸手鑿	-	2

구분	품목	수량	보관 구분		품목	수량	보관 구분	
			영흥	나남			영흥	나남
	애자(碍子)² 절단공구[螺錐]		-	15	兩頭螺廻		2	-
	通綱		-	15	곱자曲尺		2	-
	작은 망치[小玄翁]		13	5	전화기		-	24
	地固		-	5	휴대전화기		10	-
	繰線臺		3	-	地棒		15	-
재료	군용 電柱(直柄碍子)		832	-	白木線		-	252
	군용 피복선(km)		48	-	曲柄二重碍子		-	4580
	군용 접속기		96	-	차(茶)		-	974
	14번 견인동선(km)		9	-	11번 鑛線(km)		-	124
	20번 동선(m)		-	3000 (4貫500匁)	16번 鑛線(m)		-	7400 (31貫匁)
	線鉤		96	-	松脂盤陀		-	8
	釣釘		20	-	盤陀		-	12
	布鑪		10	-	밀어넣기 및 접속용 護謨線		-	450

비고
1. 본표는 영흥만 요새 전비용(戰備用) 및 나남 병기지창 보관 작전용 기재중에서 교부해야 할 것을 표시한 것임.

1 줄(선)을 감을 때 쓰는 얼레
2 송전(送電)·배전(配電)이나 실내 배선 등에 있어, 전선을 지지물(철탑·전주 등)에 장치하는 데 이용하는 절연용 기구.

부록 附表 제6 [오류 번역을 피하고자 부정확한 경우 원문 그대로 제시함]

통신 기재 품목 수량표

구분	품목	수량	품목	수량
기구 (器具)	鹿足鎚	2	張線器	42
	군용사다리	4	애자(碍子) 절단공구[螺錐]	9
	鐵地鑿	2	繰線臺	9
	線卷架	2	-	-
재료	掛碍子	400	-	-

비고
1. 본표는 군에서 중앙부로 요구한 후 교부할 물품임.

부록 附表 제7 [오류 번역을 피하고자 부정확한 경우 원문 그대로 제시함]

통신 기재 품목 수량표

구분	명칭	수량	명칭	수량
기구 (器具)	小山鋸		地固	
	톱[鉈]		角燈	
	調線秤		十米 突卷尺	
	뿔모양(角形) 장선기(張線器)		昇柱器	
	펜치[枝剪]		單旗	
	絡車擔棒		휴대 도판(圖板)	
	通綱		地棒	
	대나무 사다리		-	
재료	12번 綱線(m)	2300 (28貫750匁)	고무 대((帶) (卷)	2
	14번 철선(m)	2500 (16貫500匁)	赤木綿 (尺)	56
	잡용 8번 철선(m)	550 (19貫匁)	응용 전주(電柱)	490
	잡용 11번 철선(m)	5600 (78貫匁)	根枷	98
	支線杭 (m)	100	測量杭 (m)	980
	麻絲 (貫)	2	線掛 (m)	8
	線帶 (卷)	2	밀어넣기 및 접속용 고무선(m)	280

비고
1. 본표는 제19사단에서 조달해야 할 것을 표시한 것임.
2. 위 품목 중 경성에서 조달을 필요로 하는 것은 9월 20일까지 군사령부에 청구할 것.

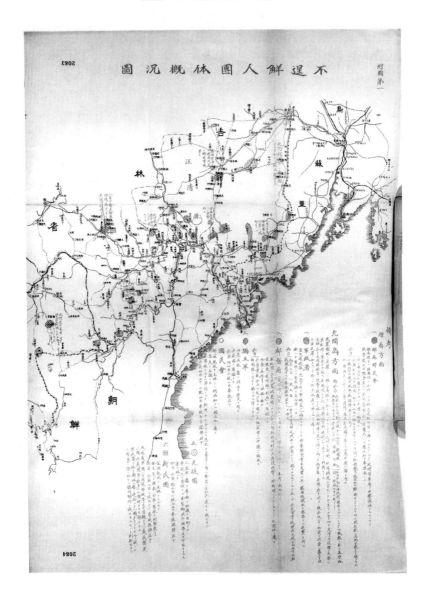

附圖 제2 전화회선 계획도(선로 연장 65리)

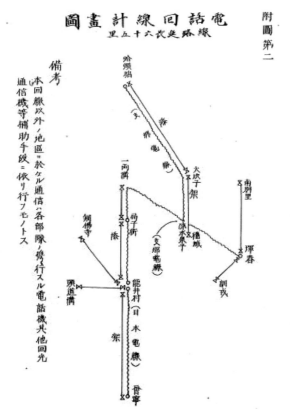

비고 : 본 회선 이외의 지구에서의 통신은 각 부대가 휴대하고 다니는 전화기
및 기타 회광통신기 등을 보조 수단으로 하여 시행하는 것으로 함.

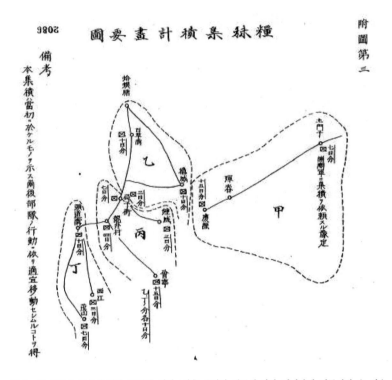

비고 : 본 집적은 당초의 것을 표시한 것임. 이후 부대의 행동에 따라 적절하게 이동시킬 수 있음.

간도사건에 관해 조선군 참모에게 지시한 사항

1920년(大正9) 10월 11일 육군성 군사과
1920년(大正9) 10월 14일 조선군 사령부 複刷

제1장 총칙

1. 이번 출동 부대의 편제 장비는 몇일 내로 조선사령관의 예하로 들어가야 할 제14사단의 1여단에 속하는 것을 제외한 다른 것은 모두 군사령관 예하에 있는 평시의 인마(人馬)·재료만을 사용하는 것을 원칙으로 함. 단, 필요시 불가피한 경우에 한해 인마(人馬)는 증가 배속시키고, 병기 재료 등은 내지로부터 추송하며, 또한 군 및 사단이 관리하는 전용품(戰用品)을 사용하게 할 방침임.

   위에 의거해 인원에 대해서는 지난 8일 <陸密 제202호>로 군 사령부 이하에 증가 배속됨. 그리고 위 陸密에서는 그 배속부대를 지정했지만, 그 인원은 반드시 해당 부대에서만 복무하게 하는 뜻이 아님. 예를 들면 사단 사령부에 배속된 통역요원과 같은 경우 사단장이 적절하게 필요한 부대에 분배 사용할 수 있음은 물론임. 또한 항공요원, 통신요원과 같은 경우도 사단장이 군대 구분에 의해 일시적 편조(編組)를 정해 사용할 수 있음.

2. <作命 제57호>로써 출동부대는 모두 군사령관의 지휘에 귀속되므로 각종 사무도 군 사령부에서 충분히 통일할 필요가 있음. 예를 들면 각 부대의 상신·의견·구신 등도 반드시 군사령부를 경유하지 않은

것이라면 본성(本省)에서는 일절 논의하지 않을 방침임.

3. 이번 시변(時變)에 간여(干與)한 자에 대해서는 훗날 논공행상의 혜택을 입을 수 있을 것인지 헤아릴 수 없으므로 관련된 조사를 금일부터 배려할 필요가 있음.

4. 현지에서 일을 맡은 자가 작전행동에만 열중하고 소요 경비를 고려하지 않을 때에는 일정한 예산[만]으로 도저히 이에 응할 수 없어 결국에는 수습할 수 없게 되는 우려가 있음. 이 점에 관해서는 당사자가 충분히 주의하여 긴축에 긴축을 더하는 것이 바람직함.

제2장 각병(各兵)

제1. 특종포 및 산포(山砲) 사용법 교육자

1. 특종포 사용교육을 위해 미리 보병학교로부터 제19사단에 파견된 장교 2명은 이번 사변 때문에 파견 기한을 약 20일 연장되어 11월 중순까지 보병학교로 귀환하는 것으로 정해짐.

2. 산포에 관한 교육을 위해 야포병사격학교로부터 장교 1명, 하사 2명을 약 1개월간을 예정하고 야포병 제25연대로 파견함.

제2. 항공

1. 항공요원 파견에 관한 방법은 부록³ 제2와 같이 신속히 제19사단에 도착하게 할 터이지만(16일경 우지나(宇品) 출발), 기재(器材) 수송은 이에 동반되지 못함(먼저 2機를 19일경 우지나에서 출발시킬 예정). 게다가 비행장 설비는 다소 시일을 요하므로 타 부대의 행동과 동시에 행동을 개시하는 것은 곤란할 것임.

　　인원은 기재(器材)보다 먼저 도착할 것이므로 먼저 회령 부근에

---

3 원문에는 "限錄"으로 표기되어 있으나 "附錄"의 誤記로 판단하여 번역함.

도달하여 비행장의 정찰 및 설비에 착수해야 할 것이므로 특별히
이 점에 유의하여 적당한 원조를 제공하는 것이 절실히 필요함.

2. 파견 항공요원이 휴대하고 가는 물품 등은 소속 부대 평시용의 것
을 그대로 휴대하고 가게 해야 할 것이므로, 전장(戰場)에 임하기
위해서는 부족한 물품이 있는데 필요에 응해 이러한 물품을 교부
할 수 있도록 힘써 주기를 바람.

3. 항공요원은 비행기를 띄울 수 있는 최소한의 인원[만을 설정하였으
므로]으로, 경계 및 기타 병종(兵種)의 원조를 구하지 않을 수 없음.

4. 비행 임무는 적의 정세 정찰, 폭격 등인데, 조선인들을 위협할 목
적으로 조선 안쪽 방면에 대해서도 비행하게 할 필요가 있을 것임.

제3. 전신통신

1. 통신설비에 관해서는 부록 제6 불령선인 소탕계획과 더불어 통신
망도(通信網圖)와 같이 예정하고 예산을 적산(積算)하여 대요(大要)
는 이 범위 내에서 설비를 갖출 것.

2. 현재 전신병(電信兵)을 각 방면으로 출병시킨 관계상 통신원은 최
소한 [인원에] 머물러 있는 상태임. 만약 필요하다면 조선총독부로
부터 소요의 통신원을 고용하는 것도 무방함.

3. 건축은 조선총독에게 의탁하는 것으로 함. 따라서 이번의 증파 인
원 중에 건축원은 없음.

4. 전신요원인 위관(尉官)에게 승마를 붙여주는데, 업무상 필요한 경
우에는 제19사단으로부터 적절한 조치를 받기를 바람.

5. 무선 전신기에는 끌어당기는 기관[輓曳機關]이 없으므로 적절한 조
치를 해 주기를 바람.

6. 반영구적 통신 설비에 필요한 기재는 일시 작전용을 사용해도 지
장이 없으나 제1항의 범위를 벗어나지 않을 것과 그 품목과 수량

을 그 때마다 신속히 보고할 것.

제4. 비둘기통신

1. 비둘기통신요원은 비둘기 사육에 필요한 인원뿐으로, 비둘기 사용에 필요한 모든 인원이 아님. 따라서 비둘기통신요원으로부터 요구가 있으면 가장 가까운 부대에서 소요의 인원을 차출해 주기를 바람.

2. 비둘기 및 이에 관련된 기재(器材)는 일시 군용 비둘기 연구 위원회로부터 분치(分置)받은 것을 우선 사용하도록 명심할 것.

   <陸發 제202호>에 의해 조선헌병대에서 증가된 인원 중 우선 장교 2명, 하사졸 115명을 이번에 내지로부터 증파함. 잔여분 인원의 보충 시기는 현재로서는 확정할 수 없음. 그리고 이번 파견된 인원 중 장교 1명, 하사 12명, 상등병 35명은 10월 16일에 [출발하며], 나머지 인원은 21일에 우지나를 출발할 예정임.

제3장

제1. 병기(兵器)

1. 토벌을 위해 사용하는 병기는 제19사단장과 제20사단장이 관리하는 병기를 적절하게 사용하는 것으로 함. 그리고 제19사단에는 먼저 경비용으로 저격포, 경박 격포 각4문(탄약 함께)을 지급하는 것 외에 이번에 추가로 同 사단에 저격표 8문, 산포 8문(탄약, 기구 함께), 수류탄 4000발을 지급하는 것으로 됨. 이번 달 14일 우지나(宇品)를 출발하여 발송할 것임. 그리고 화포탄약은 대략 다음과 같이 송부함.

   저격포 1문당 200발, 경박 격포 1문당 100발, 산포 1문당 105발

2. 조선에 있는 병기 지창(支廠)에 보관된 병기를 사용하려 하는 경우는 그 때마다 신청할 필요가 있음.

3. 남부 오소리 파견대가 휴대하고 갔다가 가지고 돌아온 병기는 그것을 모아서 전부 복구를 실시할 계획이므로 이번의 토벌에는 가능한 한 그것을 사용하지 말고 남겨 둘 필요가 있음.

제2. 기재(器材)

1. 각 부대 기재의 정해진 수량은 대략 다음을 표준으로 함.

보병 대대

① 통신기재

각 대대는 가설반 2조를 편성할 수 있도록 함. 단, 그 중 피복선 약100里分, 전화기 40개를 증가 송부함. 적절히 분배하고 휴대해 가게 시킬 필요가 있음.

② 휴대기구

각 중대 편성에 응해 휴대할 것.

③ 보병 소행리(小行李) 기재

소요에 응해 필요한 기재를 적절히 휴대하고 가게 할 것.

보병 기관총대

편성에 응해 적절히 휴대기구를 휴대하고 가게 할 것.

기병 소대

기재는 휴대하게 하지 말 것.

야포병 소대

통신기재는 휴대하게 하지 말 것. 소요시에는 보병 대대의 것을 일시 유용할 것.

공병 중대

① 휴대기구

편성에 응해 휴대하게 할 것

② 대·소 행리(大小行李) 기재

소요에 응해 적절히 휴대하고 가게 할 것

무선전신대

이동식 무선전신 기재 2소대분, 소모재료 2개월분을 기준으로 함

항공대

'サ'식 4機 각 機별로 3개월분의 소모재료를 기준으로 함.

고용 마차[傭車馬]로 적절히 운반할 것.

[원문 2 누락]

2. 기재의 충당 및 발송기일

1) 항공대 이외의 기재

(가) 통신기재 중 피복선 332, 전령식(電鈴式) 전화기 40, 무선전화기
재 소모품은 육군 병기 본창으로부터 송부됨(10월 14일 우지나
(字品) 출발 예정).

청진에서 수령받기를 바람. 단, 위 기재 중 무선전신기재는 근
위사단으로부터 증가 배속될 전신병이 감독할 것.

(나) 기타 기재는 제19사단 평시용, 응급준비용으로 충당할 예정. 따
라서 일시 나남의 작전용 기재를 사용했던 것은 위 기재가 도
착한 후에 가능한 한 [신속히] 반납하길 바람.

2) 항공대용 기재

(가) 同隊用 기재 중 항공 기재 이외의 것은 병기 본창(本廠)에서 청
진으로 송부(10월 14일 우지나 출발 예정)하게 하여 同所에서
수령하길 바람.

(나) 항공 기재는 2회로 나누어, 첫 번째는 비행기 2機 및 부속품
一式(10월 19일 우지나 출발 예정), 두 번째는 약 2주 후에 발송

될 전망. 모두 항공부에서 감독자를 붙일 것.

　　항공기 1機의 곤포[梱包=포장] 길이 약 6m, 폭 3m, 중량 약 6톤임. 청진에서 이륙 및 이후 운반하여 보낼 때 고려해 두길 바람.

3. 나남에 재고가 있는 작전용 통신 기재의 사용을 인가하지만, 보전(補塡)할 필요가 있으므로 신속히(가능하면 사용 때마다) 품목, 수량을 보고하길 바람. 단, 반영구적 전신 기재 이외는 해당 기재를 사용하지 않더라도 사단응급준비용으로 충족시켜 둘 수 있게 할 예정.

제4장 위생

1. 상병자(傷病者)의 구호·환송에 관해 임시 소요의 간호장·간호졸은 나남, 회령 등의 위수병원으로부터 파견될 필요가 있음. 이 경우에는 간호장 대용 고용 인력[雇員], 간호졸 대용 고용 인력[傭人]을 사용할 수 있음. 또한 위수병원 환송 환자를 수용하여 치료하기 위해 간호력의 증가를 필요로 하는 경우도 마찬가지임.

2. 소탕시에 필요한 위생 재료는 현지 조달에 의하길 바람. 단, 위생재료 특종품은 부록 제3대로 약 2개월분을 예상하여 시급히 보급할 것.

3. 이번 소탕 사건을 위해 나남 회령 위수병원에 정비될 위생재료는 부록 제4대로 할 것. 이번 달 14일까지 히로시마에 정비하여 이번 달 20일 전후로 조선에 도착하게 할 예정임. 또한 전항(前項)의 재료도 동시에 송부할 터임.

4. 보병 제74연대 회령 및 나남위수병원에서 각 1명의 결원이 있음. 군의(軍醫)는 이미 보충했음. 또한 추가로 이번 군사령부에서 증가 배속시킨 군의 5명 중 2명은 시급히 파견될 터이고, 나머지 3명은

추가 소요에 따라 파견할 생각임.

제5장 경리

제1. 보급

　식량 및 말먹이[糧秣] 및 기타 보급 업무를 위해 군사령부에 회계 담당[主計手] 7명을 증가 배속시킴. 이들은 나남 지고(支庫)로 인원을 증가시키고 同地 이북 필요한 지점에 창고를 개설할 전망하에 배속시키는 것으로 함. 출동부대에 필요한 경리관은 사단경리부 등으로부터 파견 바람.

　기타 보급에 관해서는 대략 앞서 군에서 상신한 바 있음. 불령선인단 초토계획(경비 2개월분 총액 28萬圓)에 기반해 실시하는 것으로 경비를 적산함. 때문에 그 실시할 때 이에 준할 것. 단, 제14사단에 속하는 부대의 보급에 필요한 것은 이것에 한정되지 않음.

제2. 식량 및 말먹이

　1. 출동부대 소요 식량·말먹이는 현지 및 조선의 물자에 근거할 것. 필요하면 군이 관리하는 전용품을 사용하고, 보충분을 육군성에 청구하는 것으로 차관으로부터 전보받음. 그러면 그 보충요구는 이후 보급에 지장이 없도록 신속하게 그것을 제공할 필요가 있음. 또한 출동부대(제14사단의 1여단을 포함)의 소요 식량·말먹이 중 내지로부터 특별히 추송을 필요로 하는 것이 있다면 시급히 청구하길 바람.

　조선에서 조달이 곤란한 것은 부록 제5대로 취급할 것. 청진으로 추송함.

　2. 가급품(加給品) 급여 표준양은 대략 다음과 같이 예정함.

1개월에 1명당 청주(淸酒) 4홉, 감미품 20匁

담배 160개비

제3. 피복(被服)

1. 출동부대는 모두 해당 부대에서 현재 사용하는 상용품을 착용하는 것으로 함.

　출동부대에 현재는 사용하지 않지만 소요로 하는 것은 조선군 사령관이 관리하는 것 중에서 사용하는 것으로 함. 단, 조선군 창고의 현재 전용품의 사용에 대해서는 그 때마다 영달(令達)할 것.

2. 피복 급여는 조선, 만주 주차부대 급여령 同 세칙에 의함. 단, 방한 피복 등 필요한 것은 준사관 이상 군인군속일반에 급여해도 지장이 없음. 본건에 관해서는 특별히 전달할 것임.

　또한 기상(氣象) 및 근무 관계상 평시 규정의 급여품 이외에 소요가 있는 것은 특별히 급여 건으로 논의할 것이므로 실제 상황에 응해 수시로 의견을 제출할 것.

3. 위의 사항 외에 방한 구두는 평시 정원의 1/3을 급여하고 있으므로 전원에게 급여할 수 있도록 추송할 것. 또한 출동 시 손패품(損敗品)의 임시 교환을 일단 각 품종에 걸쳐 약간의 수량을 추송해 두도록 계획함. 또한 출동부대에 부족한 것이 있으면 군의 요청에 의해 송부할 것.

제4. 영선(營繕)

1. 헌병 증가에 따른 임시 건축에 대해

불령선인 소탕에 관해 헌병 증가에 따른 청사·숙사의 신축 증축 및 개조는 경비 약 40萬圓을 목표로 하여 실시할 예정임. 이 실시에 대해서는 증가한 헌병의 배치를 고려함과 더불어 이번 달 2일 <朝經營 제3423호>로 군사령관이 상신한 국경헌병 감시소 청사·

숙사 신축을 달성하는 것, 추가로 조사를 하여 건축할 부분 및 신축할 것은 그 평수 와 내역 개요를 시급히 신청하길 바람. 단, 특별히 시급히 공사할 필요가 있는 곳은 착수한 다음 보고해도 무방함.

전항(前項)의 건축에 의해 국경헌병의 소요 건물은 가능한 한 정비를 완료하는 것을 방침으로 함. 따라서 준공을 서두르는 동안 일시적으로 머무를 간소한 건물을 건축하는 것 등은 피하고, 지장이 없는 한 공사기간을 연장하여 상당한 정도의 양호한 것을 건축할 필요가 있음.

2. 비행기 격납고 건축에 대해

비행기 격납고는 내지에서 조립해 가공한 건축재료 4동분(棟分)을 청진으로 우송함. 제19사단사령부에 교부하여 同 사령부가 회령 부근에 이것을 건축하게 하는 것으로 몇일 내로 전달할 것임.

부록 제1

<陸密 제202호>

간도사건 때문에 조선에 있는 諸부대 정원외 인마(人馬) 증가 배속 건 (생략함 [원문자체 생략])

부록 제2

제19사단 배속 항공요원 파견 건

1. 1920년(大正9) 10월 8일 <陸密 제202호>에 의거해 항공요원 차출 구분은 附表와 같음.

2. 파견 인원은 가능한 한 신속히 우지나(宇品)에서 승선해 출발하는 것으로 함.

전항(前項)의 인원은 조선항만에 상륙한 날부터 제19사단장의 예하에 편입되는 것으로 함.

3. 파견 하사 이하는 평시 휴대하던 병기를 휴대하고 가는 것으로 함.

4. 파견 하사 이하 소요되는 피복은 평시용 중에서 최선의 것(時服=철에 맞는 옷)을 충당하고, 그 수량 및 착장(着裝)·휴대에 관한 규정은 1920년도 육군 동원 계획 훈령 세칙에 의거하는 것으로 할 것. 단, 인식표⁴ 및 휴대구량(口糧)을 휴대하게 하지 말 것. 또한 직공(職工)은 사복을 착용하는 것으로 함.

5. 항공 피복은 다음과 같이 평시용으로 휴대하고 갈 것.

    항공 제1대대   2벌
    항공 제2대대   2벌
    항공 제4대대   1벌

6. 급양은 내지 철도 수송중에는 파견부대 선박 수송중에는 제3사단장의 담당으로 할 것.

7. 선박수송은 제3사단장이 이것을 판단·처리하고 육군 운송부 본부장에게 청구하는 것으로 함.

8. 본 건에 관한 경비는 모두 임시 군사비에서 지변함.

---

4 원문상에는 "誌識票"로 표기되어 있으나, 앞에서 "認識票"로 나온 경우가 있으므로 인식표의 誤記로 추측하여 인식표로 번역함.

부록 附表

제19사단 배속 항공요원 차출 구분표

차출부대 / 계급	항공학교	보급부 지부(支部)	동경 포병 공창(工廠)	제3사단 항공제1대대	항공제2대대	제18사단	計
대위	1	-	-	-	-		1
중(소)위	-	-	-	2	2		4
曹長	-	-	-	-	1		1
軍曹(伍長)	-	-	-	발동기 담당 1	재료담당 1 / 급양담당 겸 무기담당 1	조종자(ナ식) 1 / 비행기 담당 1	5
병졸	-	-	-	-	발동기공 3 / 비행기공 2 / 자동차 운전수 4 / 기관총 취급수 1 / 전기공 1	발동기공 1 / 비행기공 2 / 자동차 운전수 2 / 기관총 취급수 1	17
직공	-	2	1	-	-	-	3

비고
1. 병졸은 모두 1918년(大正7) 병사임.
2. 직공은 'ナ식' 발동기 취급수임.
3. 비행기 'ナ식' 4기로 함.

부록 제3 [오류 번역을 피하고자 부정확한 경우 원문 그대로 제시함]

보급위생재료 특종품목 수량표

품목	단위	수량	품목	단위	수량
莨菪錠	個	2000	ヂギタミン[5]	個	1000
パントボンスコポラミン液[6]	個	200	重曹錠[7]	個	5000
硼膏	瓦	8000	硫酸セメント	瓶	10
硼酸錠	個	5000	カムフル液	個	5000
ホミカ錠	個	4000	カンタリス硬膏	枚	100
吐根錠	個	5000	芥子末	瓦	5000
トロバコカイン	個	100	管入ヨード丁幾	個	3000
ドーフル散錠	個	5000	乾燥破傷風血清	瓶	20
ヂギタリス錠	個	2000	乾燥ヂフデリア血清	瓶	20
甘永錠	個	5000	마취용 에탄올	個	150
外用コカイン錠	個	500	健胃錠	個	45000
外用アトロビン錠	個	100	コデイン錠	個	2000
沃剝錠	個	10000	고무 반창고(1·2·3호)	卷	100·100·50
タンニン酸錠	個	1000	エメチン液	個	1000
單膏	瓦	10000	鹽規錠	個	1000
內用アトロビン錠	個	100	爹硫膏	瓦	5000
ウロトロビン錠	個	2000	아드레날린錠	個	500
크레졸石鹼液	瓦	15000	아스피린錠	個	10000
구연산錠	個	1000	アンチビリン錠	個	5000
마취용 크로로포름	個	150	아편錠	個	2000
亞砒酸泥膏	瓶	10	昇汞錠	個	20000
細管入ヨード丁幾	個	2000	硝石錠	個	2000
산토닌錠	個	5000	臭剝錠	個	10000
撒曹錠	個	20000	弱ノヴオカイン液	個	200
撒曹コフエイン錠	個	3000	ピック膏	枚	20
酸化チアン汞液	個	500	モヒ液	個	5000
ザーロル錠	個	2000	スルオナール錠	個	3000

품목	단위	수량	품목	단위	수량
强ノヴカイン液	個	100	수은 연고	瓦	5000
멸균 게라틴液	個	10GC800	동상 연고	瓦	50000
식염錠	個	5000	淨水藥	箱	3000
硝蒼錠	個	10000	붕대包	個	500
昇汞 거즈	反	300	--		
昇汞 거즈包	個	500	--		
傷票	枚	2000	--		
포르마린 絹絲(6호·7호)	包	각 300	--		

부록 제4 [오류 번역을 피하고자 부정확한 경우 원문 그대로 제시함]

위생재료 추송품목 수량표

품목	나남위수병원	회령위수병원	計	적요(摘要)
미국제 휴대 X방사선 기계	-	1	1	
同 부속기계(球管 제외)	-	1	1	
クウリイデ管	-	2	2	
X방사선 기계 發電動 기타 기계	1	-	1	
현미경(大)	1	1	2	트와이스 式
同 부속도구	1	1	2	
孵寵(大)	1	1	2	
건열(乾熱) 멸균기	1	1	2	
증기(蒸氣) 멸균기	1	1	2	
환자 운반차	1	1	2	
군의 휴대배낭(1920년식)	18		18	출동부대의 군의에게 휴대하게 함

---

5 1912년에 심장(心臟) 신약(新藥)으로 발매된 것.

6 마취용.

7 탄산수소나트륨으로, 전신성 제산제(全身性制酸劑)로, 위궤양·위염 등 소화기관 기능이상 증상 개선, 뇨산(尿酸) 배설 촉진.

부록 제5

간도방면 출동부대 소요 식량품 등 정비구분표

품목		日量	추송비율	단위	정비수량	정비관청	정비기일	整備地	揚陸地	도착창고
精麥		1홉9작[8]	전부	石	630	육군 糧秣廠	10월 12일	우지나 (宇品)	청진 (淸津)	조선 육군 창고
魚肉캔		40匁[9]	1/5	貫	2700					
말린 야채		30匁	1/3	貫	3500					
감미료		1일30匁 1개월4회	1/2	貫	1000					
중환자식	연유	70匁	전부	貫	350					
	가쓰오 (분말)	0匁5		貫	3					
	분말계란	20匁		貫	100					
	葛粉	5匁		貫	25					
	물엿	2匁		貫	10					
	말린 우동	5匁		貫	25					
오카자키식 여수기(濾水器)		-	-	組	60					
採薪器		-	-	組	30					
屠獸器		-	-	個	15					

비고

1. 본 표 수량은 곤포[梱包=포장] 등의 관계에 의해 다소 증량될 수도 있음.
2. 본 표 諸品의 해상 수송은 육군 양말창(糧秣廠)으로부터 직접 육군 운수부(運輸部)로 청구하여 발송하는 것으로 함.

8 작(勺) : 홉의 1/10
9 1匁 = 3.75g

부록 제6 불령선인 초토계획에 따른 통신망 [원문 그림 제시]

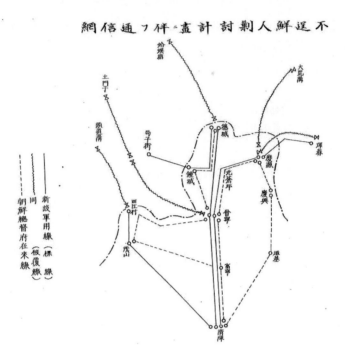

참모본부 제1부장이 조선군 참모에게 지시하는 사항

1920년(大正9) 10월 14일

조선군 참모부 인쇄

1. 출동부대의 행동에 대해

이번 초토는 필요 불가피하게 실시하게 된 것으로써 철저하게 그들에게 타격을 가하라는 것이 중앙부의 방침임.

① 이번 출동부대의 주목적은 제국신민을 보호하는 데 있지만, 보호의 목적을 적극적으로 달성하기 위해서는 국지적으로 제한하게 됨. 그 행동은 자연히 원거리에까지 미치는 것이 됨을 알고 있을 것.

② 총장 지시 사항에서 제시된 병력으로 대략적으로 초토의 목적을 달성할 수 있다고 판단되더라도 출동 후 상황에 따라 병력의 증감이 필요한 경우에는 신속히 의견을 상신할 것.

③ 이번의 초토계획은 11월 말까지 이를 종료하는 것이 중앙부의 예정임.

④ 초토 지역 역시 개요(槪要)에 불과하므로 적절히 변경해도 무방함.

⑤ 초토 종료 후 거류민 보호를 위해 훈춘 및 간도방면에 보병 약 1대대, 기병의 일부, 기관총대를 남겨두고, 다른 부대는 위수지로 귀환할 예정임.

⑥ 종래 시베리아에서 조우했던 상황처럼 작은 부대가 적으로부터 불의의 습격을 받아 실패한 실제 사례가 있으므로 이러한 경우가 없도록 특별히 주의할 것.

⑦ 출동부대의 행동에 관해 외국인(중국인을 포함)으로부터 항의를

받아 국제문제를 발생시키지 않게 할 것.

2. 諸보고에 대해

① 책동부대의 급양(給養) 및 보급 상태를 때때로 보고할 것.
② 작전 경과의 개요 등은 전보 외에도 서류로 상세하게 보고할 것.
③ 중국군의 행동 및 기타 그들의 상태를 보고할 것.

3. 보급에 관한 사항

① 출동부대는 힘써 [그] 지방[의] 물자를 이용하도록 주의할 것.
② 조선 밖 식량·말먹이의 집적지는 회령에 본고(本庫)를 두고, 온성·
   혼춘·국자가·백초구에 지고(支庫)를 둘 수 있음.
③ 출동부대의 행동시 필요한 식량·말먹이는 한꺼번에 그것을 집적
   할 수도 있음. 왜냐하면 諸縱列이 움직이는 상황이 되면 그것을 호
   위하는 데 다수의 병력이 필요하고 게다가 위험하게 되기 때문임.
④ 각지에 집적된 식량·말먹이는 가령 기타수비대가 적에게 포위되
   어도 상당 기간 버틸 수 있는 수량을 집적시킬 필요가 있음.
⑤ 포시예트만 상륙 여단의 보급을 위해서는 혼춘·온성·국자가 부근
   가까이에 최소한 3일분 이상의 식량을 집적할 필요가 있음.

4. 잡건

야마다 도라오(山田虎夫)[10]여단을 위해 혼춘 진출 후 전령의 임무를
맡은 기병[傳騎]으로서 약간의 기병을 배속시킬 것.

---

10 1869~1956(やまだ とらお). 최종계급은 육군 중장.

참모본부 작명(作命) 제57호

훈령

1. 조선군사령관은 제19사단장이 지휘하는 부대를 기반으로 하여 혼춘 및 간도지방에 있는 제국신민을 보호하고 아울러 해당 지방에서 불령선인 및 마적과 그에 가담하는 세력을 초토할 것.
2. 제14사단의 보병 1여단을 일시 조선군사령관의 지휘하에 증가시킬 것.
3. 블라디보스토크파견군사령관은 제14사단의 보병 1여단이 포시에트 만(Posyet Bay)에 상륙한 때부터 블라디보스토크파견군사령관 예하를 이탈해 조선군사령관의 지휘하에 들어가는 것으로 할 것.
4. 조선군사령관은 앞 항의 여단으로 혼춘 및 간도지방에서 불령선인에 대한 시위 행동의 임무를 맡을 것.
5. 블라디보스토크파견군사령관은 1부대를 삼차구(三岔口) 부근으로 보내고, 필요할 경우 수분대전자(綏芬大甸子) 부근으로 진격하고 그 일부를 토문자 부근으로 보내 조선군의 행동에 책응하게 할 것.
6. 세부사항에 관해서는 육군대신과 참모총장을 통해 지시할 것임.

1920년(大正9) 10월 9일

봉칙(奉勅)

[발신] 참모총장 남작 우에하라 유사쿠(上原勇作)[11]

[수신] 조선군사령관 오바 지로

----

11 1856~1933(うえはら ゆうさく). 육군대신, 교육총감, 참모총장을 역임.

[부록 제3-1] 훈시 [원문 누락]

[부록 제3-2]

참모본부 명(命) 제497호-1

지시

<作命 57호> 훈령에 기반하여 다음을 지시함.

1. 조선군사령관이 혼춘 및 간도방면에 파견해야 할 병력은 보병 약 6대대, 기병 약 1중대, 산포(山砲) 8문, 공병 2중대, 비행기 4機임.

2. 제14사단에서 증가된 보병 여단은 대략 혼춘·양수천자·국자가 부근을 거쳐 회령으로 향해 행동하게 하며, 이후 먼저 청진에 도달해야 할 것임.

   회령-청진 구간의 철도 우송은 조선군사령관이 적절하게 이를 처리할 것.

3. 조선군사령관은 특히 블라디보스토크파견군사령관, 관동군사령관, 혼춘·간도·만주에 있는 제국외교관헌과 밀접하게 연락을 유지하며 지시할 것.

4. 블라디보스토크파견군사령관은 혼춘 및 간도지방의 불령선인과 마적 등에 대해 동지(東支)철도 동선(東線)과 남부 오소리 지방의 수비를 엄중히 함과 동시에 삼차구(三岔口) 방면의 부대와 연락하여 시의적절한 조치를 취할 수 있는 준비를 할 필요가 있음.

5. 블라디보스토크파견군사령관은 제14사단 포시예트만 파견 여단에 대해 휴대 탄약과 포시예트만과 혼춘 사이에 필요한 식량(약 3일

분), 기타 필요한 최소한의 물건을 휴대하고 다니게 할 것.

그 휴대하고 다니는 물건의 운반에 관해서는 조선군사령관과 협정하여 적절히 처리할 것.

6. 조선군사령관은 앞 항의 여단(人 약 4000명, 馬 약 150필)이 혼춘 부근에 도착한 후에는 보급 및 위생업무를 담당시킬 것.

7. 조선군사령관 예하에서 파견된 부대 및 일시적으로 그 지휘하에 증가된 부대에 필요한 보급용 식량 및 기타 군수품은 가능한 한 [그] 지방 물자에 의존할 것. 지방 물자에 의존할 수 없을 때는 필요하다면 전용품(戰用品)을 사용하고 그 보충은 청구되는 것을 보고 추송(追送)할 것임.

8. 조선군사령관은 이번에 혼춘 및 간도지방에서 병요(兵要) 지리상의 자료를 수집하는 데 힘쓸 것.

1920년(大正9) 10월 10일

[발신] 참모총장 남작 우에하라 유사쿠

[수신] 조선군사령관 오바 지로

[부록 제3-3] 지시

육군성 송달 육밀(陸密) 제218호

<作命 제57호>에 의한 지시사항은 다음과 같음.

1. 간도방면의 출병에 관해 외무대신은 봉천 아카쓰카(赤塚) 영사로 하여금 장작림에게 다음의 주지(主旨)로 교섭할 것을 훈령(訓令)함.

 1) 혼춘사건의 손해 배상 책임관헌의 사죄에 관해 근본주의를 승인할 것을 요구함.

2) 제국 정부는 일단 추가로 부대를 용정촌 방면으로 급히 가게 하였으나 향후에도 필요에 따라서는 병력을 증가시키고, 또한 사태가 진정될 전망이 확실해 질 때까지 병력을 주둔 시켜야 하므로 이러한 제건(諸件)에 대해 즉시 승인해 주기를 바라며, 만약 승인을 해 주지 않을 경우에는 자위상 불가피하므로 승인을 기다리지 않고 추가로 병력을 증파하며 또한 병력을 주둔시켜야 하므로 미리 양해를 구함. 단 이러한 파병은 중국영토 점유 등 중국의 주권을 침해하려는 의도가 없다는 점을 성명(聲明)함.

3) 이번에 중일 양국의 병력으로 공동토벌을 성실히 실행하는 것을 희망함. 만약 위 토벌에 동의하지 않을 때는 제국은 불가피하게 단독으로 이것을 실행함. 이것은 자위상 불가피한 것이므로 미리 양해를 얻고자 함.

2. 외교상의 관계 제1항과 같이 귀관(貴官)은 특히 이번 출병의 동기를 감안할 때 먼저 현재 정황은 공동 혹은 단독 토벌을 이행하는 전제로써 거류민 보호를 위해 행동하는 것인데, 순연한 토벌행위로 옮겨가는 때는 제1항의 교섭 결과 이후이지만 그 때도 우리의 행동에 대해 적대적이거나 또는 방해할 때는 이를 토벌하는 것은 물론임.

3. 간도는 원래 중국 영토로 다소의 외국인도 거주하고 있으므로 행동[실행]시 중국 관민 및 외국인의 악감정 혹은 오해를 살 수 있는 행동은 엄중히 조심할 것. 가옥, 군수품의 징용(徵用)·구매 등에 관해서도 특히 중국 관민의 권리를 존중하고 영원히 그들이 우리를 신뢰하게 하도록 지도해야 할 것임.

4. 불령선인, 마적, 러시아인 과격파, 이에 가담한 비적의 무리들은 단순히 일상적으로 존재하는[居常] 불령단으로 보지 말 것. 그들은 간도의 민심을 과격하게 만들고 이를 이용하여 조선 내지의 인심을

동요시키며, 이로써 조선독립의 목적을 달성하고자 하는 것으로, 실로 제국 특히 조선의 통치 및 치안 유지상 하루도 간과할 수 없는 부분으로, 이것 역시 이번의 출병하게 된 까닭임. 따라서 귀관(貴官)은 제3항에서 제시한 것처럼 양민에 대해서는 안무[按撫=백성의 사정을 살펴 어루만져 위로함]를 힘씀과 동시에 그에 반대되는 자에 대해서는 철저히 타격을 가해 제국이 받게 될 수도 있는 화근을 근절할 수 있도록 노력할 것.

5. 중국 관병(官兵)이 비적 무리에 혼재되어 소요(騷擾)를 일으키는 것은 외교상 간과할 수 없는 사항으로, 이 건은 항상 우리에게 외교상 유리한 정황을 제공하는 것이므로 이러한 사실을 발견하면 즉시 실증을 확보하고, 가능하면 사건마다 중국관헌이 이것을 승인하게 해 둘 수단을 강구할 필요가 있음.

6. 간도에서 중국 관헌, 제국영사, 혹은 부영사 및 군대 간에 연락 및 의사소통을 꾀하는 사항은 가장 필요한 것임. 이를 위해 필요한 인원은 적절한 시기에 이를 증가 배속시키더라도 일단 이 점에 대해서 적절한 조치를 취할 것을 고려할 것.

7. 간도방면의 소요(騷擾) 여파는 압록강 방면 및 조선 내지로 파급될 수 있음을 고려하여 상당히 숙고할 필요가 있음.

1920년(大正9) 10월 12일

[발신] 육군대신 남작 다나카 기이치(田中義一)[12]

[수신] 조선군사령관 오바 지로

---

12 1864~1929(たなか ぎいち). 육군대신, 귀족원의원, 내각총리대신, 외무대신 등을 역임. 최종 계급은 육군 대장. 작위는 남작(男爵).

간도출병과 국제연맹규약과의 관계

(외무당국의 연구(자료)로 육군성으로부터 송부받은 것)

본 건 출병은 영사관 및 거류민의 보호 및 마적의 토벌을 목적으로 하는 순연한 자위적(自衛的) 조치로, 우연히 중국처럼 스스로 국내의 치안 유지의 임무를 다 할 수 없는 국가에 대해 불가피하게도 급속히 실행할 필요에 쫓긴 것이므로 연맹규약 제10조에서 규정한 영토보전 및 현재의 정치적 독립에 대한 외부의 침략이 아님은 물론, 同 제11조에서 규정한 전쟁 혹은 전쟁의 위협도 아니다. 하물며 同 제12조에서 규정한 국교단절에 이를 우려가 있는 분쟁으로도 간주할 수 없으므로 이러한 종류의 사건은 연맹규약 초안자[起草者]가 전혀 예견하지 못한 것으로 이해하는 수밖에 없다. 따라서 이러한 경우에 대한 조치를 규정하는 조항이 없고, 제국의 행동이 중국 영토의 보전 및 현재의 정치적 독립을 존중하는 점에서는 적어도 정면에서부터 규정에 위반된다는 비난을 받을 것은 아니라고 사료된다.

그러나 연맹규약 제11조 제2항에서는 "국제관계에 영향을 미치는 모든 사태에서 국제평화 또는 그 기초가 되는 각국 간의 양호한 양해를 교란시킬 우려가 있는 것에 대해서는 연맹총회 또는 연맹이사회가 주의를 환기시킬 것은 연맹 각국의 우의(友誼)적 권리임을 더불어 여기에 성명(聲明)함"이라고 규정하였으므로 우리의 출병에 대해 중국 혹은 제3국으로부터 총회 또는 이사회가 주의를 환기시키는 일이 없음을 담보할 수 없다.

또한 이러한 종류의 사건 발생은 연맹규약 성립 이후 이번이 처음[嚆矢]이므로 이에 대한 조치가 앞으로의 선례가 될 것이므로 특히 지금의 일반적인 [우리] 제국의 움직임에 대해서도 걸핏하면 침략적인 것으로 오해하는 풍조가 있다는 점을 감안할 때 본 건 출병실행에 대해서는 특히 주도면밀한 숙고가 필요한 것으로 인정된다.

국제연맹규약

제10조 연맹국은 연맹각국의 영토보전 및 현재의 정치적 독립을 존중하고, 또한 외부의 침략에 대해 그것을 옹호할 것을 약속함.

위와 같은 침략이 발생하거나 위협받거나 혹은 위험이 있는 경우에는 연맹이사회는 본 조의 의무를 이행할 수단을 구신[具申=의견보고]할 것.

제11조 전쟁 또는 전쟁의 위협은 연맹국의 어느 나라에 직접 영향을 미치는가의 여부를 불문하고 모든 연맹 전체의 이해에 관련되는 사항임을 여기에 성명함. 따라서 연맹은 국제 평화를 옹호하기 위해 적절하고 유효하다고 인정되는 조치를 취해야 할 것임. 이러한 종류의 사변이 발생했을 때 사무총장은 [어느 연맹국이 청구하던] 그 청구에 입각해 즉시 연맹이사회 회의를 소집할 것.

국제관계에 영향을 미치는 모든 사태에서 국제평화 또는 그 기초가 되는 각국 간의 양호한 양해를 교란시킬 우려가 있는 것에 대해서는 연맹총회 또는 연맹이사회가 주의를 환기시킬 것은 연맹 각국의 우의(友誼)적 권리임을 더불어 여기에 성명함.

제12조 연맹국은 연맹국 간에 국교단절에 이를 우려가 있는 분쟁이 발생한 때에는 해당 사건을 중재재판 또는 연맹이사회의 심사에 부칠 것. 또한 중재재판관의 판결 또는 연맹이사회의 보고 후 3개월이 경과할 때까

지 어떠한 경우에도 전쟁으로 치닫지 않게 할 것을 약속함.

본 조에 의거해 모든 경우에서 중재재판관의 판결은 상당 기간 내에, 연맹이사회의 보고는 분쟁 사건 부탁후 6개월 이내에 이를 처리할 것.

혼춘·간도사건에 관한 국제법 연구

제1장 국가

국제법상 국가라는 것은 일정한 토지와 인민을 기초로 하여 성립된 정치적 단체로 주권의 전부 혹은 일부를 가진 것을 말한다. 따라서 국가의 성립에는 다음의 요소를 필요로 한다.

1. 토지 : 현행국제법은 영토주권을 기초로 하기 때문에 국가에는 일정의 토지 즉 영토를 필요로 함. 초원을 누비며 돌아다니는 야만인 무리와 같은 경우는 여전히 국가로 칭할 수 없음. 하지만 영토는 그 면적의 대소광협(大小廣狹)의 여하에 상관없이 협소하더라도 국가가 되는 것에 지장이 없음.

   국가가 영토를 보유함으로써 그 성립요소를 갖추게 된 것은 유럽 대륙의 중세 봉건제 시대에 군웅할거의 역사적 유래에서 생겨난 것으로 군주는 일정 영토 내에서 주권을 가지게 되고 주권과 영토는 분리할 수 없는 관계가 생기게 된 것에 다름 아닌 것임. 근래 일국의 강약이 국민의 빈부에 좌우되고 국민의 빈부는 영토의 생산력 여하에 귀속되기에 이름. [즉] 영토는 더욱 그 중요함이 가중되기에 이른 것임.

2. 인민 : 국가에는 피치자(被治者)인 인민이 있어야 함. 국가가 천재지변 및 기타 재액(災厄)으로 국운이 다하고 인민을 잃었을 때, 혹은 인민이 사방으로 흩어진 때는 국가는 성립할 수 없음. 단, 그 인민은 아무리 소수라고 해도 국가를 성립시키는 데 지장이 없는 점은

토지의 경우와 마찬가지임. 예를 들면 우리나라 시정(市·町) 정도의 인구도 보유하지 못한 이탈리아의 산마리노 공화국, 프랑스 남부의 모나코 공국과 같은 경우도 국가인 것임.

3. 정치적 단체 : 국가는 인류의 단체이지만 그 단체는 정치적으로 단결하고 정치적인 기관을 갖출 필요가 있음. 단순한 오합지졸은 그것을 국가라고 칭할 수 없음. 또한 정치적 조직 즉 정체(政體)가 어떠한지는 원래부터 중요시되는 부분은 아님. 전제정체, 입헌정체 모두가 동등한 정치적 단체임.

4. 주권 : 주권이라고 하는 것은 국가를 통치하는 권력 즉 토지와 인민을 통일적으로 지배하는 최고의 권력으로, 인민은 그 권력을 가진 자의 명령에 복종하며, 이로써 질서있는 단체를 형성할 수 있음. 주권의 소재는 단체를 나누는 근거가 되는데, 그것은 각 단체가 성립된 역사에 따라 혹은 각국의 헌법에 [따라] 동일하지 않음. [주권이] 군주의 손에 있기도 하고, 인민의 손에 있기도 하며, 혹은 군주와 인민이 공동으로 가지고 있기도 함. 이에 따라 군주국 또는 공화국 등의 구별을 낳기에 이르렀지만, 그 주권의 소재 여하와 그것을 가지게 된 원인의 여하에 관해서는 국제법상 이것을 연구할 필요는 없음.

국제법상 국가의 주권은 절대적으로 최고 무한의 권력이어야 할 필요는 없음. 바꿔 말하면 국가는 항상 반드시 주권의 전부를 가져야만 하는 것은 아님. 이 점은 마치 토지 및 인민이 그 대소다과(大小多寡)에 상관없이 국가의 요소인 점과 마찬가지임. 벨기에 및 스웨덴과 같이 그 주권에 여러 제한을 받아 절대로 자유롭게 행동할 수 없는 경우[도 있고], 혹은 중국 및 타이[暹羅 : Siam]와 같이 조약에 의해 영사재판제도는 존재하지만 주권은 그 중 일부의 행사를 제한하는 것에 그침. [이런 사례는] 내치 및 외교에 관해 임의로 행동할 수 있는 주권의 본질을 손상시키는 것이 아니므로 국제적으로 독립 국가인 성격에서는 아무런 영향도 없는 것임. 우리나라에서는 최고 무한의 주권이 존재하고 조금도 타국의 제제를 받는 것이 없음.

제1절 국가의 권리 및 의무

국제법상 국가의 권리 및 의무는 모두 상호적이므로 일반 사법(私法)에서와 같이 반드시 한 쪽의 권리에 대해 다른 쪽의 의무를 수반해야 할 필요는 없다. 예를 들면 전시(戰時)에 적국의 간첩을 처형할 수 있는 것은 [그] 국가의 권리임과 동시에 적국은 그것을 사용할 수 있는 권리를 가지며 처형 받아야 할 의무가 간첩 자신 혹은 그 본국에 존재하는 것이 결코 아니다. 적의 포로를 전쟁중에 보류(保留)하는 것은 교전국의 권리이지만 그 보류를 해제할 수 있는 것은 포로의 자유이다. 또한 교전국은 해상 포획을 행할 권리가 있음과 동시에 한쪽 국가의 상선(商船)은 그에 반항할 자유를 가진 것처럼, 이러한 점에 대해 상호간의 권리는 그것을 동반해야 할 직접적 의무가 없는 것이다. 그러나 이처럼 권리는 국제법상 문명국 일반의 승인에 관계되는 법칙에 기반한 것이므로 제3국에서는 그 권리의 행사를 방해하지 말아야 할 간접적 의무가 있음을 잊지 말아야 할 것이다.

무릇 국가의 권리는 절대적인 것이 아니고, 타국도 보유하는 동일한 권리를 침해하지 않는 범위 내에서만 서로가 그것을 행사하고 그 이익을 향유하는 것에 불과한 것은 각 국가의 독립 및 평등한 원칙상 명확하다. 따라서 국가의 권리는 타국의 동일권리를 침해하지 않는 범위 내에서만 서로 그것을 행사하는 경우에 타국은 그것을 방해하지 않을 의무를 가지고 그 의무를 고의적으로 다하지 않거나 혹은 그 이행을 게을리할 때에 한해서 가해국에 대해 구제 혹은 배상을 요청하는 것으로 한다. 그리고 타국이 가진 권리의 침해는 정부가 직접 그것을 행하지 말아야 할 뿐만 아니라 그 판도 내에 존재하는 내외 인민으로 하여금 그것을 행하게 해서도 안된다. 만약 그러한 침해 행위를 한 적이 있을 때는 그를 금알[禁遏=눌러 막음]하고 처벌해야 하는 것은 국가가 타국에 대한 의무에 속한다(중국이 간도에서 불령선인의 행동을 취체하지 않을 뿐만 아니라 그것을 묵인하거나 선동하는 것과 같은 것은 위의 의무위반에 심히 저촉되는 것임). 그리고 그 침해가 국가를 대표하는 관리의 손으로 행해졌을 때에는 국가의 내·외에서 행해진 것인지 정부의 명령으로 행해진 것인지를 불문하고 국가는 그 책임을 맡아야 하는 것이다. 그 침해가 자국 내에서 개인 혹은 단체의 손으로 이루어질 때는 국가는 그것을 방압(防壓)할 의무가 있으므로 그 의무를 이행하지 못했을 경우에 국가가 그 책임을 맡아야 하는 것이다.

제2절 국가의 독립권

국가의 독립권이란 국제관계상 국가가 내치 및 외교를 자유롭게 처리할 권리로, 바꿔말하면 타국의 견제를 받지 않고 독립적으로 주권을 행사하는 권리이다. 하지만 독립권은 절대적인 것이 아니고, 국제법에 의해 제한을 받는 부분이 있다. 예를 들면 교전 및 중립에 관한 의무를 이행하지 않을 수 없는 때, 혹은 조약 등에 의해 스스로 임의로 제한할 때가 있다. 예를 들면 후술하는 영사재판제도를 허가한 경우가 그러하다. 그리고 이러한 권리는 대외사항에 관련되는 것과 내국사항에 관련되는 것의 두가지 종류로 구별할 수 있다.

대외사항에 대해 국가는 외국에 대해 국제법에 위반되지 않는 한 어떠한 교제를 하더라도 지장이 없기 때문에 통상항해 및 기타 제종(諸種)의 조약을 체결하거나 혹은 다른 국가와 공수동맹 및 그 밖의 특별한 우의를 유지할 수 있음은 물론 타국의 불법 행위에 반항하고 그 손해에 대해서는 가해국에 구제 또는 배상을 요구할 수 있고, 시의(時宜)에 따라서는 전쟁을 할 수도 있다. 다음으로 내국사항에 관해서는 영토와 인민의 두가지 방면에서 관찰하여 영토주권 및 속인주권의 2가지로 구별해 볼 수 있다.

(가) 영토주권

국가 스스로가 그 영토 내에 지배권은 절대적인 것으로, 그에 관한 타국으로부터 하등의 간섭[13]을 받지 않고 임의로 국내를 통할하고 자국인이든 외국인지 상관없이 자국의 법률에 입각하여 완전히 그를 지배하는 것을 원칙으로 함. 다른 국가는 그 국가의 허가 없이 군사상의 권력을 행사하는 것은 물론 사법권 혹은 경찰권을 행사하는 것은 불가능한 것임. 영토주권은 권력이지 권리가 아님. 권력관계는 명령복종의 관계이고, 권리관계는 평등대치의 관계임. 영토주권은 국가와 함께 발생하고 절대적으로 그 위에서 행사되는 것임. 조차지 전관 거류지 및 전시의 점령지 등에 타국의 주권이 행사되는 듯한 것은 영토주권이라 칭할 수 없음. 대체적으로 이러한 강토에서 타국 주권이 행사되는 까닭은 국제조약 혹은 국제법의 규정에 입각해 해당 특권을 허여(許與)한 것에 불과한 것이지 절대적으로 행할 수 있는 것은 아님. 또한 영토주권은 그 영토에 대해 무한으로 행사됨. 무한이라는 것은 그 효력이 분량상으로 미리 제한할 수 없는 것을 칭함. 때문에 언급한 조차지 혹은 전시 점령지 등은 조차에 관한 특정 기간이 경과되어 조약의 효력을 상실하거나 또는 평화를 회복하는 시기에는

---

13 원문에서는 "容喙"로 표기되어 있으나 간섭을 의미하는 "容喙"의 誤記로 추측됨.

당연히 타국의 주권은 그 효력을 상실하는 것이 되므로 미리 제한을 가해 그것을 무한이라고 사유할 수는 없음. 따라서 일국(一國)은 조차지 혹은 점령지에 대해 영토주권을 보유한 것이 아님.

(나) 속인(屬人)주권

대체적으로 일국의 인민은 국가에 대해 절대적 복종관계를 가짐. 그 판도 내에 있을 때는 물론 판도 밖에 있을 때에라도 본국의 주권에 복종하고 그 법률을 준수해야 할 의무를 가지기 때문에 국가와 그 국민에 대해서는 어느 땅에 있는지 여부에 상관없이 그를 보호하고 그를 감독할 권리를 가짐. 단, 타국의 판도 내에 있을 때는 그 국가의 영토주권에 反하여 직접적으로 그 권리를 행사할 수 없음. 그러나 타국의 영토주권이 행사되지 않는 곳에서는 모든 인민은 그 국가의 관할하에 있는 것으로 봄. 위에서 서술한 바와 같이 국가간에는 그 인민과 재산에 관해 속인적 관할권과 영토적 관할권이 양립되어 경합하는 경우가 있다고 하더라도 예외(예를 들면 영사재판권)를 제외한 영토주권은 속인주권을 압도하는 효력을 가지는 것임.

국가의 독립권은 완전 불가침한 것이라고 하더라도 국가가 임의로 스스로 [권한] 행사를 제한할 때가 있음은 앞에서 서술한 것과 같음. 국제법상의 원칙으로 국가가 그 독립권을 완전하게 행사하고자 할 때는 그 국내에서 문명적 법률규칙이 존재하는 것을 필요로 함. 즉, 타국민과 자국민 간에 공평하게 민사사건의 재판이 이루어질 수 있는 제도가 존재하지 않으면 안됨. 만약 그 국가에 그 민법·형법의 법률이 구비되지 않았거나 혹은 그 법률이 일반 문명국에서 행해지는 것과 성질상 크게 차이가 있는 경우에는 열국(列國)이 자국민의 신체·재산을 안전하게 보호하기 위해 특별한 조약을 설정하는 것이 [있을 수] 있음. 오늘날 일본과 유럽 제국이 조약에 의해 중국 및 타이[暹羅 : Siam] 등에서 마련한 영사재판제도가 그러한 것임.

제3절 영사재판권

영사재판권이란 영사가 주재국에서 자국인민의 쟁소(爭訴)를 주재국의 법률에 의하지 않고 자국의 법률로 재판하는 권리를 일컫는다. 영사재판제도는 원래 유럽 諸국민이 법률 도덕의 관념이 다른 타국 법제의 지배를 받을 때는 생명·신체·명예·재산의 보장을 유지할 수 없다고 생각하여 특별히 조약으로 취득한 권리이다. 때문에 영사재판권은 이른바 치외법권과 구별될 필요가 있다(종래는 이 두가지를 혼동해서 사용함). 후자는 일국의 주권자 외교관·군대·군함 등 특정의 것이 결코 타국의 법권 아래 놓이지 않도록 하는 일종의 특권 즉 불가침권으로, 국제관례의 결과로 생겨난 것이다. 이에 반해 전자는 특별조약에 의해 각국이 취득한 권리이다.

영사재판소의 관할에 대해 서술하면, 민사(民事)에서는 (가) 같은 국적을 가진 사람들 간의 쟁소는 피고의 주소지를 관할하는 영사의 관할에 속한다. (나) 다른 국적을 가진 사람들 간의 쟁소는 이론상으로는 제국(諸國) 영사의 권한에 속해야 할 부분이지만, 원칙상으로는 피고의 영사의 관할에 속한다. 이 원칙은 현재 유럽 열국에서 보편적으로 시인되는 바이다. (다) 외국인과 토착인 간의 쟁소를 관할하는 재판소는 피고에 대해 재판관할권을 가진 재판소이다. 바꿔말하면 피고가 만약 토착인일 때에는 그 소속국가의 재판소에 계속(繫屬)하게 되고, 피고가 외국인일 때는 그 소속국가의 영사가 그것을 관할한다. 다음으로 형사(刑事)에서는 원칙적으로는 (가) 피고인 범죄자의 소속국가의 영사가 이를 심판하고, (나) 피해자가 외국인 혹은 토착인일 때는 행위지 소속의 재판소로 계속(繫屬)되는 것이다.

우리나라의 영사관직무세칙에서 영사관은 법령조약 및 관례에 저촉되지 않는 범위에서 지방재판소 및 구(區)재판소의 직무를 행하는 것으로 규정한다. 또한 중죄에 대한 공판은 행할 수 없다. 다만 중죄에 관한 예심을 행하는 데 지나지 않는다. 예심이 종결되면 해당 공판은 나가사키 지방재판으로 이송되는 것으로 한다. 또한 지방재판소의 권한에 속하는 사항에 관해 영사가 행한 재판에 대한 공소원(控訴院)에 제기해야 할 것과 구(區)재판의 관할에 속한 사항의 영사재판에 대한 공소 혹은 항고는 나가사키지방재판소의 관할에 속하는 것으로 정한다.

영사재판소의 적용되는 법률은 영사소속국의 법률인 것은 말할 필요가 없다. 그 수속법과 같은 것은 국가에 따라서는 특별히 그것을 제정한 경우도 있다. 우리나라의 영사직무에 관한 법률은 우리나라의 법령에 유래하는 조약 관례에 저촉되지 않는 범위에서 영사재판사무를 처리하는 것으로 규정한다(1899년(明治32) 3월 법률 제70호 영사관의 직무에 관한 건, 1900년(明治33) 4월 칙령 제153호 영사관직무세칙 참조).

제1관 남만주에서 일본의 영사재판권

청일전쟁 이전에는 1871년(明治4)의 舊조약 제8조·제9조·제11조·제13조 등의 규정에 의해 중국은 우리나라에 대해 영사재판권을 가지며, 우리 역시 중국에 대해 이를 가졌으나, 1894~1895년 청일전쟁 후에는 우리나라만 단독으로 중국에 대해 이 제도를 가지게 되었다. 즉, 1896년(明治29) 7월 체결한 <현행청일통상항해조약> 제3조에서 일본영사관은 재판관할권을 향유함을 규정하였다. 또한 제20조에서 청국에 거주하는 일본국민의 신체·재산에 대한 재판관할권은 해당 일본관리에게 전속(專屬)하며, 일본국 신민 또는 모든 다른 국가의 국민 혹은 인민으로부터 일본국 신민과 그 재산에 관한 소송은 모두 청국 관리의 간섭을 받음 없이 일본 관리가 심리판결하는 것으로 규정하였다. 제21조에서 청국관리 또는 신민이 청국에 있는 일본국민 또는 재산에 관해 민사 소송을 일으켰을 때는 일본국 관리가 그것을 심리 판결할 것으로 언급되어 있다. 또한 제22조 제1항에서 청국에서 범죄하여 피고가 된 일본국민은 일본국의 법률에 의해 일본 관리가 그것을 심리하고, 유죄로 인정되었을 때는 그것을 처벌할 것으로 규정한다. 또한 1893년(明治26) 10월에 일본과 청국 양국간에 체결된 <추가청일통상항해조약> 제11조에서는 청국정부는 그 사법제도를 개정하여 일본 및 서양각국의 제도에 적합하게 할 것을 열망하므로 일본은 위 개정에 대해 모든 원조를 제공할 것을 약속하고, 또한 청국 법률의 상태 및 그 시행의 설비, 기타 요건에서 일본국이 만족을 표할 때는 기존 치외법권을 없애는 것에 주저함이 없을 것이라고 규정하였으나, 중국의 법률 및 재판은 여전하므로 우리 신민의 생명·신체·재산의 보호를 일임할 만한 수준이 되지 못함. 따라서 우리 영사재판권을 철회할 시기가 도래하지 않았다. 따라서 우리는 1908년(明治41) 4월 법률 제52호로 만주에서 영사재판에 관한 특별규정을 마련하였다. 즉, 다음과 같다.

제1조 1899년(明治32) 법률 제70호 제9조~제12조의 규정은 만주에서 영사재판에 이것을 적용하지 않음. (영사관의 직무에 관한 건 중 나가사키 지방재판소 혹은 동 공소원(控所院)의 관할에 관한 조항을 가리킴)

제2조 만주에서 영사관이 예심을 하는 중죄의 공판은 관동도독부 지방법원이 이를 관할함.

제3조 만주에 주재(駐在)하는 영사관의 관할에 속하는 형사에 관해 국교상 필요할 때는 외무대신은 관동도독부 지방법원이 그 재판을 하

게 할 수 있음.

제4조 만주에서 영사관이 하는 재판 및 앞의 제2조에 의거해 관동도독부 지방법원이 하는 재판에 대한 상소는 종심(終審)으로, 관동도독부 고등법원이 이를 관할함.

제2관 간도지방에서 일본의 영사재판권

1911년(明治44) 3월 30일 법률 제51호로 간도에서 영사관의 재판에 관한 건을 규정하고, 1919년(大正8) 10월 조선총독부령 제165호 개정으로 위 영사관의 재판에 대한 관할 재판소를 지정하였다. 즉, 다음과 같다.

제1조 간도에 주재하는 제국 영사관의 예심을 한 사형, 무기(형), 또는 단기 1년 이상의 징역 혹은 금고(禁錮)에 해당하는 죄의 공판은 조선총독부 지방법원이 이를 관할함.

제2조 간도에 주재하는 제국 영사관의 관할에 속하는 형사[사건]에 관해 외무대신이 필요하다고 인정할 경우는 그 사건을 관할하지 말 것을 해당 영사관에게 명하고 피고인을 조선에 있는 감옥으로 이송할 수 있음.

제3조 앞 조항의 규정에 의거해 피고인을 조선에 있는 감옥으로 이송하는 경우에 조선총독은 피고인이 이송되는 감옥 소재지를 관할하는 조선총독부 복심법원의 검사에게 재판관할지정 신청을 해당 복심법원에 하게 할 것. 앞 항의 신청 및 재판에 관해서는 형사소송법 제33조의 규정을 준용할 것.

제4조 간도에 주재하는 제국 영사관이 한 재판에 대한 공소 또는 항고는 조선총독부 복심법원이 이를 관할함.

제5조 제1조에서 제4조의 경우 관할권을 가진 조선총독부 재판소는 조선총독이 이것을 정함. 1911년(明治44) 법률 제51호에 의거해 관

할권을 가진 조선총독부 재판소는 다음과 같이 정했음.

1. 경흥지방법원 청진지청
2. 경성복심법원

또한 간도에서 영사관의 관할 구역은 다음과 같음.

길림성 - 연길, 화룡, 왕청, 혼춘 각 현

봉천성 - 무송(撫松), 안도(安圖) 각 현

제4절 국가의 권리와 의무의 승계

국가의 변경에 동반되어야 할 권리와 의무의 계승 중 국가의 인격 즉 영토 및 인민에 관한 변경, 예를 들면 국가가 새로 성립되거나 멸망한 경우 또는 하나의 국가가 다른 나라의 일부를 취득한 경우에 舊國이 제3국과 체결한 조약과 국제관계상 그 국가가 가진 권리와 의무는 新國 또는 그 토지 및 인민을 병합한 국가에게 舊國으로부터 승계하는 것과 승계하지 않는 것이 있다(조선이 일본과 병합하였기 때문에 종래 조선이 다른 제3국과 체결한 조약 및 국제관계상 보유했던 권리와 의무는 일본이 그대로 승계하는 것과 승계하지 않는 것이 있음). 계승하는가 아닌가의 여부는 전적으로 그 권리와 의무의 성질에 의해 결정되어야 하지만, 상대방 국가 내 조직의 변경, 예를 들면 중국에서 舊 청국 제정(帝政)이 멸망하고 민국(民國)으로 변혁한 오늘날에도 중국이 하나의 정치단체로 아무런 변화가 없는 한 중국이 외국에 대해 가지는 조약·국채·기타 모든 권리와 의무의 관계는 조금도 변경되지 않았다. 특히 조약에 대해서는 1831년 2월 런던회의 의정서 제19호에서 "인민·국내조직에 관한 변경 여부에 관계없이 諸조약은 그 효력을 상실하지 않는 것이 최고의 원칙임"이라고 언명한 것을 보더라도 이른바 속인적 조약 즉 주권자 혹은 한 명의 왕통(王

統)이 개인적으로 체결한 조약을 제외하고 기타 모든 조약은 체결국에서 국내 조직의 변경에 따른 아무런 영향을 받지 않는 것이 분명하다.

제2장 국가의 자위권

국가의 자위권(自衛權)이란 국가 자신, 그 기관, 또는 인민의 위해(危害)와 긴박하게 관련이 있는 경우에 그것을 피하기 위해 타국의 권리를 침해하더라도 권리 행위로 허용되어야 할 비상권을 칭한다. 때문에 자위권을 발동하기 위해서는 다음의 조건을 필요로 한다.

1. 국가자신, 그 기관, 또는 인민의 위해(危害)가 긴박한 것.

   국가는 스스로 그 멸망을 방지하기 위해 노력할 뿐만 아니라 그 국가의 구성에 필요한 諸요소의 존재를 유지하고자 해야 함. 예를 들면 토지, 인민, 諸관아는 국가의 유형적 요소이며 주권 및 정체는 그 무형적 요소이므로 이러한 것의 보존을 꾀하는 것은 국가의 자위권에 속하는 것임.

2. 불가피한 (상황으로) 나타난 것.

   다른 수단으로는 도저히 자위의 목적을 달성할 수 없고, 그 수단을 취함에 긴급의 필요성이 있는 것임.

3. 자위를 위한 행위는 자위에 필요한 정도를 초월하지 않을 것.

   자위에 필요한 정도를 초월한 행위는 즉 타국의 권리를 침해하는 불법행위로, 국가는 그 책임을 지지 않을 수 없음.

4. 위해는 자위행위를 행하는 국가 자신 혹은 그 기관의 불법행위에 기반한 것이 아닐 것.

   자위권을 구실로 하여 다른 목적을 위해 긴급한 침해를 유도하고 그 침해가 있었을 때 자위권을 행사하는 것과 같은 상황은 그 권리를 남용한 것으로 국제도덕 관념상 용납되지 않는 바임.

이상의 1에서 4의 조건을 구비한 경우 자위권을 행사하면 그것을 권리행위로는 칭할 수 없지만, 자위상 긴급상태가 유발되었으므로 국제법상 일반적으로 허용됨.

5. 위해나 자위행위가 가해지는 국가 혹은 그 기관의 불법행위에 의해 일어나거나 혹은 적어도 그 국가 또는 그 기관이 위해를 만드는 것을 방지할 책임을 다할 것.

일국이 타국을 위해 그 존립의 안전을 위협하지 않고, 또는 그 나라의 태만 혹은 실력이 없음으로 인해 일국의 관아 또는 신민이 위해를 입을 우려가 있을 경우에는 타국의 권리를 침해하고 자국의 위난을 피하기 위한 수단을 강구할 수 있다. 비상이며 위험한 경우에는 병력을 사용하여 배제할 수 있다. 그 권리는 평시·전시를 불문하고 국가의 주권에 수반되는 가장 중요한 것이다. 개인이 사회에서 생활을 영위하고 신체 및 재산을 안전하게 지켜나갈 권리는 타인의 침해를 허락하지 않는 것으로 자기의 위해를 피하기에 필요한 범위 내에서는 타인의 권리를 침해하는 것이 있더라도 정당방위로서 죄로 삼지 않는 것처럼 국가 역시 그 생존을 보호·유지하기 위해서 위해를 피하기 위해 필요한 행위를 할 권리를 가진 것이다. 단, 이 권리를 행사하는 데에는 스스로 그것을 피하고자 하는 위해가 명백하고 중대하며 긴박한 것으로 그 당시 그 수단 외에는 택할 수 있는 방도가 없음이 필요하다. 게다가 그 실행에서는 피해국에 대해서 적의를 가진 것이 없고 자국의 위해를 피하기 위해 필요한 행위 외에는 행하지 않아야 한다. 이번의 혼춘·간도지방 출병과 같은 것은 그야말로 이 조건에 해당하는 자위권 행사로 상세한 것은 후술할 것이다.

국가 자위권 중에는 국내법에 속하는 것과 국제법에 속하는 것의 구별이 있다. 또한 자연스럽게 발생한 사건에 대해 행사하는 것과 인위적으로 발생한 사건에 대해 행사하는 것의 구별도 있다. 자연스럽게 발생한 건, 예를 들면 전염병, 기근 등에 대해 예방 혹은 구제를 위해 비상 처분을 실시하는 것은 단순히 국법상으로 자위권을 행사한 것으로 인정되는 경우가 많으나, 드물게 국제법상으로 그것을 행사하더라도 인정되지 않는 사례가 있다. 예를 들면 전염병이 유행하는 국가와 교통을 차단하고 그 국가로부터 오는 여행객 혹은 선박에 대해 소독을 실시하는 것 등은 국제법에 속하는 자위권을 행사한 것으로 본다. 또한 인위적으로 발생한 건(특히 국가 전복 음모 등) 중에서 단순히 국내법상의 자위권에 의해 처분해야 할 것은 국내 신민 혹은 무국적자로 내국에서 정부에 대해 음모를 기획한 경우에 한정한다고 하더라도 국제법상의 자위권에 의해서는 처분해야 하는 경우가 다음의 3종류이다.

1. 외국신민으로 내국에 있으면서 내국정부에 대해 음모를 기획한 자
   외국신민이더라도 국내에 체재할 경우는 경찰 및 형사상 모든 부분에서 그를 내국신민과 동일하게 대우할 수 있음. 외국사신은 치외법권을 향유하지만 국사에 관한 긴급한 사건의 경우에는 그를 체포하여 본국정부로 넘길 수 있음. 또한 외국영사가 조약상 특권을 가지지 않는 경우에 한해서는 일개 외국인으로 간주하여 그를 처분할 수 있음.
2. 국적의 여하를 불문하고 외국에 있으면서 내국정부에 대해 음모를 꾀한 자
   이러한 경우 음모자는 피해국의 주권이 행사되지 않는 곳에 있다면 그를 체포할 수 없을 뿐만 아니라 그 음모를 탐지하는 것도 곤란함. 그러나 긴급한 경우에는 외국 영토 내에 침입하여 병력으로 폭도를 진압한 실제 사례가 없지 않음. 예를 들면 1837년 영국령 캐나다 반란의 평정 후 국경에서 반란 무리 일당이 미국 영토 네베島를 근거지로 하여 의용병을 모집하고 전투

준비를 정비하고 반란을 수행하려 했을 때, 미국 인민은 반란 무리들을 동정하여 미국선 카로린 호를 사용할 수 있도록 제공하고 군수품을 위 섬으로 운반해줌으로써 캐나다 土官 무 레오드는 水兵과 함께 카로린 호를 미국 영토 내에서 붙잡아 방화하고 나이아가라[14]>폭포 속에 침몰시킴. 당시 미국정부는 이것에 반대해 항의했지만, 끝내 영국정부의 의견에 굴복하여, 그들의 행위를 자위권 행사로 인정함. '카로린 사건'으로 칭해지는 것이 이것임.

3. 양국 정부 중 한쪽이 다른 한쪽에 대해 음모를 기획한 자

　　위 경우에 음모자는 외국정부이므로 쉽게 그 음모를 폭로할 수 없음. 그러나 그 음모는 이미 누구라도 외형적으로 드러나려 하는 것을 탐지했을 때는 그것을 막기 위해 일을 시작할 수 있음. 예를 들면 프로이센은 작센[15]이 오스트리아와 연합하여 자신들을 공격할 것을 탐지하였으므로 1756년에 도리어 그들이 먼저 작센을 습격함. 또한 영국은 나폴레옹 1세가 덴마크의 해군을 이용해 자신들을 정복하려 함을 탐지하고 1807년 도리어 그들이 먼저 코펜하겐을 포격하고 해군을 일시 영치(領置)할 것을 강청(强請)함. 덴마크는 이 청구를 적대행위로 간주하여 영국에 대해 전쟁을 개시함. 덴마크의 행위도 원래 비난해서는 안 될 것이지만, 영국의 청구 [행위] 역시 자위권의 행사이므로 도리어 비난할 수는 없는 것임.

　　요컨대 국가가 비상 위험에 내몰렸을 때 그것을 피하기 위해 다른 수단을 채택할 여지가 없고, 또한 당시 그 비상 수단을 실행하는 것외에 채택할 방법이 없는 경우에는 비상권을 행사할 수 있다. 그리고 그것이 어떠한 경우인가에 대해서는 전적으로 사실문제에 속하는 것이다. 이상의

---

14 원문에는 "ナイカガラ"로 표기되어 있으나 "ナイアガラ"의 誤記로 판단하여 번역함.
15 원문에는 "散遜"로 표기되어 있으나 Sachsen을 음차한 "撒遜"의 誤記로 추측됨.

사례 외에 음모의 사실이 없을 때라고 하더라도 우리 자위권의 행사로 외국정부의 일에 강제적으로 간섭할 수 있는 경우가 있다. (병합전 한국에 대한 우리제국이 택한 것과 같음) 또한 국가가 조약에 의해 스스로 자위권의 행사를 제한하는 경우가 생기는 때가 있도 있으나 여기에서는 생략한다.

제1절 혼춘·간도사건과 자위권

올해 9월 12일, 10월 2일 두 번에 걸쳐 중국마적과 그에 가담한 불령선인 일당이 혼춘으로 습격해 와서 방화, 약탈을 임의로 자행하고 특히 10월 2일에는 곧바로 제국영사분관으로 쇄도하여 본관 및 관사에 방화하고, 이어 거류지 및 중국 거리로 나가 재산·보물을 약탈하고 무고하게 살육하여 잔인함이 극에 달했다. 당시 중국 군대가 상당히 주둔하고 있었으나 퇴격했을 뿐만 아니라 오히려 적도들에 가담하여 약탈을 감행한 자도 있었다. 조사에 의하면 적의 총수는 약 400명으로 그 중에는 러시아인 5명, 불령선인 약 100명, 중국관헌 중 참가한 자 수십 명에 이른다고 한다. 이 시점에서 조선군사령관은 곧바로 독단으로 제19사단장으로 하여금 보병 약간부대를 혼춘으로 급파하게 하였고, 이어 대명(大命)에 의해 제병(諸兵)연합부대를 멀리로는 블라디보스토크파견군으로부터 출동시켜 혼성의 약간 부대와 책응하여 혼춘·동녕·왕청·연길·화룡현의 5개현에 걸쳐 적도 초토에 착수하였다. 위의 출병목적은 혼춘 및 간도지방에 있는 제국신민을 보호하고 해당 지방에서 불령선인을 일소하여 제국 특히 조선의 치안을 유지하기 위해 국가자위상 불가피하게 파생되어 나온 것이다. 이것을 국제법리상에서 보면 이번의 출병은 앞에서 설명해 온 국가자위권 발생의 각 조건을 구비했다고 말하지 않을 수 없다. 즉, 영사관 및 거류민의 위해(危害)·급박(急迫)에 의해 병력으로 [대응]하지 않고서는 보호의 목적을 달성할 수 없다. 게다가 이 위해는 우리의 불법행위에 기반해 유발된 것이 아니며, 또한 주로 중국 마적 및 거기에 가담한 불령선인에 의해서 유발된 것임에도 불구하고 중국은 이에 대한 토벌을 게을리하여 결국 위와 같은 위해를 입는 지경에 이른 것이다. 또한 우리 군은 중국과 협동하여 토벌을 개시할 것을 제안했고, 만약 중국이 책응하지 않을 경우 불가피하게 [일본] 단독행동을 하겠다고 부가(附加)하고 피차간의 초토구획을 협정하는 것과 같은 것은 위와 같은 상황에서 도리어 필요조건은 아니더라도 국제법상 신의를 지키고 목적이외의 중국 주권을 침해하는 것이 아니라는 뜻을 명시한 것이다.

국가자위권의 행사는 반드시 타국이 악의로 나온 경우에만 한정되지 않는다. 타국이 태만하거나 실력이 없어 해당 위해를 배제하지 못할 경우에 피해국은 자위상 이를 배제할 수 있는 것은 앞서 서술한 바와 같다. 예를 들면 갑국(甲國)의 경계지역에서 소란자 일당이 둔재하며 을국(乙國)의 치안을 방해할 때 갑국에서 이를 진정시키는 것이 불가능한 때는 을국이 전진하여 그 단대(團隊)를 공격하여 자국을 침해하지 않게 하도록 필요한 수단을 강구할 수 있다. 이에 대한 실례로, 19세기 초반에 스페인이 미국대륙식민지에 대해 세력이 미약하였기 때문에 1815년 플로리다주 부근 아팔라치콜라[16] 포구에 도적 일당이 근거지로 차지하고 미국의 경계를 침략하자 미국정부는 그 진정을 스페인 국왕[太守]에게 청구하였으나 이에 응하지 않았으므로, [미국] 대통령 먼로가 군대를 파견하여 사태를 진정시켰다. 또한 1818년 세인트 마크스 사건[17]에서는 위 대통령[=먼로]은

---

16 원문에서는 "아파츄라(アパチュラ)"로 표기되었으나, 아팔라치코라(Apalachicola : 프랭클린카운티의 주도(州都)이며, 플로리다 주 북서쪽에 위치)로 추측됨.
17 '인디안 정복'과정에서의 스페인과 미국의 영토분쟁 및 군사적 충돌로, 앤드류 잭슨

스페인령 펜서콜라에서 폭도 집단이 미국영내에서 약탈을 자행했으므로 스페인 국왕에게 폭도의 진정 및 처벌을 청구하였음에도 불구하고 스페인 국왕이 이를 거부하여 미국은 재차 군대를 파견하고 폭도의 근거지를 초토한 적이 있다.

이번 소요를 가령 불령선인만의 소행에 관련된 것으로 하더라도 제국은 자위상 중국의 영토로 출병하고 화근을 일소할 수 있는 이유가 있다. 왜냐하면 국가자위권의 발동은 앞서 서술한 것처럼 반드시 타국의 악의 혹은 태만에서 기인해 그 결과 그 국가의 인민이 자국의 권리를 침해하는 경우로만 한정되지 않고 국내 사항 즉 자국신민이 자국의 기관 혹은 신민에게 위해를 가하고자 하는 경우에 자위의 필요에 의해 불가피하게 타국의 권리를 침범할 수 있는 것은 앞서 언급한 '카로린 사건'의 경우에서 실제 예시(實例)를 볼 수 있다. 당시 미국 정부는 영토주권침해의 이유에 입각해 영국에 저항했고, 또한 논하여 말하기를, 영국이 미국의 영토 주권을 침해한 것에 대해서는 자위의 필요상 그 위험이 중차대하여 다른 수단을 택할 경황이 아니었음이 증명되지 않으면 책임을 면할 수 없으며, 또한 그 행위가 자위상 필요했더라도 근본적으로 위난(危難)을 피하기 위한 범위 내의 것이었고 그것 이외에는 초탈하지 않았으므로 사실상 범위 외의 행위는 아주 조금이라도 행해진 것이 없다는 취지를 증명할 수 없다면 그 책임을 면할 수 없을 것이다. 이에 대해 영국정부는 자위권 행사의 경우와 실행 범위에 관해서는 미국 정부의 주장과 전적으로 그 견해가 일치했다. 그리고 본 건에 대한 영국의 행위는 이러한 사정 하에서 [이루어졌

(Andrew Jackson, 1767年3月15日~1845年6月8日, 제7대 대통령)이 이끄는 미군이 1818년 4월 7일에 세이트 마크스(St. Marks : 플로리다주 와쿨라 카운티(Wakulla County)에 있는 도시)를, 이은 5월 24일에는 펜서콜라(Pensacola : 플로리다 주 북서부의 도시)를 점령했음.

고] 그 범위도 자위에 필요한 정도에 머물고 있음을 증명했기 때문에 미국도 그 설명에 만족하고 이 분의(紛議)를 종결지었다.

요컨대 이번의 출병은 국제법상 이론에 비추어 전례에 대조해 보더라도 모두 정당한 것으로 중국이 영토주권의 침해라는 논리로 우리에게 상대하려 하는 듯한 것에는 조금도 마음에 두고 신경쓸 필요가 없다고 말하지 않을 수 없다.

제2절 조선 방위와 수비 근무

<조선군 사령부 조례> 제3조에서 군사령관은 조선총독으로부터 안녕과 질서를 유지시키기 위해 출병을 청구받았을 때는 그것에 응할 수 있다. 단, 사태가 위급하여 조선총독의 청구를 기다릴 경황이 없을 때는 병력으로 편의조치를 취할 수 있다고 [규정]되어 있다. [이것은] <사단사령부 조례>에서의 사단장과 지방장관과의 관계와 동일한 취지하에 규정된 듯하다. 그러나 조선 내의 안녕과 질서를 유지하는 것은 먼저 경찰권이 있는 조선총독 및 지방장관의 임무인데, 경찰권만으로 도저히 치안이 유지되지 않는 상황에 이르렀을 때 비로소 병력을 사용하는 것이 순서이므로 먼저 조선총독으로부터 출병의 청구를 받고 그 후에 출동하는 것이 상례(常例)라고 하더라도, 同조례 제1조에서 군사령관은 조선에서 육군 諸부대(조선헌병대를 제외)를 통솔하고 조선의 방위에 임하는 취지로 규정하였기 때문에 사태가 위급하여 조선총독의 청구를 기다릴 경황이 없을 때는 즉시 병력으로 편의상 조치를 취하는 등 위 임무 수행에 대해 전력을 쏟지 않을 수 없다. 이것이 실제에서 同 조례 제3조 제1항 후반 규정이 있는 까닭인 것이다. 또한 풍운(風雲)이 급변하고 사태가 용이하지 않은 듯한 경우에는 임시 계엄도 선언할 수 있음은 계엄령 제4조에서 제6조의

규정을 보아도 명백한 것이다(계엄령은 1913년(大正2) 9월 25일 칙령 제283호로 조선에서도 시행됨).

위와 같이 군사령관은 조선 방위를 그 임무로 삼고 있으므로 그것을 수행하는 데 조선에 있는 육군 諸부대를 추요지[樞要地=가장 중요한 곳]에 배치하고 그 수비구역내의 방위를 담당하기 위해서 <조선둔재(屯在)부대 수비근무에 관한 규정>을 마련하였다. 이 규정에 의하면 군사령관은 수비구역 및 수비대 배치를 정하고, 제19사단장과 제20사단장으로 하여금 예속부대의 각 관할 구역 내의 수비근무를 통할하게 하더라도, 직접 방위의 임무를 맡는 것은 수비대로 [규정]하였기 때문에 그 長인 자는 항상 인접 수비대헌병 및 지방관헌과 밀접하게 연락을 유지함과 동시에 지방의 정황에 정통해 응급 조치에 대해 빠짐 없이 만전을 기하지 않으면 안된다. 그러나 전술한 바와 같이 한 지방의 치안을 유지하는 것은 직접[적으로는] 지방경무기관의 임무이므로, 수비대는 주로 무력이 필요한 방면에만 담당해야 할 것은 잊지 말아야 한다. 위 규정 제2장 제10조에서는 수비대장 및 수비근무를 맡은 각 장관은 조선의 안녕과 질서를 유지하기 위해 지방장관으로부터 병력을 요구받았을 때는(조선총독부 지방관 관제 제8조 참조) 군사령관의 인가를 얻을 것, 다만 사안이 급할 경우에는 즉시 이에 응할 수 있다. 만약 지방장관의 청구를 기다릴 경황이 없을 때는 병력으로 편의적 조치를 할 수 있다고 규정하고 있다. 일반적으로 병력을 사용하는 경우는 군사령관의 인가를 필요로 하지만, 사태가 긴급할 경우 인가를 얻을 경황이 없고, 게다가 지방장관의 청구도 기다릴 경황이 없을 경우에는 독단전행[獨斷專行=상의하지 않고 혼자 결정]의 여지를 제공하기 위해 마련된 규정이므로, 그 시의 적절함을 놓치지 않아야 할 것이 요구됨과 동시에 목적 이외로 [규정범위를] 초월하여 물의를 빚는 일이 없도록 고려되지 않으면 안될 것이다.

다음으로 국경의 경비를 맡은 부대는 그 수비구역 내의 방위에 임하는 것은 물론 대안(對岸)으로부터 침입한 무장단체에 대해서는 군의 눈과 귀가 되어 국경감시에 임하는 것이다. 헌병 및 국경지방의 치안유지를 맡은 지방경무기관과의 연계에서 누설됨이 없게 함으로써 섬멸을 기하지 않으면 안된다. 기타 외국 군대 혹은 무장한 외국 군인 등이 우리 영역 내에 진입하려 하는 것을 발견했을 때는 중일 양국 관헌에게 양해를 구한 경우 외에는 그를 억류하고 부근의 헌병 혹은 경찰관서에 통보해야 할 것이다.

국경수비대가 주의해야 할 것은 함부로 국경을 넘어 대안(對岸) 접양국(接壤國)으로 진입하지 말아야 한다는 것이다. 만약 대안에 있는 제국 신민의 보호 혹은 강안(江岸)의 방어상 진입을 필요로 한다고 인정되는 경우에는 군사령관의 인가를 받지 않으면 안된다. 원래 국외 출병은 대권[大權=천황 대권 지칭]의 발동을 기다려야 하는 것으로 군사령관이라고 하더라도 조례상 당연한 권리는 아니다. [그런데] 그것을 감히 단행할 때는 시기적절한 조치여야 하며 군사령관은 신변을 걸고 책임지지 않으면 안되는 것이다. 이 경우 부하 諸부대장에게 독단전행을 허락하지 않는 취지 역시 여기에 있는 것이다. 그러나 비적 일당이 갑자기 대안(對岸)으로부터 무력 침입을 꾀하여 수비대를 향해 도전하고, 수비대는 자위상 그들과 교전하다가 [그들이] 도망쳐 [그들을 추격해] 대안으로 진출한 것과 같은 상황은 자위권의 연장으로 허용되야 할 것으로, 군사령관이 본 건에 관해 특별한 훈령을 내린 까닭인 것이다. 단, 자위에 필요한 범위에 그치고 함부로 먼 곳까지 쫓아가 접양국의 영토 안으로 진입하는 것과 같은 상황은 엄격히 경계하지 않으면 안된다. 기타 수비근무상 교통기관의 보호 및 제반의 보고·조사 등의 상세한 내용에 관해서는 同 규정에서 게재하였으므로 [여기서는] 그것을 생략한다.

다음으로 조선의 방위(防衛)에 관한 헌병의 임무에 대해 한마디 덧붙이고자 한다. 원래 헌병은 육군대신의 관할에 속해 주로 군사경찰을 관리하고 겸해서 행정경찰 및 사법경찰을 관리하는 것이 본래 임무이지만, 조선에서는 국경 감시라는 임무를 [추가로] 부가한다는 것은 헌병 조례에서 제시한 바이다. 그리고 군사경찰 및 국경감시에 관계된 조선군사령관의 지휘를 받아야 하는 것도 同 조례에서 제시한 바이다(지방 수비에 관한 군사경찰에 대해서는 사단장의 지시를 받음). 따라서 각 헌병대의 배치관구 및 군사경찰 및 국경감시의 직무에 관한 諸규정도 군사령관이 정하였다. 여기서 <군사경찰 및 국경감시에 관한 복무 요령>을 제시하면,

1. 헌병은 항상 육·해군에 관계된 사회의 정황을 관찰하고, 만약 육·해군에 좋지 않은 영향을 미칠 우려가 있다고 인정되는 사항은 신속히 관계 諸부대 관헌에게 통보하여 이것을 경비·방어 [警防]하도록 힘쓸 것.
2. 국경에서 헌병은 수비대의 눈과 귀가 되어 국경출입자를 시찰하고 대안(對岸)의 상황을 모두 알고 있어야 하며, 경비상 필요한다고 인정되는 사항은 시기를 놓치지 말고 관계 제관(諸官)에 보고 또는 통보함과 동시에 간악하고 불령한 무리를 놓치지 않도록 힘쓸 것.

위 두가지 점에 귀결된다.

그리고 국경감시를 위해서는 감시소를 설치하여 대안(對岸)의 상황, 특히 마적·비적의 무리와 불령선인의 동정을 첩지(諜知)하여 경비·방어상 유감없이 [철저히 해야] 할 필요가 있다. 이를 위해서는 부근 수비대 및 지방경찰관서 및 인접 감시소와 밀접한 연락을 유지하지 않으면 안된다. 또한 수비대 항목에서 서술한 것처럼, 함부로 대안(對岸)으로 진입해 경찰권을 행사하는 것과 같은 상황은 타국의 영토주권을 침해하여 분쟁의 소

지가 될 수 있으므로 주의하지 않으면 안된다. 이러한 상황에서는 모름지기 먼저 그 지역의 일본 영사관과 교섭하여 적당한 조치를 취하는 것이 좋은 방책이다.

또한 방위와 청구에 기반한 출병에 관해 연구가 필요한 문제가 있는데, 육군형법 제44조에 "사령관의 출병을 요구할 권리가 있는 관헌으로부터 그 요구를 받았으나 이유없이 그에 응하지 않을 때는 2년 이하의 금고형에 처함"이라고 하는 규정이 그것이다. 조선군 및 사단사령부조례및 수비근무규정 등에 조선총독 또는 지방장관으로부터 출병 청구를 받았을 때는 그에 응할 수 있다는 규정이 있으므로 아직 그 시기에 이르지 않았다고 인정되거나 혹은 출병으로 인해 의외의 화해(禍害) 혹은 분의(紛議)가 초래될 우려가 있다고 인정되는 경우와 같은 때는 요구에 응해 출병하지 않는 것에 대해 정당한 이유가 있으므로 위 육군형법 제44조 "이유없이"에 해당되지 않는다고 하더라도, 위 규정을 오해하여 응하거나 응하지 않는 것을 자유라고 해석하여 아무런 이유가 없음에도 불구하고 출병요구권이 있는 관헌의 요구에 응하지 않는 경우에는 "이유없이" 즉 정당한 이유없는 경우로 同 조항에 해당하는 것으로 칭하지 않을 수 없다. 또한 영사관의 출병 청구권을 연구할 때, <영사관 직무규칙>에서는 출병 청구권을 규정하는 것은 없다고 하더라도, 同 규칙 제2조에서 영사관은 주재국에서 일본신민을 보호하고 제국의 통상·항해에 관한 이익을 유지·증진시켜야 할 것이며, 제5조에서 영사관은 그 관할 구역 내에 있는 일본신민의 구조 또는 취체를 위해 필요한 조치를 해야 할 것이며, 제6조에서 영사관은 그 관할 구역 내에서 일본신민의 재산 또는 유산의 보호·관리에 필요한 조치를 해야 하며, 제17조에서 영사관은 그 직무상 필요가 있을 때에는 제국군함의 도움[幇助]을 요구할 수 있다는 등의 규정이 존재하는 것으로 볼 때, 접양국(조선 병합 이전에는 접양국이 아니었으므로 군함 등에 대한 규정만이 게재되어 있었음. 위 직무규칙은 1900년(明治33) 4월 발포에 관련됨. 조선병합은 1910년(明治43)임에 주재하는 영사관은 거류민의 생명·재산을 보호하기 위해 긴급하게 필요하다고 인정될 때에는 부근에 주둔하는 사령관 또는 대장(隊長)에게 출병을 요구하는 것과 같은 일은 원래 적당한 조치라고 할 수 있더라도, [그렇다고 해서] 이 조항[을 기반]으로 바로 출병 청구권이 있다고 해석하는 것은 타당하지 않다. 그러나 이미 [한국병합전에 마련된 규정에서도] 군함에 대해 도움[幇助]을 요청할 것을 규정해 둔 관계상 지금은 접양국에서 영사관 부근에 주둔하는 군대에 도움[幇助]을 요청하지 못할 이유가 없으므로 이 점은 앞으로 개정되어야 할 것으로 생각된다.

제3장 만주의 변천 및 청·러·일 관련 諸조약

만주는 중국에서는 지금으로부터 약 3000년 전 은나라·주나라(殷·周) 시대에서 숙신(肅愼), 직신(稷愼) 또는 읍루(挹婁) 등으로 불렸고, 일본에서는 1300년 전 숙신의 명칭으로 역사상에 출현을 보였다. 숙신은 퉁구스족으로도 칭해져 만주민족의 선조이다. 현재 모단강(牡丹江) 북쪽 경백호 부근을 숙진의 도읍으로 삼았던 유적이 인정된다. 숙진에 이어 출현했던 민족은 거란·말갈·부여·여진 등이다. 부여는 2000년 전 한(漢)나라 시대에 지금의 장춘(長春) 서쪽인 농안현(農安縣)을 근거지로 하여 송화강 유역에서 발전하였다. 뒤이어 일어난 것은 한나라 말기 즉, 지금으로부터 1800년 전 고구려였다. 약 700년 동안 만주 주위를 반거[蟠居=근거지를 확보하여 세력을 떨침]하다가 점차 조선반도로 남하하여 지금의 평양을 도읍으로 삼아 만주 및 西조선을 지배하였다. 고구려는 당나라 때문에 멸망했으나 대신 말갈의 일족이 발해국을 건설하여 그 판도는 압록강에서 멀게는 봉천 부근까지 달했다. 발해국은 약 300년간 국세(國勢)를 유지하며 우리 일본과도 교통하였다. 발해국은 판도 내에 5경(五京)을 두고 그 중 남경부를 지금의 간도 즉 연길청 부근에 두고, 신라와 교통하였다. 발해국은 남북만주에 이르는 대국을 건설하였으나 거란족 때문에 멸망하였다. 거란은 돌궐족 때문에, 돌궐은 여진민족(金나라) 때문에, 금나라는 몽골 종족에 의해 흥하고 원나라 때문에 멸망하였다. 원나라는 행정청을 오늘날의 요양(遼陽)에 두고, 원은 한족인 명나라 때문에 멸망하였다. 명은 만주민족인 청조 때문에 멸망하였다. 원-명 사이는 만주민족 퇴보의 시기였다.

만주에서 한족과 만주족과의 교섭은 앞서 서술한 것처럼 3000년 전부터 개시되었다고 할 수 있으나, 한족은 만주를 조선정벌의 통로로 삼았고, 또한 만주족 발호를 견제하여 중국 본토로의 침입을 막으려는 정도에서 그쳐, 힘을 만주에 사용한 흔적이 없이, 변경의 북방 오랑캐[北狄]의 땅으로 그다지 고려되지 않은 상태로 청조까지 이르렀는데, [청조가] 만주를 평정하고 도읍을 심양(봉천)으로 정하면서 청조의 발상지로 삼아 한족의 이주를 막았지만, 한족은 점차 산동(山東) 및 직예(直隷)방면으로 침입·이주하여 비옥한 땅을 개간하고 농업을 일으켜 각지에서 시(市)를 이루기에 이르렀다. 본래 만주 민족은 그 세력이 쇠미하여 날로 그 흔적이 단절되어 오늘날에는 불과 혼춘, 길림 부근과 송화강 연안에 산재하는 것에 불과하다. 러시아가 북만주로 침입한 것은 1650년 경 하바로프 장군이 시베리아를 정복하고 남하하여 흑룡강 방면으로 세력을 넓혔던 것이 그 첫 시작이다. 이어 1847년 무라비요프가 동부 시베리아 총독에 임명되어(지난번 참극이 있었던 [아무르강 근처의] 니콜라옙스크市는 1850년에 건설된 것) 계속된 남하 정책을 채택했고, 同 氏는 청조를 압박하여 아이훈 조약(1858년)을 체결하고 흑룡강 좌안(左岸)을 모두 러시아의 소유로 삼았다. 이어 1860년 이그나티에프를 북경으로 파견하여 북경조약에 의해 추가로 연해주 일대를 러시아 영토로 삼고, 1872년 블라디보스토크항을 점령하여 해군의 근거지로 정해 러시아의 동방경영은 날로 발전하였다. 1896년 카시니 조약에 의해 시베리아 철도를 연장하고 동청(東淸)철도를 부설하고, 북만주를 종단하여 장춘까지 남하하고 하얼빈에서는 하나의 도시를 건설하여 만주 경략(經略)의 근거지를 견고히 하였다. 때마침 청일전쟁이 발발하였는데, 이 전쟁은 조선에서 청·일 양국 세력의 충돌에 기인하는 것으로, 청나라는 결국 굴복하고 화의를 요청하기 이르러 1905년(明治28) 4월 시모노세키에서 강화조약을 체결하였다. 이로 인해 우리는 요동반도를 청국으로부터 할양받게 되는데, 갑자기 러시아·독일·프랑스의 삼국간섭이 있었고, 우리는 분노를 삼키며 삼국의 횡포와 청국의 노회(老獪)함에 분개하며 [이 분노를] 되갚을 수 있는 기회를 기다렸다. 특히 기괴했던 것은 러시아가 우리를 압박하여 요동반도를 청에 돌려주도록[還付] 했으면서 그 이듬해에는 위 반도의 여순(旅順)·대련(大連)을 [러시아가] 조차했고 아울러 남만주철도 부설권을 획득해낸 일이었다. [이것은] 주중러시아공사 카시니 백작의 획책에서 나온 것으로 1898년(明治31) 4월의 일이었다. 이어 영국·프랑스·독일 각국은 앞다투어 청국 내에 조차지를 요구했고 각자 이권을 획득하기에 급급했는데, 특히 러시아는 폭력적인 위세를 드러내며 만주에서의 중국 주권을 무시하고 그것을 자국의 영토인 것처럼 취급하였으므로 1902년(明治35) 3월 영일동맹이 성립하고 양국이 협동으로 러시아에 압력을 가해 만주를 청나라에 돌려줄 것을 맹세하게 하였으나, [러시아는] 이를 실행하지 않았을 뿐만 아니라 남만주철도를 완성하고, 점점 더 병력을 증강시켜 그 근저를 견고히 할 뿐만 아니라, 군대를 한국 내지로 보내 압록강의 삼림을 벌채하여 용암포(龍巖浦)에 병사를 주둔시키기에 이르렀다. 이에 우리 정부는 단호하게 러시아에 항의하고 한국내지에서 철병할 것과 만주에서의 서약을 실행하도록 압박하였지만, 러시아는 조금도 우리의 [요구에] 귀를 기울이지 않고 거리낌없이 스스로 하고 싶은대로 하여, 우리도 결국 떨쳐 일어나 러시아에 대해 국교 단절을 통고하였으니 때는 1904년(明治37) 2월 6일이었다. 이와 동시에 인천 앞바다에 2척의 러시아 함대를 침몰시키고 우리 군은 연전연승하여 적을 북만주로 몰아넣어 난공불락의 여순을 함락하며, 동해[日本海]에서 발틱함대를 섬멸시키기에 이르렀다. 횡폭함이 극에 달했던 러시아도 결국 굴복하였다. 당시 미국 대통령이었던 루즈벨트 씨의 중재에 의해 미국 포츠머스에서 러일강화조약을 체결하기에 이르렀으니 때는 1905년(明治 38) 9월 5일이었다. 조약은 同年 10월 14일에 비준되고, 16일에 강화 조칙과 더불어 조약 전문이 발표되었다. 이보다 앞서 강화문제가 대두되자 청국 정부는 그 대표자를 강화회의에 참석시키려는 의향을 가지고 있었으나, 영미 양국 공사들은 그것이 불합리하다고 설득하여 중지시키려 하였고, 추가로 러일 양국의 전권 위원이 만주에 관한 의정(議定)을 만들려고 했으나 청국 정부가 이것을 유효하다고 인정하지 않는다는 취지로 열국에 동문통첩을 보냈고 제국정부는 그에 대해 엄중한 경고를 표했다. 열국 역시 여기에 무게를 두지 않고 이후 강화회의를 체결하기에 이르렀다. 청국정부는 러일양국정부에 대해 성명서를 발표하기를, (1) 철병의 단축, (2)철도 수비는 청국 자신이 그 임무를 맡아야 할 것을 통고하였다. 기타 청국 대관(大官) 중에서 만주에 관해 다양한 의견을 가진 자가 있는데, 1905년(明治38) 11월 17일부터 북경에서 제국전권위원과 청국전권위원이 회의를 열어 강화조약 중에 규정된 청국의 승낙을 필요로 하는 사항을 의정하고, 더불어 만주의 질서 회복 및 만주개방에 관한 사항을 협정하였다. 이렇게 러일전쟁은 종국을 고했다. 그 조약 및 협정은 다음과 같다.

1. 만주에 관한 청·일 조약

제1조 청국정부는 러시아가 러일강화조약 제6조에 의해 일본국에 대해 해야 할 모든 양도를 승낙함.

제2조 일본국 정부는 청·러 양국간에 체결된 조차지 및 철도부설에 관해 原조약에 비추어 힘써 준행할 것을 승낙함. 앞으로 어떠한 안건이 생기는 경우에는 수시로 청국정부와 협의한 후 정할 것.

제3조 본 조약은 조인된 날로부터 효력을 발생함. 또한 대일본제국폐하와 대청국황제폐하가 이것을 비준할 것임. 비준서는 본 조약 조인일로부터 2개월 이내에 가능한 한 신속히 북경에서 이를 교환할 것.

(참고) 러일강화조약

제5조 러시아제국정부는 청국정부의 승낙으로 여순, 대련 및 그 부근의 영토 및 영수(領水)의 조차권 및 해당 조차권에 관계되거나 그 일부분을 조성하는 모든 권리·특권 및 양여(讓與)를 일본제국정부에 이전·양도함.

러시아제국정부는 前記 조차권이 그 효력을 미치는 지역에서 모든 공공 조영물 및 재산을 일본제국정부로 이전·양도함.

조약을 체결한 양국은 前記 규정에 관계되는 [사항은] 청국정부의 승낙을 얻을 것을 서로 약속함.

일본제국정부는 前記 지역에서 러시아 국민의 재산권이 완전히 존중되게 할 것을 약속함.

제6조 러시아 제국정부는 장춘(寬城子)-여순 구간의 철도 및 모든 지선(支線) 및 이 지방에서 거기에 부속된 모든 권리, 특권, 재산 및 이 지방에서 해당 철도에 부속되거나 그 권리를 위해 경영되는 모든 탄광을 보상 받음 없이, 또한 청국 정부 승낙을 얻어 일본제국정부로 이전·양도할 것을 약속함.

조약을 체결한 양국은 前記 규정에 관계되는 [사항은] 청국 정부의 승낙을 얻을 것임을 약속함.

2. 부속 협정

청일 양국 정부는 만주에서 쌍방 모두 관계를 가지는 다른 사항을 결정하고, 이로써 준수의 편의를 도모하기 위해 다음의 약속을 협정함.

제1조 청국정부는 러·일 군대 철병 후 가능한 한 신속히 외국인의 거주 및 무역을 위해 자진하여 만주에서의 다음의 도시를 개방할 것을 약속함.

성경성(盛京省), 봉황성(鳳凰城), 요양(遼陽), 신민둔(新民屯), 철령(鐵嶺), 통강자(通江子), 법고문(法庫門), 길림성(吉林省), 長春(寬城子), 길림(吉林), 하얼빈[哈爾濱], 영고탑(寧古塔), 혼춘(琿春), 삼성(三姓), 흑룡강성(黑龍江省), 치치하얼[齊齊哈爾], 하이라얼[海拉爾], 아이훈[愛琿], 만주리(滿洲里)

제2조 청국정부는 만주에서 러일 양국의 군대와 철도수비병이 가능한 한 신속히 철퇴할 것을 간절히 바란다는 취지를 언명하였으므로 일본정부는 청국정부의 희망에 응하고자 하며, 만약 러시아에서 철도수비병의 철퇴를 승낙하거나 혹은 청·러 양국간에 별도로 적당한 방법을 협정할 때에는 일본국 정부도 마찬가지로 조변(照辦)할 것을 승낙함. 만약 만주지방이 평정한 상태로 돌아가 외국인의 생명·재산을 청국 스스로 완전하게 보호할 수 있는 상태에 이를 때는 일본국도 역시 러시아와 마찬가지로 철도수비병을 철퇴시킬 것임.

제3조 일본국정부는 만주에서 철병을 완료한 지방은 바로 그것을 청국정부에 통지할 것. 청국정부는 러일강화조약 추가약관에서 규정한 철병기간 이내라고 하더라도 이미 上記와 같이 철병 완료 통지를 받은 각 지방에서는 스스로 그 안녕과 질서를 유지하기 위해 필요한

군대를 파견할 수 있고, 일본국 군대가 여전히 철퇴하지 않은 지방에서 만약 토비(土匪)들이 촌락에서 소란을 피우고 손해를 가할 때에는 청국지방관도 상당한 병력을 파견하고 그것을 체포[勦捕]할 수 있음. 단, 일본 군대 주둔지역 경계에서 20淸里 이내로는 진입할 수 없음.

제4조 일본정부는 군사상의 필요에 의해 만주에서 점령 또는 수용한 청국의 공적·사적 재산은 철병시 모두 청국 관민에게 반납하며, 또는 불용(不用)으로 귀속될 것은 철병 전이라고 하더라도 그것을 돌려주는 것을 승낙함.

제5조 청국 정부는 만주에서 일본군 전사자의 묘지 및 충혼비 소재지를 완전히 보호하기 위해 필요한 모든 조치를 취할 것을 약속함.

제6조 청국 정부는 안동현과 봉천 사이에 부설된 군용 철도를 일본국 정부가 각국 상공업의 물자운반용으로 고쳐 계속 경영하는 것을 승낙함. 해당 철도는 개량공사 완성날로부터 기산(起算)하여 (단, 군대 송환을 위해 지연되는 기간 12개월을 제외한 2개년을 개량공사 완성 기한으로 함) 15개년을 기한으로 함(훗날 만몽조약에서 99년으로 연장함). 즉, 광서 49년(1923년(大正12[18]))에 이르러 멈춤. 그 기한에 이르면 쌍방에서 타국의 평가인을 1명씩 선정하여 해당 철도의 각 물건을 평가하여 청국에 매각할 것. 매도 전에 청국정부의 군대 및 병기·식량을 우송할 경우에는 동청철도조약에 준거하여 취급할 것. 또한 해당 철도 개량방법에 대해서는 일본국 경영 담당자에게 청국에서 특파한 위원과 절실하게 상의하게 할 것. 해당 철도에 관한 사무는 동청철도조약에 준해 청국정부로부터 위원을 파견하여 사찰·경리하게 할 것. 또한 이 철도로 청국 공적·사적 화물을 운반하는

---

18 원문상에는 "大五十二年"으로 표기되었으나 "大正十二年"의 誤記로 판단됨.

운임에 관해서는 별도로 상세한 규정을 마련하는 것으로 함.

제7조 청·일 양국 정부는 교통 및 운수를 증진하고 편익을 도모할 목적으로 남만주철도와 청국 각 철도간의 접속 업무를 규정하기 위해 가능한 한 신속히 별약(別約)을 체결할 것.

제8조 청국정부는 남만주철도에 필요한 제반 재료에 대해 각종 세금 및 이금(釐金)을 면제하는 것을 승낙함.

제9조 성경성(盛京省) 내에 이미 통상장을 개설하여 영구(營口) 및 통상장으로 하기로 약정하였으나 아직 열리지 않은 안동현 및 봉천부 각 지방에서 일본거류지를 획정하는 방법은 청일 양국 관리들이 별도로 협의하여 결정할 것.

제10조 청국정부는 청일합동재목회사를 설립하고 압록강 우안(右岸) 지방에서 삼림 벌채에 종사하는 것, 그 지역의 넓고 협소함, 연한의 길고 짧음, 회사 설립 방법, 합동경영에 관한 모든 규정은 별도로 상세한 약속을 정할 것을 승낙함. 청일 양국 주주(株主)의 권리는 균등 배분을 기할 것.

제11조 만한(滿韓)국경무역에 관해서는 서로가 최혜국 대우를 부여할 것.

제12조 청일 양국 정부는 금일 조인한 조약 및 부속협약의 각 조항에 기재한 모든 사항에 관해 서로가 최고의 대우를 제공할 것을 승낙함. 본 협약은 조인된 날로부터 효력을 발생함. 또한 금일 조인한 조약이 비준되었을 때는 본 협약도 역시 동시에 비준되는 것으로 간주함.

이상 본 조약 및 부속협정은 1905년(明治38) 12월 22일 (광서 31년 11월 26일) 북경에서 조인하여, 러일강화조약에서 규정한 관동주의 조차권, 남만주철도 및 그 부속지, 무순(撫順) 탄광은 완전히 일본에 양도하였다. 러일전쟁의 결말은 이로써 일단락을 고하였다.

제4장 간도 및 혼춘의 변천과 중·일·러 국제 諸조약

간도 및 혼춘 일대의 땅은 고대로부터 만주민족의 근거지였다. 기원 700여년 전 고구려가 멸망하고 발해국이 홍함에 이 지방을 통합하여 하나의 행정구역으로 삼아 5경(五京)의 하나가 되었다. 남경부를 간도 즉 오늘날의 연길현 부근에 두었음은 앞에서 서술한 바와 같다. 이후로 한족과 만주족, 조선민족 간의 침략·교섭·쟁탈 등 많은 변천을 거쳤으나, 변경의 북방 오랑캐의 땅으로 [여겨] 대대로 그다지 많은 힘을 들이지 않았으나, 그래도 이 지방 일대의 땅이 비옥하므로 북조선 국경지대의 조선인들은 이미 일찍부터 도문강을 건너 이주하는 자가 많았고, 특히 동치년간(同治年間[1861~1874]) 북조선의 대흉작 시기에는 다수의 이주민이 도문강 유역뿐만 아니라 중부 일대까지 침입하기에 이르렀다. 이 때 청나라에서는 강북 일대는 청국의 영토이므로 타국민이 개간하는 것을 허용하지 않고 여러 차례 귀환하도록 압박을 가하였으나 조선은 그것을 자국의 영토라고 하여 강고하게 고집하며 움직이지 않았다. 이후 양국의 위원은 수 차례 교섭을 거듭하였으나 결국 결정을 보지 못하였다. 1881년(光緒7) 길림 장군 명안(銘安)이 혼춘부 지사 이금용(李金鏞)에게 개간 사업을 명하였다. 그 이전 간도의 통치는 한국 함경도의 차사에게 귀속되어 한국민들에게 지권(地券)을 하부하고 부책(簿冊)에 등기하게 했는데, 이후 청국정부는 자국민을 오게 하여 이 세력에 대항하게 하려 하여, 1886년(光緒12) 연집강(煙集崗 : 오늘날의 局子街)에 초간국(招墾局)을 마련하여 병사들을 주재하게 하고, 지방의 보안을 맡겼다. 한편 한민(韓民)에게는 극심하게 압박을 가해 한민이 가진 지권을 몰수함으로써 한민들은 소수의 청나라 지주 밑에서 소작인이 될 수밖에 없는 상황에 이르렀다. 이후 청나라 사람들의 이주자도 점차 증가하고, 개간도 매년 진행되면서 이 지역 일대는 동부 길림 중요 농지의 하나가 되었다. 러일전쟁 종결 후 조선은 일본의 보호국으로 되었으므로 1907년(明治40) 통감부 파출소를 두고 중요한 지역에 헌병분견소를 배치하여, 한민들의 보호를 위해 힘썼는데, 청국 정부도 이에 대항하여 변무공서(邊務公署)를 마련해 군대를 증파하자, 양측이 충돌하게 되었다. 1909년(明治42) 9월 청일 양국 간에 간도협약을 체결하고, 도문강을 경계로 삼아 간도는 중국령으로 확정하고, 대신 연길현 내(후에 화룡현, 왕청현을 분할함)를 잡거지로 정해 일본 통감부 파견소를 철거하였다. 국자가·용정촌·두도구·백초구강을 통상지(通商地)로 삼아 개방하고, 일본 영사관 및 분관을 설립하고, 청국 역시 상부국(商埠局)을 설치하였다. 이후 한민(韓民)들은 청국 법권아래 놓이게 되었는데, 1910년(明治43) 8월 한일병합이 이루어지자마자 조선의 독립·자치를 도모하는 무리들이 줄지어 이곳으로 모였고 중국 관헌의 암묵적인 비호를 받았다. 외국인 선교사들이 몰래 선동하였다. 간도는 이 때문에 불령선인들의 소굴이 되어 가는 모습을 보이게 되었다. 1915년(大正4) 5월 중일만몽조약(남만주 및 동부 내몽골에 관한 것)이 체결되자 종래 중국법권에 복종하던 조선인들은 일본제국 신민으로서 일본의 영사재판권에 복종하도록 규정되면서(同조약 제5조) 앞서 체결되었던 간도협약은 당연히 그 효력을 상실하는 것이되었음에도 불구하고, 중국에서는 만몽조약은 간도에 적용되어야 할 것이 아니므로 간도협약은 조선인에게 대해 여전히 적용되는 부분이 있다는 취지로 주장하였다. 이것에 대해서는 항목을 달리하여 상세히 서술할 것이다.

이어 혼춘은 동쪽으로는 구릉으로 러시아 영토 연해주에 접해 있고, 남쪽으로는 도문강을 경계로 삼아 조선의 함경북도와 대치하고 있다. 이 땅은 청 태조 황제 시대에 이미 팔기군(八旗軍)의 둔전(屯田)이 있었는데, 러시아가 점점 동쪽으로 세력을 넓혀 진출함에 따라 변방을 지켜내는 일이 상당히 중요한 사안으로 되었고, 1714년(康熙53) 혼춘에서 변융협령좌령(邊戌協領佐領)의 기관(旗官)을 두고 둔전 변방을 지키는 일을 맡게 되었는데, 1858년(咸豊8) 러·청 양국간에 체결된 아이훈조약의 체결 결과 오소리 지방은 러청 양국의 중립지대로 되었고, 이어 1860년(咸豊10) 이것을 러시아에 할양하기에 이르렀다. 혼춘의 지위는 점점 더 중요해져 1867년(同治6)에 서리부도통(署理副都統)을 두고 1909년(宣統1) 이것을 폐지하여 혼춘현으로 개칭하였다.

간도 및 혼춘은 변경[邊陲]에 위치하고 오랫동안 적귀[適歸=어디로 속하는 것이 적절한지 여부를 의미]가 정해지지 않은 상태로 있었는데 청·한 양국의 위력이 철저하지 않은 틈을 타 러시아가 1900년(明治33) 북청사변[=의화단운동]에 편승하여 러시아 장수 아이구스토프가 인솔하는 1대(隊)가 노키예프스크로부터 진군하여 혼춘을 함락시키고 마침내 병사들을 간도로 보내 이 지방 일대를 점령하고 국자가 부근에서 1개의 러시아 진영[俄營]을 마련하였으나, 러일전쟁 후에는 러시아 병사들도 철수하고, 1905년(明治38) 12월의 만주에 관한 일청조약 및 부속협정에 의해 혼춘도 만주에서의 다른 도시와 더불어 외국인의 거주와 무역을 위해 개방하는 것으로 되었다. 실제로 간도에 있는 용정촌 총영사관의 분관을 이곳에 두어 제국신민의 보호에 임하고 있다.

1. 간도에 관한 일청협약 (간도협약) (1909년(明治42) 9월 4일)

대일본정부 및 대청국정부는 선린우호에 비추어 도문강이 청·한 양국의 국경임을 서로 확인하고 여기에 타협의 정신으로 모든 변법(辨法)을 상정함으로써 청·한 양국의 변방 백성으로 하여금 영원히 치안의 경복(慶福)을 누리게 되기를 바람. 여기에 다음의 조관을 정립(訂立)함.

제1조 일·청 양국 정부는 도문강을 청·한 양국의 국경으로 하고 강원

(江原) 지방에서는 정계비(定界碑)를 기점으로 해서 석을수(石乙水)로 양국의 경계로 삼을 것을 성명(聲明)함.

제2조 청국정부는 본 협약 조인 후 가능한 한 신속히 다음의 각 지역을 외국인의 거주와 무역을 위해 개방할 것이며, 일본정부는 이들 지역에 영사관 혹은 영사분관을 설치할 것. 개방 시기는 별도로 정할 것.

용정촌, 국자가, 두도구, 백초구

제3조 청국정부는 종래 대로 도문강 북쪽의 개간 지역에서 한민(韓民)의 주거를 승인할 것. 이 구역의 경계는 별도(別圖)로 제시함.

제4조 도문강 북쪽 지방 잡거구역 내 개간지의 한민들은 청국의 법권(法權)에 복종하고, 청국 지방관의 관할 재판에 귀속됨. 청국관헌은 이들 한민들을 청국 국민과 마찬가지로 대우할 것이며, 납세 및 기타 모든 행정상의 처분도 청나라 국민과 마찬가지로 할 것.

위 한민에 관계되는 민사·형사 모든 소송사건은 청국 관헌이 청국의 법률에 준거해서 공평하게 재판할 것. 일본국 영사관 혹은 그 위임을 받은 관리는 자유롭게 법정에 입회할 수 있음. 단, 인명에 관한 중대한 사안에 대해서는 모름지기 먼저 일본국 영사관에 알려 대조하는 것으로 함. 일본국 영사관에서 만약 법률에 비추어 보지 않고 판단할 우려가 있을 것으로 인정될 때는 공정한 재판을 기하기 위해 관리를 파견하여 복심(覆審)을 행할 것을 청국에 요구할 수 있음.

제5조 도문강 북쪽 잡거 구역 내에서 한민들이 소유한 토지 가옥은 청국 정부는 청국 인민의 재산과 마찬가지로 완전하게 보호할 것. 또한 해당 도문강 연안에서 장소를 정해 나룻배[渡船]를 마련하고 쌍방 인민의 왕래는 자유롭게 할 것. 단, 병기를 휴대한 자는 공문 또는 통행증[護照]없이 국경을 건널 수 없음.

잡거구역 내에서 산출되는 쌀과 곡식은 한민들의 수출을 불허함. 흉년일 때에 더욱 금지하여야 할 것이며, 약초는 종전대로 조변(照辨)할 것.

제6조 청국 정부는 앞으로 길장[吉長=길림-장춘구간]철도를 연길의 남쪽 경계로 연장하여 한국 회령에서 한국철도와 연결[連絡]되게 할 것. 그 모든 변법은 길장(吉長)철도와 일률적이게 할 것. 개통 시기는 청국 정부에서 정세를 참작하여 일본국 정부와 상의한 후 이를 정할 것.

제7조 본 협약은 조인 후 바로 효력을 발생하는 것으로 통감부 파출소 및 문무(文武) 각원(各員)들이 가능한 한 신속히 철퇴를 개시하여 2개월에 완료할 것. 일본국 정부는 2개월 이내에 제2조에서 정한 대로 통상지(通商地)에 영사관을 개설할 것.

2. 국경열차 직통운전에 관한 청일협정 적록(摘錄) (1911년(明治44) 12월 2일)

1. 청일 양국 정부는 세계교통을 위해 특별히 양국 국경에서 열차의 직통 연락을 승낙함.

2. 양 철도 열차의 직통을 위해서는 압록강 철교상에서의 그 중심을 양국의 경계로 삼아 이서(以西)를 청국 국경으로 하고 이동(以東)을 일본국 국경으로 할 것.

7. 양 국경을 통과하는 열차는 군대를 수송할 수 있음.
   조약에 의해 주둔이 허가된 군대는 이 [규정]에 한정되지 않음. 단, 국경 왕래시 사전에 반드시 통지할 것.

8. 조선인으로 종래 청국 내에서 살던 자는 관례에 따라 처리[辨理]할 것. 기타 조선인으로 통행증[護照]을 갖고 있지 않은 자는 승차 경계

를 넘어 청국 내지로 여행할 수 없음.

10. 안봉[安奉=봉천-안동 구간]철도는 조약에 의해 15개년 후 청국정부
    에서 매수하는 것으로 됨에 따라, 본 조약은 해당 철도 매수 이전
    에만 적용되어야 할 것으로, 매수 후에는 양국 정부가 별도로 열차
    직통에 관한 장정(章程)을 협정할 것.

3. 남만주 및 동부 내몽골에 관한 조약 (만몽조약) (1915년(大正4) 5월 25일)

(부속 공문은 생략함 [원문자체 생략])

제1조 양 체결국은 여순·대련 조차지 기한(1997년까지) 및 남만주철
    도(2002년까지) 및 안봉철도(2007년까지)에 관한 기한을 모두 99개
    년 연장할 것을 약속함.

제2조 일본국 신민은 남만주에서 각종 상공업상의 건물을 짓기 위해
    또는 농업을 경영하기 위해 필요한 토지를 상조(商租)할 수 있음.

제3조 일본국 신민은 남만주에서 자유롭게 거주·왕래하고 각종 상공
    업 및 기타 업무에 종사할 수 있음.

제4조 일본국 신민이 동부 내몽골에서 중국 국민들과 합변[合辨=공동
    출자]하여 농업 및 부속 공업 경영을 하고자 할 때는 중국 정부는
    이것을 승인할 것.

제5조 앞 3조의 경우에서 일본국 신민은 예규에 의해 하부받은 여권을
    지방관에게 제출하여 등록을 받고 또한 중국 경찰법령 및 과세에 복
    종할 것(법령과세는 미리 중국관헌에서 일본영사관과 협의한 다음
    시행할 것. 부속공문). 민사·형사소송은 일본국 신민이 피고인 경우
    에는 일본국 영사관에서, 중국 국민이 피고인 경우는 중국 관리가

이것을 심판하고, 서로가 관원을 파견하여 임석(臨席)·방청할 수 있음. 단, 토지에 관한 일본 국민 및 중국 국민 사이의 민사 소송은 중국 법률 및 지방관습에 의해 양국에서 관원을 파견하여 공동 심판할 것.

앞으로 이 지방의 사법제도가 완전히 개량된 때에는 일본국 국민에 관한 모든 민사·형사소송은 완전히 중국 법정의 심판에 귀속시킬 것.

제6조 중국 정부는 가능한 한 신속히 외국인의 거류·무역을 위해 자진해서 동부 내몽골에서 적당한 諸도시를 개방할 것을 약속함.

제7조 중국 정부는 종래 중국과 각 외국 자본가 사이에 체결한 철도차관계약규정사항을 표준으로 삼아 신속히 길장(吉長)철도에 관한 諸협약 및 계약의 근본적 개정을 행할 것을 약속함.

앞으로 중국 정부에서 철도차관사항에 관해 외국 자본가에게 현재의 각 철도차관계약과 비교하여 유리한 조건을 부여할 때는 일본국의 희망에 의해 前記의 길장(吉長)철도차관계약을 개정할 것.

제8조 만주에 관한 중일 현행 각 조약은 본 조약에서 별도로 규정하는 것을 제외한 것 외에 전부 종전대로 실행할 것.

제9조 본 조약은 조인한 날로부터 효력을 발생함.

본 조약은 일본국 황제폐하 및 중국 대통령 각하가 비준하고 그 비준서는 가능한 한 신속하게 동경에서 교환할 것.

위 제2조에서 제5조는 중국 정부에서 제반 준비를 갖출 필요가 있으므로 조약을 조인한 후 3개월 간 실시를 연기함(부속공문).

제5장 간도의 법권문제
/ 附 간도조약과 만몽조약과의 충돌

이번의 혼춘사건에 관한 교섭은 이미 북경에서 개시되었지만, 간도에서 중일 갈등의 근원을 베어내고 제거[芟除]하기 위해서는 이 지역 거주하는 조선인의 법권문제를 해결하지 않으면 안된다. 앞에서 제시한 간도협약 제4조 제1항에 의하면 도문강 북쪽 지방에 거주하는 한민(韓民)은 청국의 법권에 종속되어 청국 지방관의 관할 재판에 귀속된다. 청국 관헌은 이 한민을 청국 국민과 마찬가지로 대우하여 납세 및 기타 모든 행정상의 처분도 청국 국민과 마찬가지로 하도록 규정하였다. 또한 [간도협약 제4조] 제2항에서 일본 영사관은 자유롭게 법정에 입회할 권리 및 위법재판에 대해 복심을 청구할 수 있는 권리가 있으나, 조선인에 대한 재판권은 전적으로 중국정부에 있는 것이 분명하다. 한국은 일본의 보호국으로 일본은 그 외교를 위임받은 상태였을 뿐이므로, 청국 정부가 가진 한민에 대한 권리를 강요할 수는 없다. 일본 역시 안봉철도 개축문제를 위해 신속히 협정을 체결할 필요성이 있어서 이렇게 양보를 한 것이지만, [간도협약 체결 후] 2년 뒤 한국이 일본에 병합되고 재외조선인은 일본국 신민과 마찬가지의 대우를 받도록 되었음에도 불구하고 간도협약의 개정을 하지 않아서 여전히 구태의연한 태도가 지속되어, 일본관헌은 간도만은 다른 중국 영토와 달리 완전한 영사재판권을 갖고 있지 않은 상태이며, 1915년(大正4) 중일간 교섭의 결과, 앞에서 제시한 만몽新조약이 체결되어 일본국 신민은 남만주에서 토지 상조권(商租權) 및 자유거주권, 동부 내몽골에서 농공업 합변경영권을 획득함과 동시에, 제5조에서 "제3조의 경우에서 일본국 신민은 예규에 의해 하부받은 여권을 지방관에게 제출하여 등록을 받고 또한 중국 경찰법령 및 과세에 복종할 것" "민사·형사소송은

일본국 신민이 피고인 경우에는 일본국 영사관에서, 중국 국민이 피고인 경우는 중국 관리가 이것을 심판하고, 서로가 관원을 파견하여 임석(臨席)·방청할 수 있음"이라고 언급하며 규정하였다. 여기서 일본국 신민에는 물론 조선인을 포함하였으므로 본 조약에 의거한다면, 간도에서 조선인들은 중국 내지에 잡거하더라도 민사·형사 피고가 되었을 경우에 일본 영사의 관할 재판에 귀속되는 것이 명백하며, 앞에서 제시한 간도협약의 규정과 완전히 배치되어 그 당시에서 적용상 의문을 낳았지만, 일본 정부의 견해에 의하면 동일사건에 대해 2개 조약이 있을 때는 나중 조약에 준거하는 것이 당연하다는 원칙에 입각해 만몽新조약이 유효하다고 주장하였다. 이에 대해 중국 정부는 일반적 규정에 관련된 조약은 특수적 규정의 조약을 이기지 못한다라고 반박하였고, 특히 위 조약 제8조에서 만주에 관한 중일 현행 각 조약은 본 조약에서 별도로 규정하는 것을 제외한 것 외에 모두 종전대로 실행할 것이라고 한 1항을 방패막이로 삼아 일본정부의 견해에 복종하지 않았다. 중대한 법적다툼문제를 야기시켰으나 결국 끝이 나지 않는 논쟁으로 종식되어 미정인 채로 오늘날까지 미뤄졌던 것이다. 이것이 불령선인이 간도에서 소굴을 형성하기에 이르게 된 근본 원인으로, 일본 정부의 법권은 간도 내지의 조선인에게 철저하지 않고, 중국관헌은 평온무사주의[事勿れ主意]로 취체를 게을리하여, 그 도량을 [조선인들에게] 간파당함에서 말미암은 것이다. 때문에 혼춘사건과 같은 불상사의 재발을 막고 만주-조선 국경의 치안을 유지하고 불령선인을 박멸하려면 반드시 그 근본문제를 해결하지 않으면 안된다. 우리 외무성에서도 다른 요구안과 함께 본 문제를 연구한 후 중국정부에 제출하려고 생각중이지만, 이미 몇 년 전부터의 법적 다툼문제일뿐만 아니라, 만약 법권이 일본에 귀속된다면 간도지방은 조선인이 7~8할, 중국인이 2~3할의 비율이어서 중국이 입게 될 영향이 지대하므로 용이하게 승인되지 않을

것이다. [이] 문제는 상당한 분규가 예상이 된다. 지금 쌍방 주장간의 옳고 그름을 연구해 보니, 대체적으로 양 조약 체결국 간에 기존의 조약과 양립하지 못할 신조약을 체결한 경우에는 구조약은 암묵적으로 폐기됨을 인정해야 하는 것이 국제법상의 원칙이다. 이것은 마치 일반법령에서 신법이 구법과 저촉됨으로 인해 구법이 폐기되는 것으로 인정하고, 또한 신·구 두법의 전부 혹은 일부가 상호 저촉될 때는 구법의 전부 또는 일부는 자연 소멸로 귀결되는 것이 일반적인 원칙인 것과 마찬가지이다. 본래 간도협약은 한국이 우리 일본의 보호국 시절에 청일 양국간에 협정한 것으로, 그 주안점은 청·한 양국의 경계를 정하고 한민(韓民)에 대한 청국의 법권을 확립하여 한민의 거주를 승인하고 재산을 보호하는 데 있었다. 그러나 한일병합 결과 한민은 일본제국의 신민으로 되어, 그와 동시에 만몽조약에서 일본신민이 남만주에서 농상공업에 종사할 권리 및 일본국 신민에 대한 영사재판권이 승인된 결과 간도협약 중 한민에 관한 규정 즉 제3조에서 제5조는 만몽조약의 제2조에서 제5조, 제8조에 의거해 당연히 폐기되어야 하는 것이라고 말하지 않을 수 없다. 그러나 간도 협약 중의 국경 및 개방, 기타 만몽조약과 관계없는 조항은 여전히 효력[19]을 가지고 있는 것은 同 조약이 규정하는 바이다. 그러나 중국 당국자는 간도에 거주하는 조선인은 한일병합 이후라고 하더라도 여전히 간도협약에 의해 중국의 법권에 복종해야 할 것임을 주장하고, 또한 만몽조약은 일반조약이고 간도협약은 특별조약이므로 전자의[=먼저 만들어진] 특별법이 후자의 [=나중에 만들어진] 일반법에 의해 폐지되지 않는다는 원칙을 채용하며 자체적인 주장을 고집하려 하지만, 이 원칙은 후자의 일반법이 전자의 특별법의 효력을 상실하게 할 의사가 명료한 경우에서는 적용되지 않는다.

---

19 원문상으로는 "放力"이지만 문맥상 "效力"의 誤記로 판단하여 번역함.

즉, 만몽조약 제8조의 규정 중 "본 조약에 별도로 규정하는 것을 제외한 것 외에"라는 문구를 고려하지 않은 논의로, 만몽조약 중에 규정된 일본국 신민의 권리·의무는 당연히 간도협약 중의 한국신민이 향유할 수 있는 권리·의무가 되지 않으면 안된다는 것은 명백하다.

다음으로 중국측에서는 간도에 거주하는 조선인 중 토지를 소유하고 경작에 종사하는 자를 간민(墾民)으로 칭하고 간민 중에 중국으로 귀화 절차를 마친 자는 모두 중국의 법권에 복속해야 한다고 주장하지만, [이것은] 편의론에 불과하고 법리상으로는 인정될 수 없다. 다음과 같이 그것을 설명할 수 있을 것이다.

우리 헌법 및 국적법은 영토의 분합에 의한 국적 변경에 대해 규정하는 바가 없다고는 하지만, 국제법상의 원칙으로 전쟁에 의해 또는 평화적 수단에 의해 영토 할양·병합이 되면 그 당연한 결과로 할양국 또는 피병합국의 인민은 양수국(讓受國) 또는 병합국의 국적을 취득하는 것으로 되므로, 한일병합의 결과 舊한국민은 당연히 일본 국적을 취득하는 것으로 간주된다. 이후 국적 취득 및 상실은 하나는 국제법(明治 32년 3월 법률 제66호)에 의해 지배받아야 할 것이지만, 위 법률은 한일병합 후 여전히 조선에서 시행되지 않고 있으며 또한 병합 전 구한국시대에는 국제법이라는 것이 없었으므로 국적의 취득 및 상실에 관한 조선인의 준거법은 오늘날까지도 존재하지 않는다고 말하지 않을 수 없다. 지금 간도에 거주하는 조선인을 보면 토지 소유는 물론 경작세 등의 편의상에 의해 중국으로 귀화를 신청하는 자가 매우 많고, 중국 관헌은 이들에게 귀화증이라는 것을 부여하였다. 귀화증은 직접 북경정부로부터 하부되는 것과 도윤(道尹)으로부터 하부받는 것이 있는데, 후자가 절차가 간단하므로 전자에 비해 후자의 발급수가 훨씬 많다. 중국의 국적법 중 귀화에 관해서는,

제2조 외국인 중에 다음의 사정에 해당되는 자는 중화민국 국적을 취

득할 수 있음.

① 중국인 아내가 있는 자

(②~④는 생략)

⑤ 귀화자

제4조 외국인, 無국적인은 내무부 허가를 거쳐 귀화할 수 있음.

내무부는 다음의 각 항의 조건을 구비하지 않은 자에 대해서는 귀화를 허가하지 말 것.

① 계속해서 5년 이상 중국에 거주하며 주소가 있는자

(②~④는 생략)

⑤ 본래 無귀국적이거나 중화민국 국적을 취득함으로써 본적 국적을 상실하는 자

(제3항 생략)

의 규정이 있다. 즉, 제2조 제5호에서 귀화자는 중국의 국적을 취득할 수 있고, 제4조 제1항에서 귀화는 내무부의 허가를 필요로 하며, 제2항에서 내무부는 다음에 기록한 각 조건을 구비한 자가 아니면 귀화를 허가하지 말 것을 규정하였다. 그 조건 중에 제5항에서 중화민국의 국적을 취득한 것에 의해 한편으로는 그 본국의 국적을 상실하는 자가 되지 않을 수 없다는 취지를 게재했기 때문에, 이것을 간도에 거주하는 조선인들의 귀화에 적용하려 할 때는 허가 조건으로 그 사람이 중국 국적을 취득함으로 인해 舊한국(한일병합전) 또는 일본국(한일병합후) 국적을 상실해야 할 필요가 있다. 이 조건을 구비하지 않은 자는 내무부에서 허가하지 않아야하는 것이다. 즉, 중국의 국적법은 귀화로 인한 이중국적을 인정하지 않는 취지임을 알아야 한다. 그리고 전술한 바와 같이 조선에서는 국적법이라는 것이 존재하지 않았으므로 어떠한 경우에도 귀화로 인해 그 본국의 국적을 상실한 적이 없다. 따라서 간도에 거주하는 간민들은 위의 제4조 제

5호의 조건을 구비하고 있지 않으므로 가령 귀화를 신청한다고 하더라도 허가를 해 줄 수 없음에도 불구하고 중국이 위법 처분을 감행하여 귀화인으로 삼아 중국의 법권에 복종시켜야 할 것을 주장하는 듯한 것은 우리가 결단코 이것을 인정하지 말아야 할 것이다.

註 : 중국이 완미[頑迷=완강하여 사리에 어두움]하여도 위와 같은 위법 처분을 취소하지 않고서는 이중국적 문제를 낳게 됨. 이 경우 우리 법례 제27조 제1항은 신분 능력 기타 속인적 법률행위에 관해 어느 국가의 법률을 당사자의 본국법으로 할 것인지 규정하고, 즉 그 한쪽이 일본 국적일 때에는 일본의 법률에 의거한다는 취지가 분명히 있음(공통법 제1, 2조 참조).

부록. 전쟁

인류는 평화적 동물로 諸국민 상호간에 평화롭게 생활하는 것이 정상적인 상태[常態]이며, 전쟁은 예외적인 일시 변태(變態)로 간주해야 할 것임에도 불구하고, 고대로부터 여러 민족의 역사는 전쟁의 사적[事跡=사건의 자취]으로 채워져 왔다는 것을 볼 때 학자들이 인류를 투쟁의 동물로 보고 인류의 자연 상태는 영구적인 전쟁으로 설명하더라도 과언이 아님을 알 수 있다. 마치 인류에게 욕망이 존재하는 한 그 생활을 유지하려해도 항상 평화적으로 될 수 없음과 동시에 반드시 투쟁적으로 되지 않을 수 없음을 알아야 할 것이다. 평화와 전쟁 양자가 서로 분리할 수 없는 관계에 있는 것이다. 문자문화의 진보와 더불어 국가간 전쟁의 숫자가 줄어들고 그 전투기간도 단축되었다고 보더라도 멀게는 청일·러일전쟁, 가깝게는 제1차 세계대전에서와 같이 국가간 전쟁의 흔적이 끊이지 않을 뿐만 아니라, 열국은 전쟁 준비를 성대하게 하고 군비를 확장하는 것을 범출 줄 모르는 형세에 있다. 고대로부터 전쟁이 사회에 필요한 것인가 아닌가에 대해 논의가 있었지만, 실로 열국 간 전쟁을 피할 수 없는 것과 전쟁 준비에 의해 겨우 평화를 유지하는 상태가 되었던 것을 감안해 보면, 평화적 수단으로 국제간 분쟁을 해결하려 하는 듯한 것은 백년을 기다리고 바래도 실현 불가능한 것으로 하나의 이상론이라 말하지 않을 수 없다.

국제간에 전쟁이더라도 의의가 이처럼 중대하므로 여기서 전쟁의 관념을 명확하게 할 필요가 있다. 고래로부터 학자들이 다양한 견지에서 전쟁의 정의를 내렸지만, 여전히 하나로 정해진 것이 없다. 하단에 최신설로 보이는 것을 열거하여 설명하고자 한다.

"전쟁이란 국가간 또는 국가와 그 싸움에 관해 국가의 권리를 가진 단체(교전단체) 사이의 공공연하게 병력으로 다투는 일"이므로

첫째, 국가간 또는 국가와 교전단체 간의 싸움이다.

전쟁은 세분화하면 대외전쟁과 국내전쟁의 둘로 나눌 수 있다. 대외전쟁이란 한 국가가 다른 국가에 대해 치르는 경우이며, 국내전쟁이란 일국 내의 전쟁 이른바 내란이라고 불리는 것이다. 내란을 전쟁이라고 부를 것인가 아닌가의 여부는 그 국가에서 법률규정의 여하에 따라야 할 것이다. 우리나라에서는 1882년(明治15) 8월 제37호 포고에서 "무릇 법률규칙 중 전시(戰時)로 칭하는 것은 외환 또는 내란이 있었을 때 포고로 정할 것"으로 규정하였다. 내란은 국내사항에 그치지 않고 그 국가의 공안을 방해하기 때문에 형법상 범죄인 것으로, 국법으로 그것을 전쟁이라 칭하는 것은 막을 수 없더라도 국제법상의 전쟁에는 해당되지 않는다. 그러나 반란자의 세력이 강대하여 일정한 토지를 할거하고 독립된 정치기관을 가지고 군대를 조직하고 문명국 사이에 이루어지는 전쟁의 법칙에 의거하여 정부와 투쟁을 계속하는 경우에는 정부에서도 제3국에서도 종종 이것을 교

전단체로 간주한다. 그 전쟁행위에 관해서는 독립국이 가져야 할 권리를 향유하고 의무를 부담하게 하는 경우도 있다.

둘째, 교전자 간의 공공연한 싸움이다.

전쟁은 국가 혹은 단체가 그 의견을 관철시키고자 하여 공공연하게 [치르는] 정치적 쟁투이므로 각 국가 혹은 단체의 정당한 권력하에서 쟁투할 것을 요하며, 그 명령권에 기반한 쟁투여야 한다. 때문에 어떤 2개국의 인민 간에서 분요(紛擾)를 야기시키고 무기를 취해 사적으로 쟁투를 하더라도 그 인민이 소속된 본국 국가간의 전쟁이 아닐 뿐만 아니라 2개국의 군대·군함 사이에 이러한 종류의 분쟁을 낳고 병화(兵火)를 주고받는 것이 있었더라도 각 본국 정부의 명령에 의하지 않고서는 그것을 전쟁이라 칭할 수 없다. 이상의 이른바 사전(私戰)은 전쟁이 아니며 쟁투하는 인민과 병사는 각각의 본국에서 각각 그들을 처벌하고 피해국에 손해를 배상하는 것에 불과하다.

셋째, 교전자가 병력으로 싸우는 것이다.

국제간 분의(紛議)에서 그것을 평화적으로 해결하기 위해 강제적 수단을 사용한 경우가 있다고 하더라도 평화적 관계가 계속되는 중에는 전쟁이 아니다. 국가간 혹은 국가와 단체 간에 평화관계가 두절되고 병력에 호소하여 그 승패에 의해 분쟁을 결정짓고자 할 때 비로소 전쟁이라고 칭한다. 여기서 주의해야 할 점은 전쟁에 [의해]서는 반드시 평화관계가 두절되지만, 평화관계의 두절이 모두 전쟁인 것은 아니다는 점이다. 국교가 단절되더라도 전쟁으로는 되지 않는 수많은 실제 사례들이 있다. 전쟁에서는 반드시 병력으로써 투쟁해야 할 필요가 있고 그 필요가 필연적인 결과로 평화관계가 두절되기에 이르는 것이다.

과거에는 전쟁은 국가간의 관계에만 머무르지 않고 양 교전국의 신민 상호간에도 적대관계를 인정하고 따라서 교전국의 신민 상호간에 전쟁의 당사자로 간주함으로써 사인(私人) 특히 노인·어린아이·부녀자들에 대해서도 참혹한 행위가 누차 이루어졌다. 그러나 18세기 중엽부터 전쟁은 사람과 사람간의 관계에서가 아니라 국가와 국가간의 관계이며, 개인은 일국의 신민이지 적이 아니므로 병사들로써 적으로 삼아야 한다는 주장이 나오기에 이르렀으나, 제1차 세계대전의 실제 사례에 비추어 보면 반드시 그렇지 만은 않았다. 한쪽 교전국이 다른 쪽 교전국의 신민을 적으로 삼거나, 직·간접적인 영향을 미친 예가 적지 않다. 즉, 전쟁에서 필요한 범위 내에서는 개인이 상대국에 대해 적성(敵性)을 가지는 때가 있음을 인정하기에 이르렀다. (독일 해군이 해상에서 상대국 상선에 대해 경고없이 침몰시킨 것, 혹은 일부 인민의 적대행위에 대해 모든 시민에게 해를 가한 것 등의 예가 그러함).

우리 헌법 제14조에서 "천황은 전쟁을 선포하고 화의를 강구하며 제반 조약을 체결함"이라고 규정했기 때문에 우리나라의 선전·강화는 천황 대권에 속하며, 의회의 협찬없이 천황 단독의 의사로 전쟁을 할 수 없다. 유럽 각국의 헌법이 이것에 관해 의회 혹은 원로원 등의 협찬을 필요로 한다고 규정하는 것과 [우리 헌법은] 그 취지를 달리한다. 이와 같은 것은 국가 성립의 연혁적 결과에서 나온 것으로, 민주국에서 이러한 종류의 권한은 국가의 대표자인 대통령에게 속하지만 군주국의 군주보다도 많은 제한을 받고, 또한 군주국에서도 우리나라와 같은 절대무제한인 경우를 볼 수 없다.

[부록 제5-2] 지시

혼춘·간도·조선 내 각 방면 비행실시에 관해 각대 및 지방관헌에게 내리는 지시사항

1. 이번 사건에서 임시 배속된 항공대를 회령읍 남방 밭지역[畑地]에 근거지를 둠. 오는 11월 10일 무렵부터 비행을 개시함. 혼춘·간도· 조선 내 각 지방 상공을 비행할 것임. 그러나 그 항로가 높고 험한 산악으로 첩첩이 쌓여 있어 공중에서 작은 고장이 돌발시 조종자가 임시로 임의의 착륙지를 선정해 보수한 후 다시 출발할 만한 공지 (空地)가 적음. 하물며 기온의 저하가 격심한 높은 상공에서 세밀하고 치밀한 기관(機關)에 야기될 수 있는 사고는 전혀 예측할 수 없는 부분이 있지 않겠는가. 이에 더하여 교통망이 불량하여 [사고발생시] 바로 부원(赴援)할 수 없는 상황임을 감안할 때 각 부대가 한 곳에 주둔중인지 행동중인지에 상관없이 다른 지방관헌에서도 충분한 원조를 제공해 주기를 바람.

2. 비행기는 1기(一機) 혹은 수기(數機)의 편대(編隊)로 행동함. 거기에 폭탄 수발을 장착하고 움직여 필요한 지점에 대해 폭격을 실시하고 적도를 위협하고 건축물을 파괴함. 때로는 비행기에 장비되어 있는 기관총으로 지상 부대와 협동하여 지상 전투에 참여할 수도 있음.

3. 각 부대에서 비행기 연락규정 및 비행통신규정을 준수하고 비행기 (공중)와 각 부대(지상)와의 연락을 긴밀히 하고 비행기가 그 능력을 충분히 발휘하게 하여 이용하기를 게을리 하지 않을 필요가 있음.

4. 비행기 출발시에는 당분간 하단에 기록한 지점에서 폭탄투하시험을

실시한 후 항로를 출발하는 것으로 할 것. 따라서 해당지역 부근에서는 제국군인 군속 및 양민의 출입통행을 금지할 것.

나무구묘(蘿蕪舊墓)-전대동(畑帶洞) 사이의 도문강

학서동(鶴栖洞) 북방 산지 부근

5. 비행기가 공중에서 고장나면 그 지점 부근에서 광활한 평지를 찾아 불시착륙을 해야 할 불가피한 상황이 있을 것임. 이를 인지한 부근의 부대 관헌 및 주민은 비행기 착륙의 여지를 제공할 필요가 있음.

6. 앞 항목의 불시착륙한 비행기를 인지한 자는 즉시 가장 가까운 수비대 혹은 헌병경찰관 등 헌공서에 보고하고 부대 관헌은 기체(機體) 및 인명의 이상 유무에 상관없이 가장 신속한 방법으로 사단사령부에 보고·통보할 것.

7. 비행기가 불시착륙하면 부근에 있는 부대장은 곧바로 장교가 지휘하는 소요인원(군의가 없을 경우 지방의)을 파견하여 구조에 임하고, 비행기 주위에 몰려드는 인민들을 물리치고 해당 비행기의 경계를 맡을 것.

8. 비행기가 불시착륙한 상태는 다음과 같이 비행 상태에 의해 그것을 인지할 수 있음.

   (가) 발동기 폭음이 고르지 않고 점차 하강해 갈 때

   (나) 고공에서 점차 나선형을 그리면서 하강해 갈 때

   (다) 발동기 운전이 전적으로 정지되어 공중 활주로로부터 하강해 갈 때

9. 비행기가 하강시 부근에 있는 주민은 신속히 삼림 속 또는 가옥 안으로 숨을 것. 넓은 토지에 있지 말 것. 만약 집단으로 한 곳에 있는 경우는 흩어질 것. 그 상태로 한층 더 밀집해야 할 필요가 있을 때는 땅 위에 엎드려 착륙 찰나를 조종하는 조종자에게 자유롭게 조

종할 수 있는 여지를 줄 것.

10. 위 경우 폭탄을 탑재한 비행기는 지상에서 가까워 위해를 주지 않을 지점을 선정하며, 고도 300미터~100미터 사이에서 폭탄을 투하하는 것이 있을 수 있음에 주의할 것.

11. 어떤 경우라고 하더라도 비행기의 진항(進航)방향 또는 항과(航過)방향 안에 위치하지 않을 필요가 있음.

12. 비행기 착륙 등 때문에 경지·경작물에 손해가 가해진 경우는 지방관·공리(公吏)는 소유자에게 손해증명서를 발급해 줌과 동시에 손해상황보고를 즉시 사단사령부에 제출할 것.

    모든 손해배상에 관해서는 사단사령부에서 실시하고, 결코 자체적으로 평가하도록 하지 말 것.

13. 비행기와 떨어진 100미터 이내에서 불을 피우거나 흡연을 해서는 안됨.

14. 비행기가 착륙하면 부근 적어도 150미터 이내에 사람들을 접근시키지 말 것.

15. 토벌대와 협력하여 주요 지점에 폭격을 행하는 것이므로 해당 방면에 있는 수비대 및 토벌대는 폭격 비행기가 날아오는 것을 인지하면 곧바로 부락 또는 삼림의 동쪽(오전) 또는 서쪽(오후)에 2장의 흰 천에 다음과 같은 요령에 따라 천을 깔고 友軍의 소재를 명확히 제시할 필요가 있음.

    흰 천(白布) 大巾목면길이

    홀수날 ㄱ 형

    짝수날 ──────
    　　　　 ↕ 5cm

투하하는 폭탄은 통상 4발을 예상하므로 불발탄이 있음이 확인되면 즉시 탐색하여 석유 등을 부어 태워 없애 적이 도용하는 것을 경계하는 것이 중요함.

[부록 제6-1] 훈령

참모본부 작명(作命) 제61호

훈령

1. 조선군사령관은 혼춘 및 간도지방에 파견된 제19사단 부대 중에서 여단장이 지휘하는 보병 제2대대(略평시편제로 함)를 혼춘 및 간도지방의 요지에 남겨두고, 해당 지방에 있는 제국관민의 보호를 맡기고, 나머지 부대를 적당한 때에 조선으로 귀환시킬 것.
2. 블라디보스토크파견군사령관은 동녕 및 혼춘 지방으로 파견한 부대를 적당한 시기에 군행동 지역에 귀환시킬 것.
3. 조선군사령관에게는 남은 부대의 편성 기타 세부사항에 대해 육군대신과 참모총장이 지시 할 것임.

1920년(大正9) 12월 10일

봉칙(奉勅)

[발신] 참모총장 남작 우에하라 유사쿠

[수신] 조선군사령관 오바 지로

[부록 제6-3] 지시

참모본부 명(命) 제520호-1

지시

<作命 제61호> 훈령에 입각해 다음의 지시를 함.

1. 현재의 정황에서는 제국관민 보호를 위해 대략 혼춘·백초구·국자가·용정촌·두도구에 병력을 배치할 필요가 있음.

2. 혼춘 및 간도지방의 치안유지는 중국관헌 및 군대에 맡기더라도 중국측이 확실하게 위 지방에 있는 제국관민을 보호하고 또한 불령선인 토벌을 실행하여 그 누(累)를 제국 영토내의 치안유지에 미치지 않는 정도에 이를 때까지 일시적으로 제국군대를 주둔시키는 것이므로 우리 군대는 제국관민보호를 위해 필요 불가피한 경우 외에 함부로 토벌적 행위를 취하지 않을 것을 근본 취지로 삼음.

3. 불령선인을 회유하고 친일조선인으로 선도하는 것은 제국관민 보호를 위해 필요할 뿐만 아니라 조선의 내치를 이롭게 하는 부분이 많다고 생각되므로 항상 적절한 방법으로 그 효과를 거두도록 노력할 필요가 있음.

4. 중국군 및 관민에 대해서는 화친을 유지하고자 힘써야 할 것이지만, 그 특성과 최근의 경향을 고려할 때 너그러움과 엄격함을 적절히 할 필요가 있음.

5. 혼춘 및 간도에 있는 각 부대간 및 해당 부대와 조선 내지와의 연락을 확보하고 블라디보스토크파견군 및 관동군 및 관계제국외교관헌과 긴밀한 연락을 유지할 필요가 있음.

6. 혼춘 및 간도에 있는 부대를 위해 그 주둔지에 집적해야 할 군수품은 불시의 사변시 가령 고립에 빠지더라도 유감없이 임무를 달성할 수 있도록 고려할 필요가 있음.

1920년(大正9) 12월 10일

[발신] 참모총장 남작 우에하라 유사쿠

[수신] 조선군사령관 오바 지로

육군성 송달 육밀(陸密) 제272호

간도 및 혼춘에 파견된 부대의 잔류와 귀환에 관한 지시 건 전달

1920년(大正9) 12월 10일 <作命 제61호> 훈령에 입각해 간도 및 혼춘에 파견된 부대의 잔류와 귀환에 관해 별지와 같이 명심할 것.
1920년(大正9) 12월 15일
[발신] 육군대신 남작 다나카 기이치
[수신] 조선군사령관 오바 지로

간도 및 혼춘에 파견된 부대의 잔류 및 귀환에 관한 지시

1. 남겨두어야 할 보병 대대의 병졸은 제2년병을 충용(充用)하는 것으로 함. 이를 위해 병졸의 계급 구분은 原 소속 연대별로 조선 내부와 파견지에 있는 자들을 통해 평시편제의 비율을 확보하고, 상등병 등 特業者 및 工卒은 수비 및 교육 등의 관계를 고려하여 사단장이 적절한 인원을 안배하는 것으로 함.
2. 제19사단장은 예하 보병연대附로부터 중(소)좌 1명, 대(중)위 1명 합계 2명을, 同 기병연대로부터 하사 이하 10騎를 남겨두고, 보병여단사령부에 두고, 해당 여단장이 명령하는 직무에 복무하게 할 것.
3. 남겨두는 보병여단사령부에는 정원외로 하여 傭人 7명 이내를 고용할 수 있음.
4. 1920년(大正9) <陸密 제202호> 중 다음의 인원을 증감·소멸시킴. 해당 인원(삭제인원 제외)은 각 소속장관이 적절하게 남겨두는 부대에서 근무하게 할 수 있음.

조선군 사령부 배속 인원 중
主計   2명
計手   2명   삭제
군의   1명
佐官   1명(승마1필 첨가)
간호장   3명   증가
간호졸   10명
제19사단 배속 인원 중
항공요원 하사이하 전부
통역 및 사령부 근무 보조원 12명   삭제
전신요원 하사 2명, 병졸 24명
비둘기통신요원 병졸 10명

앞 항에서 삭제한 인원은 장교는 사령(辭令)으로, 하사 이하는 제19 사단장이 그것을 舊소속부대로 복귀하게 할 것.

5. 1920년(大正9) <陸軍省令 제38호>에 의거해 재영(在營) 혹은 복역을 연기하는 자 중에 同省令 제1호에서 제4호에 의한 자는 소관 장관이 가능한 한 신속하게 제대시킬 것.

6. 남겨진 부대의 인마(人馬)의 장비 및 휴대 물건에 관해서는 현재 파견된 부대에 준해 사단장이 적절하게 이를 정하고, 사단장 보관품 (응급준비를 포함)을 충당하고, 부족한 것은 육군대신에게 청구하는 것으로 할 것.

7. 본 건에 관해 특히 필요한 경비는 임시군사비에서 지변(支辨)할 것.

8. 귀환부대가 휴대하고 귀환하는 물건의 복구정리에 관해서는 별도로 이를 정함.

9. 제19사단장은 남겨진 부대 장교, 상당관, 직원표, 인마(人馬) 일람표 를 조선군사령관을 거쳐 가능한 한 신속히 육군대신과 참모총장에 게 보고할 것.

훈시

1. 제19사단 및 임시배속된 諸부대는 출동 이래 극심한 추위를 이겨내고 험난한 상황을 무릅쓰고 열성을 다해 초토에 종사하여 단기간에 좋은 성과를 거두어 이 중임(重任)을 수행하였다. 가까운 시일 내에 대부분이 原소속으로 복귀하는 것을 보게 될 것은 내(本職)가 가장 만족스럽게 여기는 바이다. 그러나 君國[천황과 국가]을 위해 목숨을 잃거나 부상을 당하거나 여전히 병상에 누워있는 자들에 대해서는 나는 애도하는 마음으로 그 장렬함을 칭송하며 마음 깊이 그 불행을 애도한다.

2. 사단의 일부는 제국관민을 보호하기 위해 계속해서 간도에 잔류하며 근소한 병력으로 광활한 지역을 수비할 수밖에 없으므로 그 업무가 복잡하고 많을[繁多] 것임은 추측되고도 남지만, 그 책무의 중대함을 생각하여 투철한 의지로 그 임무를 다해줄 것이며 더불어 항상 동아시아 대국상(大局上) 중일간의 친선을 긴요(緊要)로 삼는 정세를 감안하여 중국 관헌 특히 그 군대와 제휴하여 불령선인은 불가피한 경우 외에는 그들[=중국군대]로 하여금 그들을[=불령선인] 토벌하게 하고 그 양민은 우리가 힘껏 보호하여 점점 군기를 바르게 하고 훈련에 힘쓰고 경계를 엄중히 함으로써 안팎의 신뢰를 얻어 제국군대의 정화(精華)를 발휘하도록 힘써야 할 것이다.

3. 이번의 출병에 관련이 있는 諸부대는 전쟁으로 경황이 없어 교육·경리·기타 업무의 착종(錯綜)이 적지 않을 것이다. 신속하게 잘 정리하여 방위상 유출·누설이 없도록 만전을 기해야 할 것이다.

위와 같이 훈시한다.

1920년(大正9) 12월 17일

조선군사령관 오바 지로

[부록 제8] 훈시

참모본부 작명(作命) 제60호

명령

1. 조선군사령관은 보병 제28여단을 내지로 귀환하게 할 것.
   同 여단은 內地[=일본] 항만 상륙시를 기점으로 조선군사령관의
   지휘를 벗어나는 것으로 함.
2. 수송에 관해서는 참모총장이 지시할 것임.

1920년(大正9) 12월 10일

봉칙(奉勅)

[발신] 참모총장 남작 우에하라 유사쿠

[수신] 조선군사령관 오바 지로

[부록 제8] 지시

참모본부 명(命) 제512호-1호

수송에 관한 지시

1. 선박 수송
   별지 승선·상륙 일자 예정표에 입각해 육군수송부 본부장이 선
   박수송을 실시할 것.
2. 철도 수송
   내지 철도의 수송에 관해서는 당부(當部) 출장원이 그것을 판단·

처리할 것.

1920년(大正9) 11월 20일

[발신] 참모총장 남작 우에하라 유사쿠

[수신] 조선군사령관 오바 지로

보병 제28여단 승선·상륙일자 예정표

상륙지 우지나(宇品)

部隊號	인원		마필	승선지	승선일자	상륙일자	적요
	장교	하사, 졸					
보병제28여단 사령부	6	35	3	청진 (淸津)	11.25	11.29	
보병제15연대	81	1,933	44		~	~	
보병제66연대	76	1,856	44		11.26	11.30	

비고
1. 본표 인마(人馬)의 수는 다소 증감이 있을 수 있음.
2. 승선·상륙일자는 선조(船繰)의 상태에 따라 다소 변경될 수 있음.
3. 선내(船內) 급양은 사람의 경우 선주(船主)가 책임지고 조달하며, 말의 경우 현품 관급(現品 官給)으로 함.

[부록 제9] 훈시

훈시

앞서 혼춘에서 발발한 우리 거류민에 대한 참혹사건은 각의결정을 거쳐 드디어 출병하기에 이르렀다. 다년간 해당 지방에 반거[蟠踞=근거지를 확보하여 세력을 펼침]해 온 불령선인 및 비적을 철저히 초토하고 암운(暗雲)을 몰아냄으로써 우리 조선군 북쪽 강역의 방위를 완성하고, 숙원을 달성할 기회를 얻기에 이르렀으니 본 임무에 종사하는 장졸들에게 [다음과 같이] 개시[開示=가르쳐 타이름/분명히 나타냄]하고자 한다.

1. 본 출병에 관해 우리정부가 장(張) 순열사에게 교섭한 제건(諸件)은 다음과 같다.

(가) 혼춘사건의 손해 배상, 책임관헌의 사죄에 관한 근본주의를 승인할 것을 요구함.

(나) 제국정부는 우선적으로 추가로 1부대를 용정촌 방면에 급히 보내었으나 향후 추가할 필요가 있다고 인정되면 병력을 증파할 것임. 또한 사태가 진정될 기미가 확실해 질 때까지 병사를 주둔시킬 것이므로 이러한 제건(諸件)을 승인해 줄 것. 만약 그렇지 않을 경우는 자위상 불가피하게 승인을 기다리지 않고 증병(增兵)하고 그들을 주둔시킬 것이므로 양해를 바람. 단, 이 파병은 중국 영토 점령 등 중국의 주권을 침해하는 뜻이 아니라는 점을 성명함.

(다) 이번에 중일 양국이 병력으로써 협동 토벌을 성실히 실행하기를 희망함. 만약 동의하지 않는다면 제국은 단독으로 실행할 것임. 이것은 자위상 불가피한 수단이므로 이것 또한 양해를 바람.

2. 외교상 관계는 위와 같으므로 각 관(官)은 특히 이번 출병 동기를 감안하여 먼저 현재의 정황이 협동 혹은 단독토벌로 옮겨가기 위한 전제로서 거류민 보호를 위해 행동하는 것이며 순연한 토벌행위로 옮겨가는 시기는 앞 항의 교섭 이후가 됨을 양지(諒知)해야 할 것이다. 그러나 그 기간에 만약 우리 행동에 대해 적대 행동 혹은 방해하는 경우가 있을 때는 시기를 놓치지 않고 토벌하는 것은 물론이다.

3. 간도는 중국 영역이고 거주하는 외국인도 적지 않다. 때문에 그 행동을 신중하게 하여 중국 관민 및 외국인으로부터 언어가 통하지 않고 습관이 서로 다른 것에서 악감정이 생기거나 오해받을만한 언동행위는 엄중히 경계해야 할 것이다. 또한 가옥, 군수품의 징수·구매에서도 특히 중국관민의 권리를 존중하고 제국군대의 명예를 손상시키는 것과 같은 일이 없도록 주의해야 할 것이다. 이번 기회에 제국군인의 도량을 보여 은혜와 위엄, 진행 정도 등으로 영원히 우리를 신뢰할 소지를 만드는 거병이 되기를 바란다.

4. 불령선인 및 이에 가담하는 마적, 러시아인, 기타 비적들은 단순히 통상적인 불령단으로 볼 수 없다. 그들은 간도의 민심을 과격화시키고 그것을 이용해서 조선내지의 인심을 동요하게 함으로써 제국의 화란(禍亂)을 조성하려 하는 자들로, 실로 일본 특히 조선의 통치와 치안 유지상 하루라도 간과할 수 없는 바이며, 이것이 이번 출병의 까닭인 것이다. 각 관(官)은 앞 항에서 제시한 것처럼 양민에 대해서는 최대한 사랑으로 어루만짐과 동시에 우리 시설에 위반하는 자에 대해서는 조금이라도 애석하게 여기지 말고 철저하게 타격을 가함으로써 제국이 받을 수 있는 재앙의 근원을 근절하기에 힘써야 할 것이다.

5. 중국 헌병에 비적이 혼재되어 있어 소요를 일으키는 점은 외교상

간과할 수 없는 중대한 사실로, 우리에 대해 외교상 유리한 상황을 주는 것이므로 이러한 사실에 대해서 최대한 조사하고 만약 그 사실을 발견하면 즉시 그 실제 증거를 확보하여 사항마다 중국관헌에게 승인하게 해 둘 수단을 강구하여 누설되지 않게 해야 할 것이다.

6. 간도에서 중국 관헌, 일본 영사 또는 부영사 및 군대 사이의 연락과 의사소통을 꾀하는 것이 가장 긴요하다. 특히 협동토벌을 위해 가까운 봉천, 길림 방면에서 인재를 선발하여 파견할 것처럼 발표한 중국 군대에 대해 그렇게 되야 할 것이다. 본 건에 관해서는 군에서 조치해야 할 것이나 각 부대에서도 증가 배속될 인원이 도착하는 것을 기다리지 말고 적절한 조치를 강구하는 것이 바람직하다.

요컨대 이번 출병은 전적으로 제국 자위상의 조치에 불과하므로 각 관(官)이 서술한 것과 같은 의의를 부하들에게 철저히 주지시킴으로써 위 목적을 달성하도록 고군분투하기를 바란다. 시기상으로 점점 추워지고 있으나 병졸이 자중자애하여 조속히 좋은 성과를 낼 수 있기를 기대한다.

위와 같이 훈시한다.
1920년(大正9) 10월 11일
조선군사령관 오바 지로

병졸의 명심사항[心得]

종래 간도에서 [무지]몽매한 조선인들은 오랫동안 불령스러운 행동을 하고, 걸핏하면 우리 국위에 손상시키려 하는 일이 끊임없이 행해져 왔기에 우리나라는 중국측과 교섭하여 중일협동토벌을 하려 했으나 중국측이 이에 응하지 않아 [우리] 스스로 토벌에 임했으나 아무런 효과가 없을 뿐만 아니라 점점 더 광폭함이 증가하여 결국 이번 마적이 러시아 과격파 등의 비적들과 더불어 혼춘에 있는 제국 영사관을 습격하고 이를 소각하고 다수의 제국 거류민을 학살하며 상당한 참해를 가하며 니항(尼港)사건을 재연시킨 것이다. 이러한 상황에서는 더 이상 우리 거류민의 보호를 중국측에게만 의탁하여 안심하고 있을 수 없으며, 제국영토의 치안을 유지하고 국위를 보존할 필요상 불가피하게 군대를 출동시키기에 이른 것이다. 그러나 적국 또는 점령지에서의 행동이라는 것은 전혀 다른 점이 있으므로 항상 중국의 주권을 존중하여 그 인민에 대해서는 가장 친절하고 정중하게 취급하지 않으면 안된다. 또한 조선인들에 대해서도 양민에게는 우리의 新동포로 [여기고자] 크게 노력하지 않으면 안된다. 그렇지 않으면 무리들에게 반항심을 일으키게 해 도리어 배일(排日)의 기세를 고양시키는 것에 지나지 않게 되므로 일개 병졸에 이르기까지 그 위치와 책임을 자각하고, 상관의 명령에 따라 행동하는 경우는 별개로 하더라도, 그 외의 보통 일반적인 경우에서는 다음에 제시하는 명심사항[心得=마음가짐+준수사항]을 숙지하여 철저히 실행하여 제국군인의 명예를 발휘하고 드높이고자 힘써야 할 것이다.

1920년(大正9) 10월 20일
조선군사령관

1. 조선인·중국인 등에게 일본 특유의 "무사의 情"을 베풀어 주는 것은 제국에 대한 감정을 매우 호의적으로 갖게 하려는 것으로, 일반 지방사람들의 친절이라는 것은 도저히 여기에 비할 바가 못됨. 나아가 국교(國交)를 원만히 하여 불령선인의 독립심이 엎어지고 배일(排日)중국인들이 후회하는 지경에까지 이르게 할 것.

2. 이번의 토벌은 중국 군대와 협동하여 행하는 것이므로 병졸들끼리 서로 사이가 좋지 않으면 안됨. 그들을 경멸하여 감정을 상하게 하는 것과 같은 일이 있어서는 단순히 병졸 간의 싸움에 그치지 않고 나아가 중일 양국간의 문제로 되는 사례가 매우 많았으므로 깊이 주의하여야 할 것. 그러나 제국 군대의 명예를 손상시키는 것과 같은 일은 결단코 있어서는 안됨.

3. "로마에 가면 로마법을 따르라"는 말처럼 타국에 가면 그 나라의 관습이나 풍속에 따르지 않으면 안됨. 그 나라의 관습에 역행하는 것은 상당히 나쁜 감정을 일으키게 하는 것으로, 사소한 것에서 세계 속의 제국의 입장을 불리해지게 하는 일이 있으므로 주의하여 다음의 지시를 지키지 않으면 안됨.

 (가) 조선인이나 중국인은 내·외간의 구별이 엄격하여 "남녀칠세부동석"이라는 말까지 있을 정도이므로 內房(부인이 거처하는 방)에 들어가서는 안됨. 또한 부인과도 함부로 대화를 나눠서도 안됨.

 (나) 조선이나 중국에서는 다른 외국인들과 마찬가지로 남들 앞에서 나체로 있거나 살갗을 드러내는 일은 상당히 저속하며 무례한 행동으로 꺼리는 점이 있으므로, 사람들이 보는 장소에서는 결

코 나체로 있어서는 안됨. 특히 부인 앞에서 삼가 할 것. 소변을 노상에 방뇨하는 것은 가장 야만시하는 행동으로 그들이 혐오스러워 하는 바임.

(다) 마음대로 인민의 저택에 들어가서는 안됨. 조선인이나 중국인의 집에 들어가기 위해서는 먼저 안내를 구하고, 허락을 받은 후가 아니면 안마당[內庭]에 들어가서는 안됨. 또한 다른 사람의 집이나 방을 들여다보는 것도 상당히 꺼리므로 결코 이러한 행동을 해서는 안됨. 특히 언어가 통하지 않고 풍속·습관이 다르므로 사소한 것에서 실수나 일이 결국은 큰 사건을 야기시키는 경우가 많으므로 주의하지 않으면 안됨.

(라) 함부로 인민의 것을 사용하면 안됨. 만약 불가피하게 사용할 때는 집안 사람의 허가를 얻어 정중하게 사용하고, 사용을 마친 후에는 바로 돌려줘야 함.

5. 야외에 쌓아둔 목초나 땔감 등이라도 함부로 그것을 사용해서는 안됨. 함부로 취하는 것은 이른바 약탈로, [이로써] 군대의 명예가 더럽혀진다면 이보다 심한 것은 없음.

6. 조선인·중국인의 가게에 들어가 물건을 사지 않으면서 장시간 물건을 보기만 하고 가격을 묻는 식의 행동을 해서는 안됨. 또한 함부로 가격을 깎아서 정당한 대금을 지불하지 않고 나와도 안됨. 이것은 하나의 범죄이므로 반드시 해당 대금을 지불할 것.

7. 화내는 것을 참아야 함. 대체적으로 일본인은 매우 화를 잘 내는 기질로, 별 일 아닌 것에도 화를 내고 바로 사람을 때리는 일이 적지 않게 발생함. 이것은 스스로 大강국의 일본병사로서 가장 신중하지 않으면 안됨.

8. 조선인·중국인·기타 외국인에 대해 함부로 경멸적인 언어나 동작

을 해서는 안됨. 예를 들면 서양인을 "毛唐(게토우)"라고 부르고 중국인을 "창코로" 조선인을 "여보" 등으로 부르는 것이 그러함. 이것은 그들의 감정을 상당히 손상시키므로 매우 주의하지 않으면 안됨.

9. 조선인·중국인에게 말을 걸 때 특히 아직 언어가 미숙하여 반말을 사용할 때는 오해를 피하지 않으면 안됨. 조선인, 중국인은 체면을 존중하는 풍습이 있으므로 [상대방을 칭할 때] "아나타(アナタ)"라고 말하는 것과 "오마에(お前)"라고 하는 것 "키사마(貴様)"라고 하는 것은 감정상 매우 다르게 느낌.

10. 그러므로 외국인·조선인·중국인에 대해 방심해서는 안됨. 이들 중에 어떤 나쁜 사람이 있을지 모르므로 공무에 임할 때에는 물론, 숙사에 있을 때나 외출했을 때에도 주의하여 방심하여 낭패를 보는 일이 없도록 하지 않으면 안됨. 특히 밀정이나 혹은 폭탄 등을 휴대한 과격 사상가 또는 결사암살단 등이 섞여 들어가 있는 경우가 있음.

11. 일반 인민에 대해서는 오로지 예의범절을 모르는 사람[武骨一偏]으로만 보이지 말고 인자함과 사랑을 주로 하여 그들이 우리에게 회유되도록 함과 동시에 일본의 국체가 얼마나 고마우며 일본 신민이 얼마나 행복한지를 그들이 느끼게 하여 마음에서부터 일본에 복종하려는 생각을 가질 수 있도록 진력하지 않으면 안됨.

위 사항 중에는 사소한 것처럼 보이는 항목들도 있으나, 결코 그렇지 않다. 어떤 나라에서든 고상한 행위는 멋지게 보이기 마련이다. 우리 일본 군인은 그 행위를 주의하여 멋지게 행하여 타국인의 비방을 받거나 감정을 상하게 하거나 나아가 제국에 불이익을 초래하는 것과 같은 일이 없도록 해야 할 것이다.

또한 마지막으로 첨가해 둘 것은 계절이 점점 엄동설한의 시기를 향해 가고 있는데, 조선 가옥의 실내에서는 숯불(炭火)을 사용하거나 온돌이 파손된 것을 알아채지 못하고 계속 태우면 가스 중독이 되어 결국 사망할 우려가 있으므로 환기에 주의하지 않으면 안된다.

국가를 위해 소중한 몸을 바치는 그대들이 부주의함 때문에 병들거나 다치는 것은 국가에 대해 죄송한 것이다.

고시(告示) 중국어, 한국어 10월 16일

대일본제국 조선군사령관 오바(大庭) 중장이 고시함.

　조선인 중 불령한 무리가 있어 마적 및 기타 비적들이 이에 가맹하여 병기를 가지고 혼춘에 있는 제국영사관을 습격하고 이를 소각(燒却)시켰을 뿐만 아니라 다수의 제국 거류민을 학살하였다. 또한 걸핏하면 제국 영토에 대해 무력침해를 행하려 한다. 이에 우리 제국은 병력을 보내 거류민을 보호하고 비적을 초토하여 제국 영토의 치안을 유지하지 않을 수 없는 상황에 이르렀다. 무릇 자위상 불가피한 책략이며 다른 뜻이 있는 것이 아니므로 중국의 주권은 엄중히 존중하고, 양민의 생명·신체·명예·재산 모두 아주 조금이라도 침범함이 없을 것이다. 오로지 중국 관헌 및 군대와 협조를 유지하며 그 목적을 달성할 것을 기대한다. 그러나 우리 거류민을 박해하고 우리 군사 행동을 방해하고 비적을 이용하려고 하는 것이 있다면 우리 군은 엄중히 그들을 처단하고 자위의 길을 강구하지 않을 수 없다. 중국 관민과 이 뜻을 하나로 하여 우리 군사 행동은 가능한 한 중국 관헌 및 군대와 협조하여 비적을 초토하는 것에 있다. 그리고 비적의 초토는 중국 인민의 행복과 이익을 증진시키는 것임을 생각하여 성의껏 우리 군사행동을 보익(補翼)하고 나아가 중일 친선의 성과를 거두기를 희망한다.

[부록 제12]

(甲)

1920년 10월 30일

간도[에서]-(조선 회령 경유)

일본 동경[에 있는] 신학박사 에-올토만스 앞

친애하는 "올만" 박사[에게]

저는 귀하와 일본 주재 선교사 모두가 '독립운동' 후 조선인들에게 위로부터 압박이 가해졌을 때 그들을 위해 깊이 동정을 표하셨던 것이 제 기억에 남아 있는 바, 감사해 마지않습니다. 그래서 저는 귀하 등이 지금 해당 지방 조선인들에게 위로부터 계속 가해지고 있는 정당하지 못하고 공포스러운 형벌을 중지시키기 위해 앞장 서서 진력해 주실 것을 희망합니다.

이 지방은 두만강 북쪽에 위치하여 혼춘, 연서, 용정 3개의 집산장을 가지고 있습니다.

약 3주 전에 일본군이 이 지역으로 들어왔을 때, 그들의 목적은 일본 거류민의 안전을 위협하는 약 500명의 비적 무리(그 중 일부는 러시아 및 조선인이지만 실제 그 대부분은 중국인)에 대해 인민을 보호하기 위함이라고 신문지상에 선명[宣明=널리 밝힘]하였고, 비적 무리들은 혼춘 지방에 있는 일본 영사관을 소각하였습니다. 따라서 조선인들은 물론 우리들도 일본군이 온 것에 대해 아무런 염려도 하지 않았습니다.

군대는 이 지역에서 약 1주일간 체재한 후 행동을 개시했습니다. 우리는 [일본] 군대가 침입해 왔을 때 그들이 기독교 촌락으로 들어가 교회당과 학교를 계속 소각한다는 보고를 접했을 때, 대부분 그것을 믿지 않았습니다. 그러나 사실은 유감스럽게도 사실이었습니다.

다음에 기술하는 부분은 지난 2주간에 걸쳐 발생한 사건에 관해 귀하에게 그 개요를 말씀드리는 것입니다.

○ 남 코아 우(NamKoa-u) 10월 19일

학교 경영자의 주택 및 교사를 소각하고 교회를 방화하였으나 심각하게 소각되지는 않음.

○ 쿠 세이 톤(KuSeiGong) 10월 19일

기독교 신도들의 가옥을 태움.

○ 東道溝 (DeToKuo) 10월 26일

기독교 신도의 가옥 4채를 불태움.

○ 명동(MgungDona)

장려한 벽돌구조의 校舍 약 100피트[呎]가 소각됨. 1명의 장로 주택도 마찬가지임.

○ 노 페이(獐巖 : NoPei)

교회당(300명분의 좌석 보유) 및 학교 소각

○ 칸 창 암(KanChangAm) 10월 30일

교회당, 학교 및 주택 9채 소각, 인민은 총살되고 사체는 불태워짐.

이상의 기술은 절대적으로 신뢰할 수 있는 것들입니다. 5명(선교사 4명, 세관 관리 1명)이 요일을 달리하여 후술할 현장으로 나가 토착민들과 수시간에 걸쳐 조사한 것입니다.

이하 기술하는 내용에 관해서는 조선인의 증인이 있을 뿐이지만, 신뢰할 만한 것입니다. 우리들은 가까운 시일 내에 해당 지방을 순시하기를 희망하고 있습니다.

○ 총 산(ChongSan)

교회 겸 학교(한 건물을 두 개의 목적으로 사용하고 있는 것) 및 가옥 수 채가 소각되고 30명 살해됨. 그 중 23명은 사살되고 나머지 7명은 각자 집에서 타 죽음.

○ 운 통 자(WuTongJa)

교회 겸 학교가 불타고 80명이 사살됨.

이상은 모두 기독교 촌락으로 사건의 더욱 상세한 전말을 기록한 것이 있으나 저는 보고할 수 있을 정도로 정확한 재료를 가지고 있지 못하므로 생략합니다. 단, 위의 사례 외에 더 많은 사망자가 있었다고 하는 듯합니다.

지휘관 및 병졸은 1개소로 들어가 인민들과 아무런 말도 교환하지 않고 그 악마와 같은 행위를 한 후 사라져버리는 것이 일반적이었습니다. 예를 들면 장암촌(獐巖村)에서 병졸들은 이 지역을 계속 행진하다가 교회당의 반대편에 이르자 승마를 하거나 장교는 방화하기 편한 거리에 부대를 멈춰 세우고 교회와 학교에 방화하고 사라졌습니다.

쿠세이돈(KuSeiGong)에서만은 그 행위에 대한 이유가 촌민들에게 제시되었습니다.

즉, 군대에 시중들던 1명의 조선인은 그 장교가 해당 가옥의 소유자가 조선에 대한 애국적 목적을 위해 돈을 모집한 사실을 파악했음을 언명했다고 촌민들에게 알렸습니다. 만약 범인만 가벌(加罰)되는 것이라면 조선인이라고 해도 여기에 반대하지 않았을 것이지만, 실제로는 그와 반대로 실로 무고하고 힘없는 인민들에게 그들 자신이 형벌을 받아야 할 아무런 이유가 없음을 한마디 변명할 기회조차 주지않고 처형되었습니다.

칸창암(KanChangAm) 지역에서는 엄동설한의 겨울이 오려는 이 때에 본인과 자녀를 부양할 자산이 아무 것도 없는 상태가 되어 버린 가엾은 부인이 있었습니다. 즉, 가족 중에 남자는 [모두] 사살되었고, 가옥·가재(家財)는 소각되고. 그 집 한쪽에 쌓아두었던 수확물조차 잿더미로 되어

버린 것이었습니다. 부인과 어린아이 모두 구멍 뚫린 신발조차 소유하지 못한 상태였습니다. 소각된 후 얼마 지나지 않아 인근촌락으로부터 병졸들이 해당 촌락으로 6명을 데리고 와서 위 6명과 칸 창 암(KanChangAm) 마을의 젊은이들과 한 조선인 가옥 앞에서 무리를 이루어 줄지어 심문하는 형식도 취하지 않고 사살(射殺)했다고 합니다. [사살당한] 자들은 해당 일가족 중에서는 아버지와 아들 즉 2명, 다른 가족 중에서는 2명의 형제와 그 자녀였고, 처형된 자는 모두 25명이었고, 사살 후 사체는 2곳에 포개워져 잡초를 덮고 소각했다고 합니다.

연료를 사체 위에 둘 때 어떤 부상자가 일어서려고 시도했으나 곧바로 총검으로 지상에서 찔러 화염속에서 타 죽게 했다고 합니다. 저는 위 사람들을 잘 압니다. 그들은 마을에서 떨어진 협곡에서 거주했는데, 그곳은 땅이 비옥하지 않고 땔감도 매우 부족합니다. 그들은 온화하고 부지런하고 친절했고 또한 생계를 위해 열심히 일했으며, 교회·학교·성경·찬송가·일요일 예배를 지키며 구세주를 믿는 것이 그들의 즐거움이었습니다. 그들은 애국적 군인이 아니고 교회가 정치에 관여하는 것에는 반대하므로, 저는 위의 세월동안 이렇게 서신을 보내는 것은 처음이지만, 점점 좋아질 것을 기대하고 바라며 오늘인 11월 2일까지 발송을 미뤘던 것입니다. 그러나 지금 저는 귀하가 貴교회의 적합한 위원에게 본 건을 부탁해 주시기를 소망하면서 본 서신을 귀하에게 보내는 것을 저의 임무로 여기고 있습니다.

저는 본 건이 일단 한번 주의를 환기시키면 정부쪽의 인자함에 닿아 영수(領袖) 등은 이러한 일이 계속되는 것을 허락하지 않을 것임을 믿습니다.

저는 때때로 일찍이 귀택(貴宅)에서 지내던 날들을 회상하며 즐거움에 흠뻑 빠지곤 합니다. 바라옵건대 저를 아는 모든 분들에게 잘 전해 주십시오.

귀하의 진실한 친구

W.R.푸트 (自署)

譯者註 : 푸트는 간도에 있는 캐나다 기독교 장로파의 수석(首席)으로 연령은 50세 가량, 선교사로 이미 동양에서 20여 년을 살았음. 신사적인 인물로 언사도 과격하지 않고 온화한 얼굴의 호감가는 남성임.

(乙)

1920년 11월 2일

간도용정촌[에서]

오늘 저는 쓰쓰이(筒井) 간도일본군대 지휘관(譯者註 : 용정촌에 있는 병참사령관 筒井嘉作 소좌)과 다음과 같은 회담을 했습니다.

이 회담은 소좌의 사무소에서 했으나, 당시 와타나베 헌병 대위와 조선인 통역 1명이 임석했습니다. 그 외에 양복을 갖춰 입은 사람 1명이 실내로 들어와 위의 통역관과 함께 나갔으나, 저는 그 사람이 조선인인지 일본인인지 판단되지 않았습니다. 그는 결국 한마디도 하지 않고 저는 인사만 하고 명함을 교환한 후 방문한 목적을 진술했습니다.

저는 영국신민으로 이미 오랫동안 선교사로 조선인들에게 [전도]활동을 해 왔고, 저의 주된 일은 그 일대 부근 촌락에서 교회사업을 하는 것이며, 저는 이 사업을 지속해 나가기를 희망하고 있는데 촌락으로 통하는 도로상에 일본병사들이 있어서 만일 그들의 오해를 받는 일이 없게 하기 위해 지휘관에게 여권 혹은 유사한 것을 교부받고자 청하기 위해 왔다고 진술했습니다. 와타나베 대위는 영어를 약간 이해했고, 저에게 "어디로 가길 원합니까"라고 물었고 저는 "가끔 용정촌을 출발해 지방으로 여행하고자 한다"고 대답했습니다. 와타나베 대위가 저에게 "고국(캐나다)으로 돌아가길 원하십니까"라는 질문을 했고, 저는 이에 대해 "아닙니다, 용정촌 부근의 지방으로 가고자 합니다"고 대답했습니다. 대위는 "회령으로 가고자 합니까"라고 물었고, 저는 "그 도로[상태]로는 그렇게 멀리까지 가고자 하지 않습니다. 또한 그 도로 방면으로만 가려는 것은 아닙니다"라고 대답했습니다. 와타나베 대위는 거듭 제가 삼봉(三峯)정차장까지 가길 원하는지 질문했고, 저는 "이미 2, 3번 대답한 것처럼 간도를 떠나기 위해 여권(발급)을 청구한 것이 아니며, 간도 내에서 여행하기 위해 여권의 하부(下附)를 청한 것입니다"라고 대답했습니다.

위 대화 중 와타나베 대위가 때때로 그 요지를 지휘관에게 전달했는데 처음에 그는[=지휘관은] 제가 간도를 떠나려는 것으로 추측하고 희색(喜色)이 만연한 듯 했으나, 와타나베 대위가 드디어 제가 간도 내의 교회당을 왕래·방문하기 위해 여권을 청구한다는 의미를 깨닫고 그것을 통역해 주니 갑자기 수첩을 품속에 넣고 서둘러 대답한 후 방을 나갔습니다.

와타나베 대위는 상당히 유쾌한 듯 만면의 미소를 띠고 저를 향해 지금 용정촌을 나서는 것은 매우 위험할 것으로 생각된다는 취지로 얘기를 했고, 이어 어느 정도로 멀리까지 가려는지 생각하고 있는지를 물었는데, 저는 "앞으로 3주 이내에 3번 여행을 하고 싶은데, 단 용정촌에서 40리 이상 떨어진 지점까지 가는 것은 예상하고 있지 않습니다"고 말하고, "저는 선교사이므로 이 지방의 교회를 왕래하기를 희망합니다"고 거듭 반복해 두었습니다.

당시 지휘관은 이미 사무소로 돌아갔고, 와타나베 대위와 약간의 대화를 나누었습니다. 와타나베 대위는 제가 왕래·방문하고자 하는 촌락을 물었고, 제가 촌락이름을 언급하자, 대위는 조선어도 중국어도 모르기 때문에 통역을 소환하여 그를 통해 일본명을 확인하고 인지했습니다.

지휘관은 "해당 도로상에는 곳곳에 일본병력이 주둔하고 있으므로 여행은 위험합니다"고 말하였고, 저는 "이 지역 곳곳에 일본병사가 주둔하고 있음을 잘 알고 있는 바입니다. 그들로부터 만에 하나라도 오해를 받는 일이 없도록 하기 위해 그들의 사령관으로부터 여권의 교부를 받고자 하는 것이며, 실로 이 때문입니다. 즉, 그 여권을 열어 보여줌으로써 통과의 안전을 보장받으려는 것 외에 [다른 의도는] 없습니다"는 취지로 진술했습니다.

그러자 지휘관은 대답하기를 "그들 병졸이 귀하에게 하는 행위에 대해 나는 책임질 수 없습니다. 귀하는 그들이 기분이 좋지 않을 때 그들과 조우(遭遇)할 수도 있음을 모르고 있습니다. 그런 때는 사실 당할 위해에 접하지 않는다고 [보장]할 수 없습니다."

저는 이에 대해 대답하기를, "제가 여권을 청구한 이유는 사령관이 준 여권이라면 그 휘하의 어느 군대에 대해서도 안전을 보증하는 것이라는 느낌을 갖고 있기 때문입니다."

그가 말하기를, "저는 아무런 책임도 질 수 없습니다. 왜냐하면 우리 병졸 중에는 無學(저는 이것으로 그들이 여권을 읽지 못한다는 의미를 나타내는 것으로 해석)으로 인민의 불량(不良) 계급에 속하는 자도 일부 있으므로 만약 귀하에게 출장을 허가하더라도 그 결과는 우려해야 할 점이 있습니다. 즉, 만에 하나 귀하가 사살 당할 경우에는 많은 문제가 야기되며, 게다가 그 사건은 이 지방은 물론 양국 정부 간에 중대한 분의(紛議=분분한 논의)를 발생시키기에 이를 것입니다."

위 대화는 조선인 통역을 통해 이루어졌습니다. 와타나베 대위는 이 시점에서 지휘관과 약간 대화를 한 후 말하기를, "지휘관은 귀하가 당분간 용정촌을 떠나는 일이 없기를 희망합니다. 시간이 조금 지나고 나면 그도 역시 귀하가 교회를 방문하는 것에 동의를 표하고 호위병도 제공할 것입니다."

저는 얼마나 기다리면 출장이 허가될지를 물었는데, 지휘관이 대답하기를, "20일 정도 기다리면 호위병과 동행해 여행하면 안전해 질 것입니다. 원래 귀하의 안전에 대해서는 제 부하가 신뢰할 수 없는 점이 있을 뿐만 아니라 중국인 강도 혹은 불령선인 등과 조우(遭遇)하게 될 수도 없지 않습니다."

이에 대해 저는 "제가 가고자 하는 지방에서는 중국인 강도 등은 거의 전무하며, 제가 조선, 시베리아, 간도의 조선인들 사이에 20여년 간 배회하였지만, 그들이 진심으로 친절하게 대우해 준 것 이외에는 이상한 사람을 만난 적이 없습니다"라는 내용을 말하였으나, [그는] 대답을 하지 않았습니다. 이러한 진술을 하게 하는 것은 아무런 효과가 없습니다. 저는 지휘관이 한층 기분이 좋아진 것을 보고 저의 바램에 귀를 기울여준 호의에 감사하며 좋은 기회라고 믿고 작별 인사를 나누고 병졸들이 소총과 총검으로 줄지어 늘어선 그 사이를 와타나베 대위에게 배웅 받으면서 거리로 나왔습니다.

W.R. 푸트 (自署)

(丙)

성서(聖書) 행상인 이근식 및 同村 조선인 4명 참살(慘殺)

10월 29일 이른 아침, 일본병사 약 40명의 무리가 용정촌에서 불과 5리 떨어진 (중국인 마을 스테루고Sutchglio) 마을에 도착하여 성서 행상인 이근식이 이웃집에 앉아서 담소를 나누고 있을 때 위 사람을 포박하였다. 이 집안의 남자 1명, 기타 3명도 마찬가지로 포박되었다. 포로를 결박하였음에도 불구하고 병졸들은 촌민들에게 공포스러워할 이유는 없다고 보증하였다. 병졸 중 1명은 인명부를 꺼내 그것을 위 행상인에게 보이며 본인의 이름이 그 중에 있는지를 물었고, 없다는 대답을 듣고서 인명부를 다시 제자리에 돌려놓고, [병졸] 일행은 용정촌으로 향하였다.

포로는 먼저 이 지역에 설치된 임시군대사령부에 수용되어 우리 같은 사람이 아는 범위에서는 한번도 심문이 이루어지지 않고 바로 지난 수개월에 걸쳐 정치적 죄수를 감금했던 영사관 내 감옥에 투옥되어 그곳에서 억류중, 오전 1시에 병졸 1부대가 그곳에 도착해서 그들을 용정촌에서 약 3리 떨어진 프루치고 마을 부근의 고지로 연행해 갔다. 고지 꼭대기에는 1개의 커다란 오목하게 들어간 구멍[凹孔]이 있어 촌락이나 도로 위에서는 볼 수가 없었다. 오목한 구멍의 한 쪽은 자갈 구멍의 한 측면처럼 되어 있어 붕괴되기 쉽고 끊임없이 흙이 무너지는 지질(地質)이기 때문에 포로는 그곳의 바닥 부분에 앉아 있어야 했고, 군도[軍刀=군인이 허리에 차는 칼]로 참살되는 것이다. 한 목격자의 말에 의하면 군도가 휘어져 있어서 총검(銃劍)으로 공포스러운 일을 완료했다고 한다. 그 후 윗 쪽에서부터 무너지는 흙이 떨어져 베어버린 사체를 덮었다.

체포가 이루어진 것은 금요일로, 이튿날 토요일 아침에 행상인의 아들이 아버지의 의류를 가지고 용정촌을 찾아왔다. 영사관에서 아버지는 이곳에 있으나 지금은 부재중이라는 답을 들었고, 추가로 같은 날 밤에 다시 찾아가 아버지가 어느 곳으로 끌려갔는지를 물으니, 영사관에 있는 지인(知人) 조선인이 "[내가] 아는 한 그 사람은 어디론가 가서 부재중"이라고만 대답을 들었다.

같은 날 또다시 영사관을 방문하여 이번에는 "병졸들은 오늘 아침 장암동으로 갔다고 하고, 혹은 그곳으로 연행되어 갔을지도 모르고, 그곳에 가도 너무 늦은 것일지도 모른다"는 대답을 들었다.

우정있는 이 조선인이 없었다면 그 소년은 결국 영사관에서 이러한 정보조차 얻지 못했을 것이다. 그는 다음날인 일요일 아침 일찍 출발하여 장암동에 도착하여 그 지역에서 "다른 마을에서 온 사람들이 이 마을 사람들과 함께 사살된 사실이 있는지, 그 중에 그의 아버지가 있지는 않은지"를 물었고, 용정촌으로 돌아갔다. 그 수색이 효과가 없었음을 영사관의 지인에게 말하자, "다른 곳이나[=다른 곳을 찾아보거나] 다른 마을인 프루치고마을이라는 곳에서도 찾아보면 어떻겠느냐"는 제시를 받았다. 그 때까지 제정신이 아니게 되어가는 아내 및 가족들은 아마도 행상인은 살해되었을 것이라고 상상할 수밖에 없었으나, 그 상세한 내막을 확실히 알게 될 때까지는 안심할 수 없었으므로, 다음 월요일 아침 아들은 다시 출발하였다. 출발후 프루치고마을까지의 약 3리 구간에서 6번 병졸들로부터 정지 명령을 받고 수사를 받았다. 이러한 상황은 언제 아버지와 같은 운명에 처해질지 모르는 것이다. 그렇지만 계속 전진해서 결국 해당 촌락에 도달하였다. 이 때 우연히 나무아래 가장 가까이에 있던 병졸들의 급히 지나간 발자국을 발견하고 그 부근에 다수의 담배 꽁초가 흩어져 있었던 점으로 보아 그곳에는 다수의 병사들이 있다는 사실을 추측할 수 있었다. 그리고 그 지점에는 증오해야 할 행위가 이루어졌던 장소에서 그다지 멀리 떨어져 있지 않은 곳임을 상상할 수 있었다. 다만 고지를 등반할 수 없어 매몰된 곳을 발견하지는 못할 뿐이었다. 그는 집으로 돌아와 아직 성공하지 못했음을 알리고 여러번 상의 한 결과, 노인 2명 즉 피해자의 아버지 2명만 가면 젊은 이들이 [가는 것]보다 위험[부담]이 적어 보다 완전한 수색을 이룰 수 있을 것이라는 결론에 도달했다(30세 이하의 청년은 병졸 등이 선호하여 살해되는 희생양이 될 수 있음). 즉, 노인들은 그 아들 중에서 무엇인가 유류(遺留)된 것가 없는지 수색하기 위해 출발하였다.

화요일은 종일 수색을 계속한 후, 그들은 결국 고지를 등반하고(경사가 매우 급하고 험준하여 종래 등반 불가능으로 취급되었던 것), 오목하게 들어간 구멍으로 들어가 피로 물든 옷의 녹색 끝자락[綠端]이 충분히 매몰되지 못한 것을 발견하였다. 부드러운 토지를 조금 파니 사체의 일부가 드러났다. 그러나 거기서 발견한 흔적에 의해 더욱 성가신 일이 야기될 수 있음을 우려하여 흙을 다시 덮고, 보고를 위해 돌아왔다. 다음날 각 가정에서 1명씩 대표자가 나와 살아있음을 안도하며 다시금 현장으로 갔다. 이번에는 사체 전부를 발굴하였다. 잔혹한 살해 후 수일이 경과했음에도 불구하고 성서 행상인 이외의 사체는 분명히 식별할 수 있었다. 행상인은 그 얼굴 전면이 선혈로 덮였고(머리 부분은 몸통으로부터 거의 절단됨), 신체는 절단되어 약간의 옷 조각으로만 식별할 수 있었다. 성서 행상인 및 적어도 다른 2명은 체포 당시 그 지갑 안에 어느 정도 돈을 소유하고 있었고, 행상인은 그 밖에 증권과 귀중한 상용(商用) 서류를 소유하고 있었음이 판명되었지만, 사체 발굴 시에는 모두 없었다. 즉, 참혹한 살해 범행 이외에 강도 행위까지도 추가되었다는 사실을 명시하는 것일 뿐이다. 처음에는 사체를 용정촌으로 옮기고 그 지역에서 적당한 기독교식 매장을 시행할 것을 희망하였으나, 그렇게 하게 되면 생존자들에게까지 위해가 미칠 수 있음을 우려하여 결국 현지에서 분묘(墳墓)를 만드는 것으로 결정하였다. 매몰한 후 흉악성이 옅어지는 때에 묘지를 이전할 수 있도록 하기 위해 적당한 표식을 설치하였다.

필자는 4명의 사망자의 경력에 대해 거의 아는 바가 없는데, 다만 그 중 1명을 제외한 나머지는 모두 기독교 신자가 아니다. 그 1명이란 부계 혈통에서 9대째 이어져온 한 가문의 유일한 후계자로 그에게는 남자 후손이 없다. [이것은] 진실로 조선인들의 심중에는 더 이상 없는 비극인 것이다.

성서 행상인은 연령 55세로, 그가 죽은 후 그 집안에서는 그의 죽음을 애도하는 과부와 아들 5명, 딸 1명이 남았다. 그가 기독교 신자가 된 경력은 조선에서 기독교 포교 초기에 시작되었다. 즉, 그는 기독교 신자가 된 지 이미 28년이 되었던 것이다.

위 사람은 외국인들 사이에서 "복 있는 날"이라는 이명(異名)으로 알려져 사랑을 받아왔다. 그 이유는 그의 용모가 언제나 행복한 듯 유쾌했기 때문이다.

그는 우리의 선교 사업이 시작되기 이전에 북장로파 선교단의 게일[20] 박사와 스월른[21] 박사로부터 처음으로 복음을 들었다. 그리고 푸트 씨가 원산에서 선교를 개시하자 그는 푸트의 [전도]여행에 따라갔고 1900년 1월 1일부터 원산지방에서 성서 행상 및 복음 전도에 종사하였다. 먼저 원산에서부터 회령, 간도에 이르렀고, 총 18년에 걸쳐 그의 직무를 충실히 이행하였다. 원산 교회당이 설립되기 전에는 자택에서 예배를 드림으로써 그는 모든 사람들로부터 사회자로 존경과 사랑을 받았다. 약 2년 전 그는 성서 행상인으로 가족과 항상 떨어져 지내는 것이 성장중인 아이들을 위해서는 좋지 않으며 게다가 자신의 으뜸되는 의무가 가정을 위한 것임을 느끼고 사직하고, 용정촌에서 수 리 떨어진 스칠고 마을로 이주하였다. 이사 후에도 신도들은 일요일마다 예배를 위해 그의 집에 모였고, 그는 마을 내에서 지도자로서 인정받았다.

그의 죽음은 가족은 물론 일반 기독교 사회에서도 크게 통탄할 일이지만, 반드시 비탄의 눈물만 흘리며 슬픔에 잠겨 있을 필요는 없다. 왜냐하면 그는 이미 심문이나 박해가 없는 세계로, 날마다 [그의 별명처럼] "복 있는 날"이 그에게 다가오고 있기 때문이다.

---

20 J.S.Gale을 지칭하는 것으로 추정됨.
21 W.S.Swallen을 지칭하는 것으로 추정됨.

엠마 엠 페르소프 (自署)

譯者註 : 엠마 엠 페르소프는 중년의 캐나다 부인으로 용정촌 장로파
제창병원의 간호부 주임임. 원장 마틴과 더불어 간도 토벌 중 각지를 순
찰하고 의류 등으로 피해자를 위문함. 배일 선교사단의 한 사람임.

(J)

장암동[獐嶺洞][22] 도살(屠殺)사건

다음에 기술하는 사실은 그것을 중국 길림성 남부의 간도 모든 지역에
적용되는 예증이다.

일본은 중국의 매우 강한 저항에 귀를 기울임이 없이, 가능하다면 모
든 기독교 신도 특히 모든 청년을 소멸하려는 기획으로 이 지방에 15,000
명의 병력을 출동시켰다. 촌락은 연이어서 매일 조직적으로 소각되었고
청년들은 사살되었다. 때문에 당장 내가 살고 있는 마을 주위에는 소각
혹은 전원 도살된 촌락, 심한 경우 양자의 피해를 모두 입은 촌락도 있어
에워싸여 소각되는 경황이라고 말해도 결코 과언이 아니다. 이하에 기술
하는 사실은 절대 진실이며 실제로 필자가 직접 영국인 친구와 함께 목격
한 것이다.

우리들은 10월 31일(일요일) 날이 막 밝을 무렵, 함께 북경마차를 타고
용정촌을 출발하여 용정촌에서 12리 떨어진 작은 계곡의 곡저(谷底)에 위
치한 장암동으로 향했다. 그날은 일본의 천장절(天長節)이었기 때문에 가

---

22 원문 348쪽에는 "獐嶺洞"으로 표기되어 있으나, "獐巖洞"의 오기(誤記)로 판단.

는 도중 일본 병졸이나 경관 등에게 성가신 [수색을] 당하는 일 없이 마치 사냥놀이를 보러 외출하러 가는 듯한 심경이었다. 그 길에서 떨어진 곳으로 간 지 얼마되지 않아 산 속 연무(煙霧)가 깊어지면서 겹겹이 합쳐지는 것을 바라보았다. 이것이 우리의 목적지임을 제시한 것이다. 이하 10월 30일에 해당 마을에서 실제 발생했던 사항들을 다수 목격자들의 견문대로 기술하고자 한다.

날이 밝을 무렵 무장한 일본 보병의 일대(一隊)가 기독교 마을을 빈틈없이 포위하고 골짜기 안쪽 방향에 있는 볏단을 쌓아놓은 곳에 방화하고 촌민 일동에게 집밖으로 나오라고 명령하였다. 촌민들은 가능한 한 [친자관계를 숨기고자] 아버지라고 부르지 못하고 자녀라고 부르지 못했고, 눈을 마주칠 때마다 그를 사살했고, 반사(半死)인 채로 쓰러져 활활 타오르는 건초 더미에 덮여 금새 식별할 수 없을 정도로 불타버렸다. 그 사이 어머니도, 아내도, 자녀들도 마을 내 성년 남자 모두가 강제 처형을 당하는 것을 목격했다. 가옥은 전부 불타버리고 그 일대가 연기로 뒤덮여 當市(용정촌)에서도 그 불길을 분명히 볼 수 있었다. 일본 병사는 이렇게 한 후 이 지역을 떠났다. [일본 병사들은] 곡지(谷地)와 본가도(本街道) 사이에 있는 촌락 중 기독교도가 있는 집을 전부 불태워 버린 후 천장절 축하연 길에 올랐다.

우리가 이 마을 부근 촌락으로 오면서 만났던 사람들은 모두 부인, 어린이들이거나 백발 노인 뿐이었다.

등에 어린 아이를 업은 여자들은 슬피 통곡하며 부근을 배회하고 우리들이 근처에 접근하는 것조차 느끼지 못할 정도였다. 제일 처음 우리들의 시야에 비친 것은 곳곳에서 계속 타오르는 일대의 조선인 가옥의 잔해였다. 주위를 흐릿흐릿하게 하는 검은 연기가 계속 에워싸여 소각시켰던 것은 3년치가 저장된 식량을 의미했다.

3개의 새로운 분묘(墳墓) 앞에 계속 쪼그리고 앉아있는 것은 등[脊]에 붉은 글자를 새긴 부인과 8세의 여자아이, 새로 맞춘 흰 색 상모(喪帽)를 쓴 노인 세사람이었다.

우리들은 불탄 흔적을 촬영한 후에 이 노인이 유명한 기독교도인 것을 알게 되었다. 그는 4곳에 총격상을 입었고 그의 아들은 2명 모두 사살되었고, 형제 3명이 모두 불타는 가옥의 화염속에 던져졌다고 한다.

내 옆에서 몇 명이 시체에 부착된 흙을 털어내었는데, 몇 곳에 총탄 흔적이 있었고 사지가 구부러지고 수축되고 검게 그을린 노인의 시체가 드러났다. 소각을 면한 것은 머리부분 뿐이었고 순백의 두발로 뒤덮여 있었다. 우리들은 시체 및 기타 분묘 2곳을 촬영한 후 곡단(谷端)을 향했다. 곡단에서는 화재가 36시간 계속되었음에도 불구하고 아직도 육체가 계속 타면서 악취가 나고, 가옥의 기둥이 타서 쓰러지면서 나는 굉음이 들렸다. 모퉁이 부근에서 갓난아이를 업은 부인 4명과 마주쳤는데 그들은 모두 새로운 묘 앞에 쪼그리고 앉아 애통해하며 우는 모습이었고, 매우 가련했는데, [그들은] 우리들이 있는 것도 알아채지 못할 정도였다.

우리들은 다음으로 불탄 19채의 집을 촬영하였는데, 그 사이 비통한 나머지 두발을 모두 늘어뜨리고 우는 노인, 어머니와 딸의 눈이 연기에 흔충(焮衝)되어 계속 불타고 있는 가옥에서 사체의 일부[를 뒤지거]나 타고 남은 재화와 보물(財寶)을 모으고 있는 것을 보았다. 내가 한 노인을 촬영한 후 친절한 말로 위로하자 그는 갑자기 비애가 쏟아졌는지 미친 사람처럼 되었다. 나는 그 한 무리 가운데 서 있는 사람에게 "예배할 고인(故人)들을 모아 오라"고 지시하였다. (그 사람은 도망쳐 일본 영사관으로 갔다. 자기의 촌락은 정치적 사건에는 관계하지 않으므로 용서해 줄 것을 구하였으나 그 마을은 이미 계속 불타고 있는 중이라는 답변을 들었다) 그 사이 나는 이교도들의 도움으로 타고 남은 곳에서 시체 한 구를 운반해 왔다. 그 시체를 새롭고 물기 없는 다타미[藁疊] 위에 뉘였다. 시체의 신체 일부와 다리 하나가 없어서 그것을 찾아 나섰으나 상당히 떨어진 곳에 뉘어 있었으며, 이것을 4번 촬영하였다. 그 사이 많은 부인들이 목 놓아 울었고, 나 역시 그러한 모습을 목격하니 분노를 참을 수 없었다. 짙은 연기가 자욱해서 필요한 촬영시간 중 사진기를 확실하게 붙들고 있을 수 없는 정도가 되었다. 계속 타는 가옥의 잔해의 공터에, 도로를 끼고 한쪽에서는 약 50명의 부인과 딸들을, 다른 한쪽에서는 10~15명의 노인과 어린아이들을 쪼그리고 앉아 있게 하고, 우리들은 "예수는 우리를 사랑하시고 우리는 그를 알고"라는 찬송가를 합창하였다. 그들은 이것을 기억해 둘 것이다. 끝난 후 노인들은 기도를 올리고, 여자들은 그들의 사랑하는 자들의 묘 앞에서 애통해 하면서 앉아 있었다. 이교도인 중국인과 조선인 등의 대군집(大群集)은 머리를 숙여 눈에 고인 눈물을 참으면서 계속 지켜보았다. 큰 나무 아래에 있는 교회당은 지금은 한 줌의 재로 돌아갔고, 2동으로 구성되었던 학교의 큰 건물도 마찬가지의 운명에 처해졌다. 나는 이어 분묘를 세어보니 31개였다. 각호(各戶)는 그 죽은 자의 집 곁에 매장되었다.

타버린 시체를 끌어내고 그것을 매장하는 데 하루 종일이 걸렸다. 모두 부인과 어린 아이들이 스스로 이를 행하였다. 나는 그들과 이별을 고하고 집이 불타고 사람들이 사살된 다른 2곳 마을을 방문하는 것으로 하였다. 가는 도중 만난 사람들은 나에게 부상을 입었지만 다행히도 죽음은 면한 자를 문안해 주기를 청하였다. 나는 전부 불탄 가옥 19채, 무덤 및 시체 36구를 목격했다. 나는 용정촌으로 돌아오자마자 만취한 일본 병사와 마주쳤고, 시가지에 일본국기로 펄럭이는 것을 보았다.

오늘 조선인 가옥에서 일장기를 게양하지 않은 자는 모두 기마병의 기록 수첩 상에 기입되었다. 그들은 인근 용정촌의 일부이자 강 반대쪽에

위치해 중국인 가옥 100호로 구성된 1개 촌락을 불태울 예정이었다고 하
며, 청년들은 그곳을 도망나와 당시(當市)에서는 일본 가옥이 산재해 있으
므로 전부가 불타는 것은 면할 수 있게 되었다.

내일은 페르소나 孃, 화이트로 孃(간호부장)과 나는 다시 장암동을 방
문하여 부상자의 처치 및 상심자의 위문을 행하고자 한다.

1920년 10월 31일

S.H.마틴

譯者註 : 마틴은 용정촌의 캐나다 장로파 선교단 소속 제창병원장으로
연령 30세 가량, 선교단 중에서 바커 다음으로 배일 선전자였음. 캐나
다 출생으로, 처음에는 무선전기 기수(技手)였으나, 나중에 의학교를
졸업하고 뜻하는 바가 있어 선교단에 투신, 이미 수년간 용정촌에 거
주함. 아내와 아이가 있음.

변박(辨駁) 자료

甲에 대한 것

남 코아 우/쿠 세이 톤/東道溝

지점의 소재지는 불명확하다. 특히 이 지방에서는 중국명, 조선명이 있고, 또한 속칭으로도 불리는 명칭이 있어 명확히 구체적으로 판명할 수 없는 것을 유감으로 여긴다.

기독교 신도들의 집 혹은 교회라고 칭해지는 것을 불태우긴 했으나, 우리 군의 토벌행동은 국가의 자위상 조선의 치안을 소란시키는 불령자를 응징하는 데 있고, 그 종교가 무엇이든지간에 양민이라면 일시동인(一視同仁)으로 그들을 비호하고 불량자라면 일률적으로 규탄하였고, 종래 누차 불령자들의 집회에서 이용되었던 증거가 확실한 것은 그 가옥을 소각한 것이다. 그리고 그 불량의 식별에 대해서는 특히 주의를 기울여 해당 지역과 관계없는 순박한 조선인들이어도 군대와 동행하게 하여 가택 수사, 구류자의 심문 등을 함으로써 공평하게 그 불량분자를 적출하고 징계하려 했다는 점이었음을 양해 해 주기를 바란다.

명동(明東)

10월 20일 대랍자(大拉子) 수비대에서 명동학교 벽돌[煉瓦]구조의 교사(校舍) 및 불령선인 마진(馬晉)의 가옥을 소각한 사실이 있다.

원래 해당 학교는 불령단의 소굴로 항상 음모의 근원이었다. 1919년(大正8) 3월 용정에서의 소요는 이 학교의 직원과 생도(生徒)가 그 주모자였던 것이 명확한 바, 그 후에도 위 학교 직원과 학생들이 양민들을 위협하고 금전을 강취하거나 불령한 무리들을 부추기거나 혹은 그 불령단 중에 있으면서 양민에게 피해나 폭행을 가하였으므로 중국관헌들도 해당학교 학교장 김약연(金躍淵)을 국자가(局子街)에 구치(拘置)하고 해당학교의 폐쇄를 명하였다. 그리고 이 학교는 교수용 도서 및 기타 장식 등에 이르기까지 우리 제국에 반항하며 우리의 치안을 방해한 증좌가 분명한 것들이 있다.

우리 수비대는 동현(同縣) 지사(知事) 왕명신(王銘紳)의 승인을 받아 이 지방 중국 순관(巡官) 조경화(趙景和)와 학교의 불량한 것을 소각하는 것에 대해 승인을 얻었으므로 화란(禍亂)의 근거를 일소할 목적으로 굳건히 소각하였다.

또한 마진(馬晉)의 가옥을 소각한 것은 그의 가택을 수사하면서 나온 편지 및 서류에 의해 그가 끊임없이 불령단과 연락하고 중국측에 구금되어 있던 앞서 언급한 김약연 등과 관련이 있고 폭행 주모자였던 사실을 발견하였다. 이 지역 조선인들 역시 불령스러운 무리임을 말해주는 것이다. 또한 해당 가옥을 소각하기 2, 3일 전까지 그는 우리 수비대의 인원이 소수이므로 그 경계망을 뚫고 귀환하여 음모를 책략하고 우리 군에 위해를 계속 가하려 했음을 탐지하고, 음모의 근거를 복멸(覆滅)하기 위해 그 가옥을 소각하였다. 그가 만약 푸트 씨가 말한 것처럼 [교회] 장로였다고 하면, 각 모임의 기독교도 중에 불령자의 수령이 있었을 것임을 방증하는 것으로 말하지 않을 수 없다.

노 페이/칸 창 암

"칸 창 암"이라는 명칭이 불명확하지만, 그 월일 및 사실에 의거해 판단해 보면 우리들이 이른바 페이(獐巖)라고 말하는 곳과 동일한 지역에서의 하나의 사건을 다르게 표기한 것으로 사료된다.

본 건에 관해서는 장암동(獐巖洞) 사건 별책을 참조하기를 바란다.

청산리(靑山里)

10월 21일 야마다(山田) 대좌가 이끄는 일대(一隊)가 해당 지역 부근에서 무장한 불령선인단과 전투하여 약 30명을 쓰러뜨린 것은 사실이다. 당시 적도들은 해당 부락민과 함께 촌락 내에 진지를 구성하고 우리 군에 저항했기 때문에 우리 군 역시 수 명의 사상자를 내기에 이르렀다. 살해된 조선인은 전적으로 이 전투 결과에 의한 것이다.

소각 가옥에 관해서는 촌락 내 전투 결과, 병선[兵燹=전쟁으로 인한 화재] 피해를 입은 것, 적도들의 퇴각 시 삼림에 불을 놓은 것 때문에 옮겨 붙은 것, 우리 군이 급진(急進)하면서 패잔병을 점거[했던 곳에서] 저항했기 때문에 불가피하게 소각한 것 등에 의한 것으로, 고의로 조선민을 괴롭게 하려고 소각한 것 같은 사실은 전혀 없음을 명언(明言)한다.

또한 氏가 말하는 것처럼 살아있는 주민을 태워 죽인 것과 같은 잔학한 행위는 우리 제국 군인이 상상도 못할 바이다.

운 통 쟈

지점이 명료하지 않다. 또한 모든 마을이 기독교 촌락이라는 것을 듣지 못했다. 또한 시일도 불명하므로 이에 대해 옳고 그름을 따질 수가 없음이 유감이다.

다만 80명이라는 다수의 부락민을 사살한 것과 같은 사실은 절대로 이러한 것은 없었음을 명언(明言)한다.

乙에 대한 것.

11월 2일 쓰쓰이(简井) 소좌와의 회담에 관한 기사에서 同 소좌는 간도에서 일본군대 지휘관이 아니었으므로 용정촌에서 병참사령관이었다고하는 것은 오해이다. 통역이 미숙련된 것과 의사소통의 불충분한 것으로인한 2가지 원인이 푸트 씨로 하여금 결국 불쾌함을 느끼게 하는 지경에이르게 한 것일 것이다.

회담 중 同 소좌에게 양복을 차려입은 1명이 왔다고 하는 것은 그 지역에 거주하는 일본인 유력자로, 군대의 숙영(宿營)에 관한 건을 교섭하기위해 온 것이다. 그 회담 중 사령관의 수첩을 품에 넣고 방을 나간 것은전혀 불쾌한 감정에 의한 것이 아니며, 양복을 차려입은 자의 요무(要務)가 끝났기 때문에 나간 것이다. 병참사령관의 업무가 매우 많고 바빠서 누차 이와 같은 일이 일어나는 것은 누구나 상상할 수 있는 부분일 것이다.

그 후 다시 들어왔을 때 同 소좌가 말하기를 푸트 씨가 여행하려는 도로 곳곳에 일본 병사가 주둔하고 있어서 여행이 위험할 것이라는 것은 통역이 잘못된 것으로, 同 소좌[의 본래 의도]는 일본 병사가 주둔한 지점은위험하지 않을 것이지만, 다만 도중에 만일의 사태가 일어날 경우를 우려해서 잠시 연기를 권한 것으로, 결코 다른 뜻이 있음이 아니다. 또한 同소좌의 말에서 "그 병졸들이 귀하에게 하는 행위에 대해 나는 그 책임을질 수 없다"라고 한 것은 원래 同 소좌는 1개 병참지의 사령관으로 군대의 지휘관이 아님을 설명한 것으로, 언어가 통하지 않아 푸트 씨의 오해를 받음이 없도록 주의하는 의미이다. 마지막에 同 소좌가 약 20일 정도지나면 호위병을 붙여 여행의 안전을 기할 수 있다는 뜻을 언급한 것은당시 일반적인 정황상 그들 병졸을 할당해 줄 수 없지만 20일 정도 경과하면 충분히 병력을 집중시킬 전망이 있었으므로 호의적으로 위와 같이 대답한 것이다. 중국인 강도 및 불령선인 등에 대한 푸트 씨의 감상은 당시 각자의 판단에 의한 것으로, 견해 차이로 칭할 수밖에 없다.

또한 푸트 씨가 사령부를 떠날 때 병졸들이 병졸들이 소총과 총검으로 줄지어 늘어선 그 열(列)을 나왔다고 했는데, 이것은 우리 병참 사령부에서 위병이 푸트 씨가 왔기 때문에 특별히 경계를 강화한 의미가 결코 아님을 여기에 명언(明言)한다.

丙에 대한 것.

성서 행상인 이근식(李根植) 등 참살 건

이들 조선인의 포박 및 참살 사실은 이것을 인정한다고 하더라도, 이근식은 단순히 신의 가르침을 전하는 성서 행상인이 아니다. 심사한 결과 그들은 불령선인의 단체인 국민회의 우두머리 양달헌(梁達憲)이 밀정 및 통신원을 보내어 우리 군의 행동을 계속 정탐해서 파악한 것이 명백하며, 양달헌이 당시 장암동(獐巖洞)에 있다고 하는 정보를 접하고 우리 군대가 그 지역의 정보에 정통한 李 이하 4명에게 길안내를 하게 하여 장암동으로 갔는데 그들은 도중에 도주를 시도했을 뿐만 아니라, 오히려 극심하게 저항하여 불가피하게 그들을 프치루고[23](新明村) 부근에서 참살한 것이다. 1회의 심문도 거치지 않고 참살한 듯한 행위는 단언컨대 없었다.

위 행상인의 아들이 영사관에 와서 아버지의 소재를 물은 것처럼 언급하고 있는데, 그는 영사관에 와서 정식으로 물은 것이 아니라 영사관에 있는 한 사람의 지인인 조선인에게 가서 그에게 질문한 것에 불과하며, 해당 조선인이 개인적으로 그렇게 답변을 해 준 것이다.

---

23 앞의 선교사의 보고서에서는 "프루치고(プルチゴ)" 마을로, 변박자료에서는 "프치루고(プチルゴ)" 마을로 미묘하게 다르게 표기되어 있음.

요컨대 이근식은 그가 다년간 성서 행상 및 복음 전도에 종사해 왔던 것은 페르소프 氏가 기술한 바에 의거해서 알게 된 것이지만, 그런 면이 있었기 때문에 그의 간첩 행동을 허용할 수 없었던 것이 명백한 것이다.

丁에 대한 것

장암동(獐巖洞) 사건

마틴 씨는 심하게 과장하여 감정적으로 기록한 본문 앞 부분[冒頭]의 장암동사건으로 간도 모든 지역에 적용되는 예증(例證)으로 칭하고 있지만, 그러한 것은 과대과장[誇大]이 매우 심한 표현[言辭]으로, 우리 군이 만약 마틴 씨가 말한 것처럼 매일 소각·사살을 일삼았다고 한다면 간도 일대는 수일 내에 초토화되어 노인과 어린아이 외에 아무도 없는 지경에 이르렀을 것이다. 이런 말이 얼마나 황당무계한 것인지는 한번이라도 북조선에서 간도로 들어와 본 적이 있는 사람이라면 누구라도 명언하여 주저하는 바가 없을 것이다. 장암동에서의 사건은 그 가족에게 동정을 금할 수 없는 일이지만, 그들의 불령스러운 행동을 서슴치 않고 한 선인단을 토벌하는 과정에서 수반된 자연스러운 결과로, 피할 수 없었던 것이다. 그 상세한 내역은 별책을 참조하길 바란다.

맺는 말

요컨대 갑·을·병·정(甲乙丙丁) 모두 과대과장되게 붓을 휘둘러 우리 군의 잔학 행위를 발설한 것이고, 우리 군의 행위를 중상하려 한 것이지만, 사실은 모두 그것과 반대이다. 우리군의 출동에 의해 불령선인단이 사방으로 흩어지고 그 대부분이 시베리아 방면으로 숨거나 달아난 것이다. 간도지방은 조용하고 온화한 상태로 돌아갔고, 치안은 양호하게 유지되어 조선 백성들은 일반적으로 기뻐하고 있는 사실이 [그것을] 증명하는 바이다. 가까운 시일 내에 우리 파견부대 철퇴 논의가 있을 것이다. 병사들을 주둔시키기를 바라는 여론은 간도 도처에서 제기되고 있고, 결국 위원을 선정·파견했는데, 매우 적극적으로 이것을 당국에 계속 청원하고 있는 현재 상황에 비추어 보더라도 우리 군의 행동이 정의에 기반한 것으로 얼마나 조선인 일반 백성들의 신뢰를 얻기에 이르렀는지를 확증하는 것이라고 칭해야 할 것이다.

장암동(獐巖洞) 부근의 토벌 정황

1. 장암동과 불령 행동과의 관계

연길현 용지사(勇智社) 장암동은 원래부터 화전사(樺田社) 허문동(墟門洞)과 더불어 이 방면에서 불령선인의 소굴로 불렸고, 同 지역의 영신(永新)학교, 화전사(樺田社), 배영(培英)학교 등을 불령행동의 획책장으로 삼아 왔다. 그리고 이 방면에서 거주하는 선인들의 태반은 기독교 신자로, 게다가 불령행동의 핵심 브레인은 많은 경우가 이 신도들이다. 그리고 불령행동의 음모는 이러한 불령자 등으로부터 훨씬 이전부터 획책되어왔으나, 1919년(大正8) 3월 독립소요[사건]발발을 계기로 그 시기가 도래하여 떨쳐 일어나 간도 일원의 동지들과 연합하여 용정촌에서 한족독립선언식 폭거를 이루는데 힘을 모았고 비대해졌다. 이후 불령단은 이 지역 방면의 주민들과 일체가 되어 그 행동을 점점 노골적으로 드러내 흉폭하게 되었다. 여러 차례 간도에 있는 우리 제국 총영사관 남양평(南陽坪) 파출소를 위협하였다. 이 때문에 이 지역의 시장(市場)은 열리지도 못하는 일이 한 두 번이 아니었고, 이 지역 주민이 입은 고통은 말로 표현하기 어렵다. 이에 더하여 불령단은 장암동 부근을 일시적 근거지로 삼아 대거(大擧) 용정촌을 습격하고 우리 관민을 모두 무찔러 죽이겠다고 공공연하게 떠들고 다니며 위협하기에 이르렀다. 이러한 정황이 되게 된 일면에는 기독교도를 대부분 회원으로 하는 불령단체인 국민회가 장암동에서 국민회 제2동부 지방회 제4지회를 설치하고, 부락민의 거의 전부를 회원으로 삼음으로써 불령행동을 마음대로 해온 것이다. 그들의 불령행동을 예시하면,

① 1919년(大正8) 3월 독립소요 발발 이전 간도지방 불령선인이 국자가에서 기부금 및 기타 모의(謀議)를 할 때 장암동 영신학교 교사 등이 여기에 참가한 사실이 있음.

② 1919년(大正8) 3월 13일 간도 용정촌에서 한족(韓族) 독립선언식 폭거(暴擧)시 장암동 영신학교 교사와 학생들을 비롯해 부락민 다수가 이에 참가함.

③ 1919년(大正8) 3월 13일 용정촌에서 한족 독립운동 주모자는 그날 밤 장암동을 도망쳐 곧바로 의사회(議事會)를 열어 용정촌에서의 독립선언 축하회의 상황보고 및 이후에 연락 관계 및 방침에 대해 회의한 사실이 있음.

④ 1919년(大正8) 6월 장암동 영신학교 내에서 이 지역의 우두머리 엄주철(嚴柱喆) 외에 수 명은 통행인 3명을 일본영사관의 밀정이라고 칭하며 마구 때려 중상을 입힌 사실이 있음.

⑤ 1919년(大正8) 6월 장암동에 국민회 동부지방회 제4지부를 설치하고 다음과 같이 역원을 임명하고 불령행동을 감행해 온 사실이 있음.

  1. 지회장   한국용(韓國龍)
  2. 경호구장(區長) 겸 서기 엄주철(嚴柱喆)
  3. 경호원   남동빈(南東彬), 이병순(李秉順) 외 5~6명
  4. 통신부장   김자용(金子用)
  5. 통신원   남춘세(南春世)외 4명
  6. 외교원   박사문(朴士文)
  7. 재무원   한동헌(韓東憲)
  8. 서기   이병욱(李秉郁)
  9. 사무소   지회장 집에 임시로 마련함

⑥ 1920년(大正9) 2월 경호구장 엄주철은 동부지방회장 양도헌으로부

터 다수의 권총을 수령받고, 이것을 부하 및 다른 사람들에게 분배한 사실이 있음.

⑦ 1920년(大正9) 4월 화전사(樺田社)에서 국민회 경호대 대회를 개최하여 불령행동에 관한 음모를 논의했을 때 장암동의 경호부장 엄주철 이하[의 사람들이] 이에 가담한 사실이 있음.

⑧ 같은 해 같은 달 최명록(崔明錄) 일파 16명이 폭탄을 휴대하고 조선의 온성(穩城) 방면으로 침습(侵襲)하기 위해 장암동을 통과할 때 그들을 원조한 사실이 있음.

⑨ 같은 해 같은 달 화전자(樺甸子), 장암동 부근에서 의군부(義軍府) 일파 약 100명이 집합했음에도 불구하고 그것을 우리 관헌에 신고하지 않았을 뿐만 아니라 그들을 원조한 사실이 있음.

⑩ 같은 해 같은 달 용정촌 부근에서 장암동의 영신학교 교사 이충열(李忠烈)이 체포되자 위 사람들은 대한학생광복단을 조직하여 지방민들에게 금품을 강요했다는 취지의 자백받은 사실이 있음.

⑪ 1920년(大正9) 6월 장암동 지회 경호원 이병순, 남동빈 두 사람은 지방회장의 명령에 의해 나자구 방면에서 다른 사람과 함께 다수의 무기를 운반해 동부지방회장 양도헌에게 건네고, 같은 해 7월 무렵 귀환한 사실이 있음.

이상과 같이 사례를 들면 셀 수 없을 만큼이다. 특히 군자금, 기타 군수품의 제공에서는 그들 부락민이 연중행사처럼 [계속 행했던] 실제 정황·실태이다.

2. 우리 군대 토벌의 정황 및 그 후의 조치

10월 28일 우리 총영사관 남양평 파출소장으로부터 총영사관 경찰서장에게 보낸 보고의 요지[에 의하면] 국민회 남부 제1지방회장 마용하(馬龍河)의 부하 및 다른 단체의 불령선인 등 수백 명은 남양평(南陽坪) 북방 약 1리반 떨어진 장암동에 집합하여 그 지역 기독교 소학교에서 남양평 습격에 관해 모의를 계속 하고 있다고도 하며, 또 다른 정보에 의하면 장암동 부근에서 불령선인 수백 명이 집합해 가까운 시일 중에 남양평의 병참을 습격할 것이라고 공공연히 떠들고 다니고, 그 지역 소학교에서 논의를 거듭하고 있다고 서술된 정세에 의거해, 용정촌에 있는 오오카(大岡) 보병 대대장은 스즈키(鈴木) 대위 이하 70여 명을 헌병 이하 3명과 경찰과 2명과 함께 장암동 부근의 토벌을 하기 위해, 전날 억류해 두었던 조선인 5명을 안내자로 삼아 10월 30일 심야에 출발하였다. 위 부대는 남양평을 지나 31일 새벽 장암동에 도착, 同 부락을 포위하고 토벌을 개시하려고 하자, 적도들이 우리의 계획을 알아채고 삼삼오오의 상태로 먼저 서남방면 대허문동(大墟門洞) 방면으로 퇴각해 흩어지고, 이어 약 30명의 적도들은 북방 동산촌(東山村) 방향으로 일렬종대로 퇴각하니 이에 대해 우리 토벌대가 사격을 가하자 적도들 중 다소의 사상자가 나온 듯이 열을 흐트리며 퇴각하였다.

그 사이 토벌대 일부는 헌병 경찰관과 협력하여 同 부락 내를 수색했고, 적의 잔당은 우리의 행동을 방해하고 감히 우리에게 저항을 시도하였으므로 [우리는] 그들을 죽였다.

본 토벌에서 획득한 물건은 다음과 같다.

1. 폭탄 (龜 甲型)   1
2. 권총 (미국제)   1
3. 태극기 (大)   1
4. 독립군 병졸용 겨울 바지   1벌
기타 불령한 행동에 관한 불온 문서류 다수

우리 토벌대는 적도 무리들의 음모의 장이 된 가옥(소실된 가옥중에는 영신학교도 있었다고 함)을 소각하고 적의 사체는 우리나라 풍에서 유래된 화장(火葬)으로 하고, 부락 생존자들을 모아 우리 군대의 토벌 취지를 간곡히 설명하고, 앞으로의 불령행동을 경계하고, 이 지역을 떠났다. 그후 사체의 화장이 불충분한 점이 있었음을 알고 군대 경찰은 소요 인원을 파견하고 협력하여 그것을[=사체 화장] 완전하게 하고 사체 및 유골은 그것을 유족이나 지인 또는 부락 대표자에게 하부(下附)하여 그 수령증을 징수하였다.

3. 토벌 결과에 대한 장암동 및 그 부근 부락민의 의향

장암동 주민 한국호(韓國虎 : 同 지역 국민회 지부장 한국용(韓國龍)의 친동생) 이하 십수 명은 연이어 서명[連署]하여 귀순의 뜻을 표하고, 기존의 마을 사람 일동이 이 마음가짐을 가지지 못했음을 사죄하였다. 일본 군대 토벌의 결과 죽은 자는 그들 자신들이 이전에 저지른 잘못에 대한 응징이므로 불가피한 것이었고, 우리 생존자는 지금부터 공순하게 제국신민의 본분을 다할 것을 탄원하러 왔으며, 또한 부근 부락민인 남양평 거주민은 다음과 같은 청원서를 제출하고 우리 군대의 토벌행위에 대해 감사의 뜻을 표함과 동시에 그들 적도들에게 훗날 보복을 당할 것을 염려하여 우리 병사의 주둔을 청원하였다.

청원서(번역문)

1919년(大正8) 3월 이후 간도에 거주하는 조선인 일파의 사람들은 일본 관헌에게 극심하게 반대하는 경향이 생겼고, 이들은 단결하여 흉기를 휴대하고 한족독립 혹은 민족자결 등의 구절을 언급하며 여러 방면으로 선전하였고, 남양평 시장과 같은 곳에서는 일본 관헌의 보호하에 민회를 설립하는 부락으로 인정되자 마치 원수인 적과 같이 생각되거나, 혹은 독립 자금의 기부를 강요하거나, 때때로 독립군 군수품의 충당 등의 명목하에 물자를 강요하는 폭력스러운 상황은 나날이 심해져, 올해 7월에 이르러서는 그들은 일본 관헌에게 접근하고자 한다고 주목되어 이곳 민회 의원을 협박해서 총사직시키고 또한 생명·재산에 위해를 가하려 한다고 위협이 와서 총기를 휴대한 일당은 100~200명의 다수를 규합하여 남양평 거주 조선인 의원 8명을 비롯한 상당한 자산가에 대해서는 총기를 모방한 것으로 협박하고, 결국 어쩔 수 없이 금품을 강탈하고 사라지는 등의 행위를 하였다.

당시 유일한 물자집산일인 장날에 오는 상인에 대해서도 협박을 가해, 일시 이 부락의 시장은 개시 이래 침체에 빠지고 부락민은 물자 수급의 길이 두절되어 [물자] 결핍으로 인한 곤고(困苦)함은 지금까지 [영향을] 미치고 있다. 그리고 항상 이들 불령단이 습격해 오는 책원지로 주목해야 할 땅은 이 지역에서 1리 반 떨어진 장암촌이다. 장암촌의 주민은 모두 철저하게 배일 사상을 품고 있고, 불령단과 협동 동작을 하고 있다. 오는 10월 31일 아침 일본 군대의 토벌에 의해 주요한 불령 무리들은 사형에 처해져 이 지역의 화근을 섬멸시킬 것이다. 이것은 본래 당연히 받아야 할 결과이다. 그러나 관대한 일본 군대가 아직도 그들의 남은 싹을 근절시키지 않았으므로, 유감스럽게도 천벌을 면하고 도주한 무리들도 역시 적지 않다. 그리고 우리 남양평 부락민들의 안위(安危)는 일변하여 거의 대부분 그들이 발호[跋扈=함부로 날뜀]한 흔적을 끊으려는 듯한 느낌이 있고 이후 정해진 장날에는 사방의 부락민들이 운집하여 오기 때문에 전에 없던 성황을 이룬다. 이것은 오로지 일본 군대의 선행으로 얻어진 조치의 결실이다. 부락 일동은 환희를 견딜 수 없는 상황이다. 그러나 아직 그들 전부를 섬멸시키지 않으면 안심할 수 없다. 만약 이 때 군대를 철퇴시키면 다시 이전 상태로 복귀할 것임은 대략 상상하기 어렵지 않으므로, 일본 군대는 영구히 이 지역에 주둔하여 재차 그들이 흥할 싹을 뿌리 뽑아 침입을 방지하고 부락민들의 생명과 재산을 안전하고 강고하게 보호하기를 간절히 바라는 까닭이다. 이에 부락민 연서(連署)로 영구 완전한 보호를 얻고자 함을 간청한다.

　　1920년(大正9) 11월 ○일 [원문상 일자 누락]

　　남양평 거주민 일동 연서(連署)

길림독군공서(吉林督軍公署) 내한(來翰) 초록에 대한 조사표

제19사단 사령부

제1 하뉴 지대(支隊) 및 그 통신반 병참부대 등[의 담당]으로 우리 사단 방면이 아니어서 사실 조사가 곤란함.

제2 이러한 행위는 절대 없음. 주도면밀한 조사 후에 계속 조치하고 있음. 다만 도주를 꾀하여 도저히 체포할 수 없는 자에 대해서는 불가피하게 소총으로 사살함. 그것은 당연한 것임.

제3 10월 4일 마적이 다시 습격해왔고, 우리 아베(安部) 대대의 진지 정면을 통과하였기 때문에 우리의 유탄(流彈)에 명중한 것임.

제4 중국인 지폐를 약탈한 건은 11월 15일 요코타(橫田) 소좌가 지휘하는 보기병대(步騎兵隊)가 사도구(四道溝)를 초토하였으나, 일본 군인은 이러한 행위를 일부러 하지 않음. 중국인이 손해배상[을 청구하는 것]으로 자신의 잇속을 채우고자 고의로 날조한 것으로 판단됨. 엄중하게 조사할 필요가 있음. 사도구 부근의 소각 10월 17일 다시로(田代) 기병 소위 1隊가 적들의 병사(兵舍)와 함께 적도들의 소굴이 되어 있는 민가 몇 채를 소각함.

오재영(吳在英) 외 5명을 포획한 건은 10월 17일 경흥(慶興)수비대 출동시 배일(排日)학교를 경영하고 활발하게 불령 행동을 해 온 흑정자(黑頂子) 부근의 불령자 수괴 오재영 외 5명을 체포함.

마키(牧) 토벌대(제1회)는 불령 행동에 참가·획책했던 확실한 증거가 있는 자, 다음에 기재하는 14명을 사살함.

장홍극(蔣洪極), 유오석(柳奧石), 최성록(崔成錄), 최성률(崔成律),

박원익(朴元益), 고응남(高應南), 박원모(朴元模), 남용순(南容淳),

최이용(崔李龍), 장의천(張義天), 방성준(方成俊), 김성현(金成鉉),

박모(朴某), 최모(崔某)

제5·제6 10월 19일 나리타(成田) 중좌가 지휘하는 회령수비대가 초토 시 불령단원이었던 확증이 있어 다음의 14명을 사살함.

지계순(池啓舜), 장성오(張成五), 이홍래(李鴻來), 최홍택(崔鴻澤),

김용관(金龍寬), 이용철(李容喆), 김상일(金相逸), 김상윤(金相潤),

김칠정(金七亭), 임학욱(林學旭), 박용훈(朴龍勳), 지용방(池龍芳),

김상원(金相元), 불명 1명.

제7 10월 21일 상삼봉(上三峰) 병참수비대장(하시모토(橋本) 중위)이 불 령선인 통신부장 강영삼(姜永三)을 사살함.

제8 10월 23일 나리타 중좌가 지휘하는 회령수비대는 서래동(西來洞) [자체는] 토벌하지 않았으나, 학교는 불령단 양성 및 의연금 모집 과 대원숙소로 충당되었으므로 [이를] 소각함.

사살자는 모두 불령 행동을 했던 것은 회령헌병대의 조사에 의해 명확해 진 것으로 다음이 그 인명임.

진윤극(陳允極), 김안삼(金安三), 김영석(金英石), 김덕현(金德鉉),

김상열(金尙烈), 이운일(李雲日), 최현(崔峴), 김낙규(金洛圭)

제9 히가시(東) 지대이지만 지명은 불명.

제10 토문자 지대에 속하는 부대로 [본] 사단과 관계없음.

제11 야마다(山田) 토벌대이지만 시일은 불명.

제12 시일 및 지명 불명.

[제13 원문 누락]

제14 10월 28일 오노데라(小野寺) 대위가 지휘하는 종성(鍾城)수비대가

의연금 모집 대원 조강식(曹强植) 이하를 사살하였는데, 불령 단원인 것이 확실함.

제15 시일 지명 [불명].

제16 기무라 지대 10월 24일부터 같은 달 30일에 걸쳐 초토[작업]에서 불령 단원을 사살함. 불령단의 소굴을 소각함.

제17 步74 야마베(山邊) 대위가 지휘하는 회령수비대가 10월 27일 학서동(鶴栖洞) 부근의 초토에 불령선인 10명을 사살했는데, [이 결과는] 회령헌병분대에서 조사한 것에 의거함.

유경화(劉京化), 오여옥(吳如玉), 최문칠(崔文七), 허진길(許進吉), 김군화(金君化), 정병락(鄭丙落), 김도현(金道鉉), 이희윤(李希允), 정중보(鄭中甫), 허주경(許周京)

제18 步75 이시바시(石橋) 대위가 지휘하는 회령수비대가 10월 13일 병봉동(瓶峰洞) 부근[에서] 초토, 2명을 사살함.

이학용(李鶴用 : 도주하였기 때문)

최남명(崔南明 : 도주를 꾀하며 우리에게 저항함)

제19 지점 불명.

제20 지점 불명, 시일 불명.

제21 10월 15일은 야마다 지대가 용정촌에 돌아온[歸着] 날로 일본군은 해당 지역 방면에 행동하지 않음.

10월 14일 묘령(廟嶺) 공립 권학소(勸學所) 1곳, 민가 3채가 불령단 소굴로 확인되어 그것을 소각함.

제22 제7과 중복됨. 사살자는 불령자임.

제23 대랍자(大拉子) 병참수비대 초토시 마진(馬晉)이 경영하는 불령자 양생학교 및 마진과 학교장 김약연의 거택을 소각함.

제25 [步] 75 남양(南陽) 파견대장(오오시마(大島) 소위)는 11월 3일 동경동(東京洞) 및 학암동(鶴岩洞)을 초토하고 불령단원으로 하여금 일본군 출동이래 각지를 전전[轉戰=옮겨다니며 싸움]한 후 양민으로 가장하고 다시 돌아온 한양욱(韓陽郁), 한경서(韓景瑞), 최창섭(崔昌燮), 최병옥(崔丙玉), 최성년(崔成年), 조보경(趙甫景), 오석흥(吳錫興), 오도연(吳道淵)을 사살하고, 그들의 거택 11채를 소각함.

제24 국자가 병참수비대이지만 상세한 보고는 없음.

제26 가와카미(川上) 포병 소좌가 지휘하는 국자가 토벌대는 서구(西溝)부근에서 불령자 2명을 사살하고, 7명을 체포하고 불령단이 사용했던 학교 1곳, 가옥 7채를 소각함.

제27 가와카미 포병 소좌가 지휘하는 국자가 토벌대는 신민단(新民團) 간부 최호권(崔虎權) 및 기타 가옥 4채와 그들의 소굴인 학교 1곳을 소각함.

　　사살 : 지방회장 김원필(金元弼), 부회장 장봉의(張鳳儀)

　　체포자 : 오민여(吳敏如), 이병순(李炳順), 정학손(鄭學孫[24]), 송두홍(宋斗洪), 강약해(姜若海), 신순칠(申順七), 이정열(李正烈)

제28 10월 20일 대랍자 병참수비대에서 수괴 마진(馬晉)의 거택 및 명동학교를 소각함.

　　제23과 중복됨.

제29 11월 2일 경흥수비대장(대위 杉政父)이 회용봉(回龍峯) 및 금당촌(金塘村)에서 경신총회(警信總會) 회장 한규량(韓奎良) 이하 7명을 사살함. 오영(吳英)이 경영하는 불령 양성학교를 소각함. (이하 이름을 생략 [원문자체 생략])

---

24 원문에서는 "鄭學[女+系]"으로 표기하고 있으나, 국사편찬위원회 한국사데이터베이스에서 "鄭學孫"으로 확인되는바, "孫"의 誤記로 판단하고 번역함.

사이토 대좌에게 보내는 길림독군공서(吉林督軍公署)
공함(公函)²⁵ 제288호

시급히 서면(書面)으로 말씀 올립니다. 아뢰옵기는 각 방면의 보고에 의하면 일본군이 연길·혼춘 등 각지에서 중국인, 간민(墾民)을 살해하고 가옥을 소각하는 등의 일을 벌인다고 합니다. 원래 일본군 행동 구역 내에서는 중국인의 생명·재산을 보장해야 하며, 조금이라도 손상시킬 수 없을 뿐만 아니라, 이것 때문에 양국 국민의 감정을 상하게 하는 듯한 일을 피하도록 해야 할 것임에도 불구하고, 현재 일본군이 곳곳에서 소각을 하고 무고한 사람들을 상처입히는 것은 실로 참혹하기 짝이 없으며 인도(人道)에 위배되는 것이라고 생각합니다. 이미 陸續 연길도윤에게 전보(電報)로 엄중히 교섭하고 제지하도록 명령한 각 항목을 발췌하여 귀관에게 통보합니다. 아무쪼록 일본군에 통보하시고 재차 이런 행위가 없도록 조치를 취해 주시기를 바랍니다.

초록(抄錄)

제1 일본군은 동녕에서 무선전선을 설립하고 군용전화를 설치하여 강제로 상인 민가를 점령하고, 재료(財料)를 구입하여 내부를 개축함.

제2 일본군은 연길현의 한 조선인 촌락이 불령선인이라는 증거(확보)의 유무를 논하지 않고 또한 양민 여부를 구별하지 않고 소각·참

---

25 공함이란 동급(同級)기관끼리 또는 종속관계에 있지 않은 기관 간에 주고받는 서간(書簡) 형식의 공문을 의미함. ↔ 편함(便函)

살하여 황폐한 토지로 만들어 버림. 따라서 산 가장자리에 잡거하던 중국인도 연루되어 피해를 입음. 마찬가지로 약탈·겁탈[掠怯]의 위험에 처함.

제3 일본군은 혼춘 현성(縣城) 서쪽에 있는 중국인 낭령연랑(郎令齡郎), 양로 씨(良路氏), 수문상(秀文祥)의 3명을 저격하여 죽이고, 랑(郎) 씨 성을 가진 여성 한 명에게 상해를 가함.

제4 일본군은 혼춘의 사도구(四道溝)에서 중국상인 약오사(藥五思)가 일본·러시아의 지폐 수만원(數萬元)을 가지고 갔고, 태평구(太平溝)에서는 중국인 고진수(高振手), 서문법(徐文法)이 소총·탄약 등을 휴대하고 사라지고, 토문자의 왕가소과(王家燒鍋)에서는 왕진안(王振安), 이천우(李天佑), 조홍방(趙鴻芳) 3명을 저격하여 죽이고, 손(孫) 씨 성을 가진 한 사람을 참수하고 상해를 가함. 간민으로 저격당해 죽은 자는 황구(荒溝)의 김남극(金南極), 양병칠(梁丙七), 김하승(金夏昇) 3명이었고, 탑자(塔子)에서는 방성준(方成俊), 김성현(金成鉉), 장여좌(張汝佐), 황정덕(黃正德)의 어머니 등 4명[이 피해를 입었고], 마구탑(馬溝塔)에서는 우개(尤蓋), 최개(崔蓋)의 2명, 사도구(四道溝)에서는 김운봉(金雲峰) 1명[이 피해를 입었고], 간민이 소총·탄약·재물 및 국적에 들어간 신분증[26]을 다수 뒤져서 가지고 사라졌음. 가옥으로 소각된 것은 탑자구(塔子溝)의 임장변(林長變), 조완병(曹王變) 등 2채, 사도구(四道溝)에서 22호(戶), 이정자(里頂子)에서 조선 국경에 있던 일본군이 간민 오재영(吳在英) 등 6명을 포박하고 사라짐.

---

26 원문에는 "照明證"으로 되어 있으나, 證明과 照明 모두 일본어 발음이 "しょうめい"여서 한자 변화 과정에서 발생한 誤記로 판단하여 신분증을 의미하는 "證明證"의 誤記로 추측하고 번역함.

제5 일본군은 화룡현 청영사(晴靈社) 북장동촌(北獐洞村)의 촌장 이용묵(李容默) 및 간민 장환두(張煥斗), 신주현(申周鉉), 김종민(金宗敏) 등을 포획하여 풍도령(風度嶺) 위에서 총살 후 바로 매몰함.

제6 일본군과 화룡현 사무사(四茂社) 송언둔(松堰屯)에서는 집집마다 조사를 하여 간민 진향보(陳享甫), 김상우(金相羽), 김상윤(金相允), 임학유(林學有), 김공진(金工津) 등 5명을 체포하고, 또한 무관둔(茂官屯)에서는 간민 최강택(崔江澤), 김용관(金龍官), 이인래(李仁來), 장승일(張承日), 지효용(池孝龍) 등 5명을 체포하고, 모두 총살시킨 후 석유를 뿌려 시신을 소각함.

제7 일본군은 삼봉(三峯) 대안(對岸)의 중국영토에서 간민 강영삼(姜永三)을 체포하고 즉시 총살한 후 매장함.

제8 일본군은 화룡현 사대사(四對社), 대산둔(對山屯), 대천둔(對川屯) 등 각지의 각 호(戶)를 조사하고, 간민 최병열(崔丙烈), 김낙규(金洛圭), 성명 불명인 자 1명, 총 3명을 총살하고, 가옥 수 채를 불태우고, 화룡현공립제13학교 역시 일본군 때문에 불탐. 1명의 조선인(성명 不詳)을 체포한 후 사라짐. 또한 대양둔(對陽屯) 지방에서는 조선인 조맹우(趙孟禹)를 회령으로 연행해 감.

제9 일본군은 연길현 발합랍자(鵓鴿磖子[27])에서 조선인 학교 1곳, 조선인 가옥 20여 채를 불태웠고, 학교 감시[원]도 이것을 못하게 막는 것을 허락하지 않았음.

제10 일본군은 러시아 영토로부터 노흑산(老黑山)으로 갔고, 도중에 토문자를 경과하다가 잘못하여 중국인 3명을 죽임.

제11 일본군은 화룡의 이도구(二道溝)에서 중국인 2명에게 총상을 입

---

27 '비둘기바위'라는 뜻을 지녔고 중국어 발음으로는 '부걸라재'로 불림.

히고 연장회(聯莊會)의 용병(지방 保衛를 맡기기 위해 신설한 부대) 2명을 체포해 사라짐.

제12 일본군은 화룡의 광종둔(光宗屯) 삼동포(三洞浦) 지방에서 간민 신병남(申秉南), 장두립(張斗立), 허운봉(許雲峰), 남승여(南承汝), 박(朴)씨 성을 가진 사람, 장(張)씨 성을 가진 사람 등[의 집] 7채를 불태움.

제13 일본군은 화룡현 광덕둔(光德屯)에서 간민 2명을 체포하여 사라짐. 간민 허금길(許金吉), 김경세(金京世), 김경용(金京龍) 등[의 집] 3채를 소각함.

제14 일본군은 화룡의 마패진(馬牌鎭)에서 간민 전사극(全仕極), 조흥석(曹興錫), 박윤권(朴允權), 조강식(曹强植), 조병식(曹秉植), 한수여(韓洙興), 박흥복(朴興福) 등 7명을 체포하여 사라짐.

제15 일본군은 화룡 청하사(晴霞社) 사둔(四屯)의 간민 유상선(劉尙善)의 집에 보리 300梱, 밀기울[28] 약 2500여梱을 소각하고 집 안에 있는 물건을 모두 때려부수고, 간민 김영학(金永學)의 고용인 최창범(崔昌範) 1명에게 타격상을 가함.

제16 일본군은 대왕청(大汪淸) 부근에서 조선인 가옥 50여 채를 불태우고 20여 명의 총살하고 중국인 2명을 총살함.

길림독군공서 공함[公函] 제299호

(前略) 여기서 헌병이 알려온 보고에 의하면 일본군은 연길의 사대사

---

28 원문에는 "殼子"라고 표기되어 있으나 일본어 발음이 같은 "からこ(殼粉)"를 지칭하는 것으로 판단함. からこ(殼粉) : 밀기울(=밀을 빻아 체로 쳐서 남은 찌꺼기, 맥부(麥麩)·맥피(麥皮))

(四對社) 상하남호(上下南湖) 등의 곳곳에서 앞에서 보고한 것 이외에 다음과 같은 건을 발견함. 추가로 일본군에 전고(轉告)함이 없도록 하게 할 것.

초록

제17 일본군 보병 40여 명이 10월 27일[29] 오전 10시 나루터[渡し場]를 건너 사대사(四對社) 상하남호(上下南湖) 등의 곳곳에서 호별(戶別)로 수색하고, 간민 김도형(金道亨), 지희윤(知希允), 정병락(鄭丙洛), 정춘영(鄭春永), 허승세(許承世), 오여옥(吳如玉), 최문사(崔文士), 허주향(許周享), 김군하(金君下), 유경화(劉京化) 등 10명을 모두 총살함. 또한 잡목[柴]을 모아 불태움. 간민의 가옥을 소각한 곳 5개소, 일본인이 설립한 보통소학교 역시 불태워짐. 오후 4시에 이르자 비로소 회령으로 돌아감.

제18 일본군 보병 176명과 헌병 3명은 10월 30일 사대사(四對社) 대양둔(對陽屯)에서 우리쪽으로 건너와서 해당 촌락에 도착하자마자 만전[을 기해] 조사를 하고, 간민 2명(1명은 이용영(李龍永), 1명은 성명 불상)을 총살하고 또한 불태움. 오후 1시 일본군은 비로소 회령으로 돌아감.

제19 일본군은 20여 명이 11월 3일 오전 5시 하반부북구리(下鉾夫北溝裏)[30]에 도착, 간민 홍경율(洪京律)의 글자를 불태웠고, 연이어 불탄 곳이 5곳에 달함. 모든 곡물과 볏짚 등이 이로 인해 횃불에 불탐. 간민 홍유사(洪有司), 오여만(吳如萬), 지만수(池滿水), 채경옥

---

29 원문에는 "37일"로 되어 있으나 명백한 오류로 판단되어 27일로 수정함.
30 국사편찬위원회 한국사데이터베이스에서는 "下鉾尖北溝裏"로 확인됨.

(蔡京玉) 4명은 육도구(六道溝)로 연행해 감.

길림독군공서 [공함] 제309호

제20 일본군은 외랑구(外郎溝 : 화룡현)에서 조선인 토벌 중 중국인 수진관(姪振冠)의 집을 불태움. 일본군은 10월 15일 화룡현 묘령(廟嶺) 지방에서 심학인(沈學仁), 채순명(蔡順明), 김병호(金丙號) 3명의 집(20室)을 불태우고, 또한 자피구(夾皮溝) 지방으로 가서 그곳의 교원 신상함(申翔咸)을 체포하고 구타하였고, 그의 학생 김인손(金仁孫)을 구하고자 했기 때문에 같은 지역 사람 김희시(金希鈇)를 사도구(四道溝)로 연행해 감. 또한 그 밖의 조선인 가옥 5채를 불태움.

[제21 원문 누락]

제22 일본군은 10월 21일 강을 건너 개문둔(開文屯)에 이름. 좋고 나쁨[良莠 : 양유]를 구별하는 것 없이 각호(各戶)를 수사하여 조선인 김창봉(金昌鳳), 강영삼(姜永三), 강영육(姜永六)을 총살함. 또한 개운둔(開運屯)에 이르러 박춘화(朴春化), 박안무(朴安無), 김두복(金斗福), 김학준(金學俊), 김정로(金正路), 김옥성(金屋成)을 총살함. 합계 9명.

제23 일본군은 10월 20일 화룡현에서부터 명동학교로 가서 이 학교의 기와로 지붕을 이은[瓦葺] 7室, 널판지로 지붕을 이은[板葺] 3室, 풀로 지붕을 이은[草葺] 3室을 불태움(前號에서 통고한 것을 중국측에서 잊은 듯함).

[길림독군공서 공함] 제310호

제24 일본군은 11월 1일 연길 서북 십여리 조양하(朝陽河) 지방의 김항
연(金恒硯)의 집을 불태웠고, 그 이웃의 간민 황현천(黃玄天)의 집
으로 불길이 이어 붙어 불탐.

제25 일본군은 11월 3일 연길에서 하애위전자(下艾葦甸子) 지방의 각호
(各戶)를 수사하여 간민 오도현(吳道賢), 한양옥(韓陽玉), 오양홍(吳
楊興[31]), 조복경(趙福京), 최병옥(崔丙玉), 최성연(崔成連), 최창변(崔
昌變[32]), 한경세(韓京世) 등 8명을 사살함. 또한 이 지역의 간민 한
경옥(韓京玉), 김향진(金亨振), 한민홍(韓民弘), 강원혁(姜元赫), 한양
열(韓陽烈), 이자일(李自一), 이성세(李成世), 이창락(李昌落), 이성율
(李成律), 이성칠(李成七), 이창순(李昌順), 이세일(李世一), 이춘십
(李春什), 김홍순(金弘順), 남모(南某)씨, [총] 15가옥을 집안의 옷가
지 속에 곡물 등을 넣어 횃불에 불을 붙임.

제26 일본군은 11월 3일 연길의 북동 십여리 서가구(徐家溝) 지방에서
간민 오민수(吳民洙[33], 16室), 강구우(姜九禹, 8室), 이병순(李秉順, 6
室), 김원종(金元鐘, 6室), 김영길(金永吉, 6室), 장봉의(張鳳義, 3室),
서창순(徐昌順)의 밀기울[殼子] 300梱, 밀[小麥] 300梱, 사립 국민학
교 1곳(室數 미상)을 불태우고, 해당 지역 간민 10명을 체포하여
소영자구(小營子溝)에서 총살한 2명(장봉의(張鳳義), 김원필(金元
弼)) 기타 8명인 김원종(金元鐘), 강재현(姜載絃), 현길남(玄吉男),
허정(許禎), 서태현(徐泰鉉), 최병환(崔秉環[34]), 정학손(鄭學孫), 이근

---

31 국사편찬위원회 한국사데이터베이스에서는 오석흥"吳錫興"으로 확인됨.
32 국사편찬위원회 한국사데이터베이스에서는 최창섭"崔昌變"으로 확인됨.
33 국사편찬위원회 한국사데이터베이스에서는 오민영"吳敏泳"으로 확인됨.

양(李根兩[35])은 연길의 영사관에서 병사를 붙어 송환함.

제27 일본군은 11월 3일 연길의 정동(正東) 십여리 소영자(小營子) 지방에서 간민 이춘수(李春洙), 최형심(崔亨甚), 김소사(金小史[36]), 최봉학(崔鳳學), 이상화(李相華), 태명재(太明載) 6인의 집과 사립초등학교(총합계 43室)를 불태움.

길림독군공서 공함(公函) 제304호

제28 번역문(전략)

경무처(길림)로부터의 보고에 의하면 10월 20일 오후 일본군 20여명이 와서 조선인 가옥에서 불령선인의 문서와 증빙근거 등의 물건을 꺼내고, 그 집을 불령선인의 소굴로 인정함. 즉, 조선인 마준방(馬俊房)의 집 10여칸 전부를 불태움. 그 불길이 널리 번져 부근의 명동학교의 樓도 연소된 부분이 있음. 아무쪼록 일본군에 향하는 일이 다시 없도록, 또한 어떤 조치법을 강구해야 하는지 조사하여 답신해 주기를 청함이라고 되어 있음.

위 문장은 통상적인 중국 특유의 문체여서 어떤 점에 대해서 회답을 구하는지 불명한데, 요점은 명동학교를 연소시켰으므로 그에 대한 설명을 요구한 것으로 생각됨.

길림독군공서 공함(公函) 제296호

제29 (전략) 또한 보고에 의하면 11월 2일 오전 7시 일본군 杉政父[37]

---

34 국사편찬위원회 한국사데이터베이스에서는 최병경 "崔秉璟"으로 확인됨.
35 국사편찬위원회 한국사데이터베이스에서는 이근우 "李根雨"로 확인됨.
36 국사편찬위원회 한국사데이터베이스에서는 김소사 "金召史"로 확인됨.

대위가 병사 50명, 경찰 10명을 이끌고 강을 건너 간민 한판량(韓坂良), 박초규(朴炒奎[38]), 김주규(金舟奎), 박인권(朴仁權), 김승세(金承世), 김용연(金龍淵), 김홍희(金洪喜) 등 7명을 체포했고, 산도(三道正福)가 같은 날 권토하(圈兎河)로부터 군을 이끌고 집으로 돌아가려 할 때 일본군 보조원 김기후(金基厚)가 2개의 나무상자가 있었으므로 그것을 끌어왔는데 말이 통하지 않아 일본 병사에게 사살당함. 시체의 머리를 강남(江南)으로 가지고 떠난 적이 있음. 이후 다시 이런 일이 없도록 전고(轉告)해 두었다고 함.

---

37 국사편찬위원회 한국사데이터베이스에서는 "杉政文"으로 확인됨.
38 국사편찬위원회 한국사데이터베이스에서는 박묘규"朴妙奎"로 확인됨.

미즈마치(水町) 대좌가 용정촌 외국인
선교사에게 보내는 각서

친애하는 [원문공란] 君

일본육군성이 이번에 저를 간도로 파견한 목적은 (1) 현재 이 지역에서 불령선인의 토벌에 계속 종사해 온 일본군와 이 지역에 거주하는 諸외국간의 연락장교, (2) 양자간에 생길 수 있는 여러 오해를 풀고 동시에 장래의 오해를 방지하여 양자간의 의사소통을 원활하게 하려는 데 있습니다. 이하 서술하는 점은 즉, 앞 항목의 목적을 달성하기 위한 취지 외에 다름 아닙니다.

1. 저는 첫 번째로 외국선교사 여러분들이 이 한촌벽지에 오셔서 다년간 조선인들의 교화에 진력하거나 병원을 설립해 불행한 우리 신민들을 구호(救護)하는 등 숭고한 사업에 대해 여러분들의 노고가 많았으며, 그 열성에 대해 깊이 감격하는 바입니다.

   원래 동양영원의 평화를 도모하고 또한 일시동인(一視同仁)한 조선인들의 안녕과 행복을 증진시키는 것은 우리 제국 정부의 불변한 정책입니다. 개국 이래로 사대(事大)사상을 가진 조선인 스스로는 할 수 없는 조선의 독립이 항상 동양평화의 화근이 되어왔던 것은 조금이라도 동양의 역사를 아는 자라면 누구라도 바로 수긍할 바입니다. 그리고 지리적 관계에 의해 조선이 일본 이외의 강국의 세력 하에 들어간 것은 우리 일본 국방에 지대한 위협을 끼치는 것입니다. 이전에 일본이 국운을 걸고 청일, 러일 두 번의 전쟁을 감행했던 것 역시 실로 여기에 기인하는 것입니다.

이 위협적 관계는 마치 독일의 벨기에 점령이 영국에 미치는 위협과 독일의 멕시코 점령이 미국에 미치는 위협과 그 취지가 동일한 것입니다. 일본은 어떠한 희생을 치르고서라도 장래 결코 이러한 위협을 다시금 감수하는 일이 없게 하려합니다. 바꿔 말하면 일본은 결단코 조선의 독립을 허가하지 않을 것입니다.

그러나 한일병합이후 불령한 조선인들이 있었는데(다수의 기독교도를 포함), 중국 통치의 힘이 심히 미약해진 간도지방에서 근거지를 잡고 공공연하게 조선 독립을 도모하며 중국 마적과 결탁하여 이 지방에 있는 선량한 일본신민들인 조선인들을 위협하고 간도에 있는 30만 조선인들의 많은 부분을 선동하여 불령한 무리들이 되게 할 세력을 길들여 조선 내의 불령한 무리들 특히 기독교도들과 안팎으로 호응하여 조선의 안녕과 질서를 심히 위해하는 상황에 이르러, 제국정부는 두세 차례 중국정부의 주의를 환기시켜 이들 불령한 무리들을 단속해야 할 것을 요구하였으나, 중국 정부는 아무런 유효한 수단을 강구하지 않을 뿐만 아니라, 현지에 있는 중국관헌은 불령한 무리들과 몰래 타협하고 [그들에게] 편승해서 중국 군대의 일부는 불령선인 및 마적과 연합하여 결국 최근에는 혼춘의 일본영사관 소각하고 타격을 가하고 일본인 학살 사건이 생기기에 이른 것은 이미 여러분들이 숙지하는 명확한 사실입니다. 중국의 주권을 존중하고 정의를 지표삼아 오랫동안 뒤에서 인내·자중해 온 제국정부도 사태가 여기에 이르자 제국의 자위상 불가피하게 스스로 병력을 파견하여 이 지방의 화근을 일소하고자 결심하였습니다. 이번 출병에 대한 책임은 전적으로 중국정부가 져야 할 것임을 말할 필요가 없습니다.

이처럼 출병은 불완전한 국가를 그 주변국으로 둔 국가에서 누차 보이는 것으로, 일례를 들면, 미국이 멕시코 국경에서, 또는 영국이 아프간 국경에서 이미 이러한 선례를 보여주는 바 있으므로 크게 다르지 않습니다.

우리 토벌군 출동의 결과로 다수의 가옥이 불타고 다수의 불령선 인의 무리를 총살한 것을 인정합니다. 이것은 토벌상 필연적인 결과로, 굳이 이상하게 여길 바가 없습니다. 다만, 불타 없어진 가옥 중에는 종교 관련 가옥 및 학교 등이 있으므로 심히 유감스럽습니다. 그러나 이러한 건물은 모두 불령한 무리들의 소굴로 이용되어, 종교 또는 교육적 건물로 사용될 자격을 상실했습니다. 우리 토벌 대는 소각되어야 할 확실한 증거가 인정되고 소재지 주민 다수의 증언에 의거해 불가피한 경우에 한하여 소훼한 것입니다. 또한 불 령한 무리를 총살할 때에도 역시 마찬가지로 죽어야 할 확실한 증 거가 인정되고 또한 거주지 주민들의 증언에 입각해 중죄인에 한해 서 불가피하게 그 자리에서 총살한 것입니다. 그리고 우리들은 총 살된 자들 중에 다소 양민인 자가 없다고 보증할 수 없음을 유감스 럽게 여깁니다. 그러나 간도에 거주하는 30만 조선인들의 대부분이 불령한 무리로 변했다고는 할 수 없더라도, 불령한 무리들에게 직· 간접적으로 호의를 표하는 정세(情勢)하에서는 불령한 무리와 양민 간의 구별이 극히 곤란합니다. 또한 다수의 불령한 무리와 전투를 수행할 때에는 평시와 마찬가지로 재판소 혹은 군법회의에서 사법 상 절차를 밟고 신중하게 심리한 후 일일이 그들을 처단하는 듯한 완만한 방법으로는 진행될 수 없습니다. 만약 일부러 그렇게 한다 고 하면 대부분의 불령한 무리들은 멀리 도주하여 화근을 장래에 배태시켜 우리의 토벌의 목적을 달성하지 못하게 될 것입니다.

이에 우리 토벌대가 현재 상황에서 확실한 증거가 있고 소재지 주민들의 증언에 의거하여 간단한 심리를 거쳐 그들을 처형에 부친 것은 정세상 불가피한 바였으며, 다소의 양민들도 오인하여 사살한 경우가 있음은 피하기 어렵다고 하더라도, 결코 일본군의 본의가 아니었습니다. 또한 조선군사령관이 토벌 실행시 작년 영국의 다이야 장군[39]이 인도 암리차르(Amritsar)[40]에서 행한 듯한 무고한 다수의 양민을 학살하는 것[41]과 같지는 않으며, 최선의 주의를 기울였음은 10월 16일에 告示, 병졸들에게 내린 주의서, 제19사단장의 告示에 비추어 보아도 명백합니다. 사람들은 혹은 우리 토벌대가 간단한 심리[만으]로 불령한 무리들을 처형한 사실이 인도(人道)에 위배되는 부분이 있다고 하며, 이러한 것은 당시 불온 상태와 일본인의 손해를 가볍게 여기고[藐視] 우리 토벌대의 심리 상태를 이해하지 않고, 단순히 피상적 관찰로 그들에게 人道라는 명분하에 자기의 이익을 위해 일본을 비방하는 것이라고 말하지 않을 수 없습니다.

---

39 Reginald Edward Harry Dyer(1864~1927).

40 원문상에는 "Amutsor"로 표기되어 있으나 정확한 표기는 Amritsar임.

41 1919년 롤래트법(Rowlatt Act : 인도의 민족 운동을 탄압하기 위해 제정한 형사법으로, 심리 없이 인도인의 체포, 투옥이 가능해짐) 제정에 반대해 인도 각지에서 격렬하게 반대운동이 제기되었다. 이 무렵 운동을 지도했던 간디는 비폭력·불복종운동(제1차)을 호소하며 4월 6일에 전국에서 동맹휴업을 실현시켰다. 이에 대해 영국 당국은 폭력으로 탄압했고, 일부에서 민중들도 반격하여 폭력사태로 발전되기도 했다. 지도자 간디가 체포되자 민중들은 더욱 격노했고, 특히 판자브 지방의 암리차르 市에서는 영국의 집회금지 조치에도 불구하고 2만명이 운집해 항의했는데, 이에 대해 다이야 장군이 지휘하는 영국군이 무방비 상태의 군중에게 발포하여 379명이 살해되고 다수의 부상자가 발생했다(의회파 조사에서는 사망자 1200명, 부상자 3600명). [출전 : 長島暢子, 『(現代アジアの肖像)ガンディー』, 岩波文庫, 1996, pp. 132~133]

또한 양민이라고 하더라도 우리의 토벌 때문에 혹은 옮겨 붙은 화재 피해를 입거나 예측 불가능한 위해를 입은 것에 대해 우리 토벌대의 행동을 비난하기에 앞서 그들이 사전에 간도 전역에서 불령한 무리들이 횡행하도록 방임하고 그 소굴이 되는 데 직·간접적으로 원조를 한 것을 반성하고 먼저 그들 스스로의 책임을 자각해야 할 것입니다.

저는 이에 장암동 부근에서의 사건에 대해 특별히 한마디 하지 않을 수 없습니다. 즉, 우리 토벌대가 이 마을에서 불에 반쯤 탄 시체를 방치한 것에 대해 어떤 외국인이 그것을 일본군의 잔학행위의 증거라고 칭하며 그 사진을 촬영하여 널리 세계에 선전하려 하고 있다고 들었습니다. 그 사실은 매우 심하게 날조된 것입니다. 그 진상(眞相)은 당일(10월 31일) 우리 병졸들이 소속 중대장의 명령에 따라 일본의 국풍에 따라 추한 해골[醜骸]을 남기지 않기 위해 총상당한 시체를 화장한 것이었으나, 연료가 불충분하였고 또한 당일은 천황폐하의 천장절 기념일이었으므로 同 병졸들은 축의를 표하기 위해 중대 복귀를 서두르다가 시체를 완전히 연소된 것을 지켜보지 못하고 그 현장을 떠났으므로 반쯤 탄 채로 방치되었던 것이지 결코 잔학행위로 간주할 것이 아닙니다. 따라서 그것을 들어 일본군의 잔학행위로 칭하는 듯한 것은 일본에 대한 악의적인 선전이라고 하지 않을 수 없습니다.

2. 여러분들은 모두 신의 복음을 인류에게 전하는 것을 천직으로 삼은 자들로 그 신도들을 사랑한 나머지 마치 종교의 범위를 이탈하여 타국의 정치적 번루[煩累=번거로운 걱정]를 조장하는 듯한 것은 절대로 없게 할 것이라고 저는 믿어 의심치 않습니다.

또한 일본에 대해 불령한 뜻을 지닌 그 신도들에 대해 여러분들이 정신적 혹은 물질적으로 어떤 원조라도 직·간접적으로 제공하고 있다는 것이 여러분들이 속한 본국과 일본의 우의 관계를 파괴하는 것으로, 이러한 것은 종교가인 여러분들이 결코 해서는 안되는 것임은 상식에 해당하므로 여러분들은 항상 숙지하시고 계시리라고 저는 믿어 의심치 않는 바입니다.

여러분들의 본국 정부와 동포의 대다수는 여러분들이 신의 의지에 反하여 종교의 범위를 벗어나 분명히 정치적 죄악인 이러한 종류의 선동 혹은 선전을 하는 것이 결코 계속 해서는 안되는 것임을 믿고 또한 하지 않을 것임을 요망하고 있음도 믿어 의심치 않는 바입니다.

그러나 불행히도 일본 국민의 다수는 여러분들의 행위에 대해 제가 여러분들에 대한 믿음을 배신당한 것 같은 감정을 계속 품게 되는 것은 사실이며, 그 결과 일본과 여러분들의 본국간의 국교 원만이 깨질 우려도 없지 않습니다. 저와 일본 유식 계급자들은 상당히 유감으로 여기는 바입니다. 이에 저는 여러분들이 세계 민족중에서 특히 강고한 통치하에서 문화의 정도가 낮은 다수의 민족이 [제1차 세계]대전 후 사상의 변동과 더불어 그에 대한 여러분들의 행동을 一考하시기를 요망하지 않을 수 없습니다.

여러분들의 본국 영토 내에서는 다수의 이민족이 있고, 자칫 잘못하면 여러분들의 본국에 대해 반역을 시도하는 것이 될 수 있음도 사실입니다. 일례를 들자면, 인도에서 최근 Non Coapeiatou Moreneut(비협동운동)과 같은 것이 바로 이것입니다. 이 운동은 실로 장래 영국의 인도 통치상의 일대 화근이 될 것입니다. 만일 여러분들이 조선의 조선독립운동 또는 배일사상에 대해 유형 혹은 무형으로 원조를 했다고 하면, 그랬을 때는 우리 일본의 불교가들도 역시 인도의 비협동운동에 대해 反英적 원조를 제공할 정당한 이유를 발견하게 되는 셈입니다. 아일랜드[愛蘭]문제에 대해서도 마찬가지 입니다.

대개 이러한 종류의 악의 있는 종교가들의 행동이 영일 양국의 국교를 저해할 뿐만 아니라 세계 인류의 평화에도 지극히 유해한 것임은 굳이 많은 말을 할 필요가 없습니다.

영일 양국 모두 곤란한 민족적 문제를 가지고 있는 것에 대해 우리는 여러분들과 함께 서로간에 동정을 표하고, 각각 본국을 위해 유해할 수 있는 언동을 절대로 피해서 서로간에 격의없는 협동자세를 취하는 것이 실로 각국의 국익을 위하는 것이 될 뿐만 아니라 우리들 개인의 이익을 초래하는 것도 될 것입니다.

지금 이것을 실제 문제로 예를 들면 가령 여러분이 조선 내외에서 조금이라도 정치에 관여하지 않고 단지 종교적인 사업으로 시종 일관하고 일본관헌 및 국민들과 잘 협력하고 진실로 일본신민으로 충성스러운 조선인을 육성한다면, 일본정부 및 국민은 그 선교사에 대해 마음 가득한 감사를 표함과 동시에 포교사업의 발전에 대해 백방으로 보조와 원조를 아끼지 않을 것입니다. 이러한 성의를 저에게 피력한 분이 없었지만, 저는 개인 자격으로 지금 즉시 가능한 물질적 원조를 제공할 의지가 있음을 여기에 선언합니다. 또한 그 교화를 받은 조선인들은 일본 內地 혹은 조선에서 반드시 우대받아 정치적·사회적으로 매우 만족할만한 지위를 획득하고 행복하게 평화로운 생활을 보내게 될 것임은 저는 믿어 의심하지 않습니다. 만약 이것이 여러분들의 행동이 이것에 反하는 경우는 그 포교사업은 도저히 발전될 전망 없이 악화되고, 조선인들의 생애는 매우 비참한 것이 될 것임은 최근의 실제 사례들이 증거되고도 남을 것입니다.

3. 이러한 사리 명백한 일에 대해 상식이 풍부한 여러분들은 이미 충분히 정당하게 이해를 하셨을 것이라고 믿습니다. 실로 여러분들이 조선 안팎에서 포교사업의 성쇠는 오로지 여러분들이 일본정부 및 국민과 협동하느냐 아닌가의 여부에 달려있습니다.

여러분들이 일본정부 및 국민의 입장에 동정하고 우의적 정신을 피력하고 우리와 상호 제휴하고 일본신민으로 실로 충성스러운 신민을 육성하고자 한다면 여러분들의 사업은 점점 더 발전하여 그 교화를 받은 조선인들의 안녕과 행복을 기대할 수 있을 것입니다. 이것이야말로 신의 진의(眞意)이지 않겠는지요. 감히 제군들의 고려를 구합니다.

이상 저의 비천한 견해에 대해 그대들의 감상을 서면으로 피력해 주시기를 저는 간절히 열망해 마지않습니다.

1920년 11월 28일

용정촌에서 대좌 미즈마치(水町)

[부록 제18]

19사단 副 제59호

귀순자 취급에 관한 규정 개정 건 하달

예하 일반

11월 5일 19사단 副 제55호 귀순자 취급에 관한 규정은 본서대로 개정함.

1920년(大正9) 11월 9일

제19사단장 자작 다카시마 도모타케

귀순자 취급 규정

제1조 불령선인으로 일본 군대(헌병병참사령부를 포함)에 자유 혹은 기타 방법으로 귀순을 신청한 자가 있을 때는 지대장에게 보고하고, 신병(身柄)은 지대장이 지정한 곳으로 송치하여 그 판단·처분을 구할 것.

제2조 지대장은 가능한 한 신속히 그를 조사하고 대략 다음과 같은 방침에 준거하여 처분을 결정할 것.

　1. 우두머리 및 그에 준하는 중심인물에게는 토벌의 근본 취지에 비추어 단호하게 처분하고, 기타 말단의 무리에게는 감화주의를 채택하여 가능한 한 관대한 처분을 할 것.

　2. 우두머리 및 그에 준하는 중심인물이라고 하더라도 개전[改悛=잘못을 뉘우치고 마음을 바르게 고쳐먹음] 상태가 현저하여 앞으로 양민이 될 전망이 확실한 자 혹은 그밖의 우두머리의 주소 혹은 무기, 탄약 등의 은닉장소를 신고한 자, 혹은 우리 군의 안내인

등에 종사해 그 공적이 현저한 자 혹은 특별한 사정에 의해 관대한 처분을 받아 정책상 특별히 유리하다고 판단되는 자는 향후 취체(取締) 방법을 강구하여 일시적으로 석방할 수 있음.

3. 단호한 처분이 필요한 자에 대해서는 적확한 증빙서류를 구비할 것. 또한 그 처분방법 및 시기 등은 다분히 고려하여 장래 물의를 일으키지 않도록 준비할 필요가 있음.

4. 귀순자로서 불령한 행위 이외에 중대한 형사 범인의 증적이 명확한 자는 그를 관할 영사(領事)에게 넘기고 그 사유를 사단장에게 보고할 것(조선 내에서는 경찰관).

제3조 지대장은 귀순자 취조를 위해 영사관원 및 기타 소요 인원을 추가하여 위원을 조직하여 [귀순자의] 심리(審理)를 담당하게 할 것.

제4조 前條에 의거해 석방해야 할 자는 총기·탄약을 제출하고 공순하게 따를 뜻을 서약(부록 제1 양식)하게 하고, 본인 거주처 부락민 5명 이상의 보증을 세우게 한 후 사단사령부가 발행하는 귀순증(부록 제2 양식)을 부여하여 그를 석방할 것. 단, 미미한 범죄를 지은 자에 대해서는 그 인원이 다수일 때는 연명부(連名簿)로 하여 서약서에 승인을 奧書(부록 제3 양식)하게 하고 그것을 그 대표자에게 교부할 것.

제5조 지대장이 귀순자를 처분을 했거나 혹은 그 처분을 유예한 자 및 석방자는 주소·씨명·연령·불령한 행위 등의 개요를 영사관(분관)으로 송부할 것.

제6조 석방한 귀순자의 향후 감시는 주로 관할 영사가 이것을 담당하는 것으로 함.

지대장은 특히 영사로부터 감시상 필요한 사항에 대해 본인으로부터 시달(示達) 방법을 의뢰해 오는 경우에는 본인에게 전달할 것.

제7조 지대장은 영사로부터 특히 석방자의 신병(身柄) 인도 요구가 있

을 때는 상황이 허락하는 한 그 요구에 응할 것. 또한 영사의 요구가 없더라도 지대장이 필요하다고 인정되는 경우는 의견을 첨부하여 영사에게 교부할 수 있음.

전항(前項)에 의거하여 신병을 영사로부터 인도받았을 때는 제4조의 서류를 첨부하여 호위병을 붙여 그를 송부하는 것으로 함.

제8조 직접 영사에게 신고한 귀순자는 영사로부터 그 신병을 지대장에게 송부하는 것으로 함. 지대장은 전항(前項)의 신병을 수령하고 나면 前諸條에 의거해 그를 처리할 것.

제9조 지대장이 귀순자에 대해 단호한 처분을 할 때는 신속히 상세한 사유를 송부하고 그 때마다 사단장에게 보고할 것. 특히 필요한 자에 대해서는 미리 처분에 관한 의견을 상신하고 사단장의 승인을 받을 것. 전항(前項) 처분자에 대해서는 앞으로를 위해 증거서류를 정비하고 특별히 필요한 것은 그 때마다 보고할 것.

제10조 지대장이 석방한 귀순자에 대해서는 불령행위 및 처분의 개요를 서류를 갖춰 사단장에게 보고할 것.

제11조 강안(江岸)에 근접한 지방에서는 그 부근에 있는 수비대장인 중대장이 이를 담당하고, 그 결과를 사단장에게 보고하며, 관계 지대장 및 영사에게 통보할 것. 단, 직접 헌병 및 경찰관에게 신고한 귀순자는 제8조에 준해 취급하는 것으로 함.

부록 제1 양식

서약서

주의(본 서약서는 한글로 번역한 것을 본인에게 교부하는 것으로 함)
1. 일본신민으로서 법령을 준수하고 공순의 성의를 다할 것.

2. 앞으로 비적(匪賊)을 조직하거나 우리 양민에 대해 불법행위를 감행하지 말 것.

3. 정업(正業)에 종사하며 그 직업에 근면하게 임할 것.

4. 일정한 장소에 주소를 정해 관할 영사관에 신고할 것. 이사할 경우에도 마찬가지로 신고할 것.

5. 일본관헌의 호출을 받았을 때에는 즉시 지정된 장소로 출두할 것.

위의 조항들을 굳게 지키며 결코 위반하지 않을 것을 서약할 것. 만약 위반시에는 엄벌에 처해져도 이의를 제기하지 않을 것.

○년 ○월 ○일

주소
성명 ㊞
연령

위 서약서대로 이행할 것을 굳게 보증함. 만약 위반시에는 연대(連帶)책임을 짐.

○년 ○월 ○일

주소
성명 ㊞
주소
성명 ㊞
주소
성명 ㊞
주소
성명 ㊞
주소
성명 ㊞

부록 제2 양식

(앞)

(甲) 제 ○○호

귀순증

(취급자 인)

주소

성명

연령

위 (사람은) 귀순자임을 증명함

大正 ○년 ○월 ○일

제19사단 사령부 印

(뒤)

인상착의서(가능한 한 사진을 제출한 것)					
키		얼굴		귀	
코		입		눈	
두발		(목)소리		치아	
흠[疵, 결점, 병]					
특징					

1. 용지는 두꺼운 종이[厚紙]로 할 것.
2. 번호에서 (甲)(乙)(丙)은 초토 계획에 입각한 지대(支隊)번호임.

부록 제3 양식

서약서

우리들이

종래 불령한 행동에 관여했던 것은 매우 송구하고 죄송합니다. 따라서 앞으로는 이 마을에 거주하는 주민 일동은 일본 관헌의 지시를 준수하고 받들며 감히 불량한 언동을 하지 않음을 물론 앞으로 이 마을 주민들로부터 불량자가 나올 경우에는 일동에 대해 어떠한 처분이 내려지더라도 이의를 제기하지 않을 것을 서약하는 바입니다.

ㅇ년 ㅇ월 ㅇ일

　　　　　　　간도 ㅇ縣 ㅇ社 ㅇ洞(里)
　　　　　　　　　대표자 성명 ㊞
　　　　　　　　　마을사람 성명 ㊞
　　　　　　　　　마을사람 성명 ㊞
　　　　　　　　　마을사람 성명 ㊞
　　　　　　　　　마을사람 성명 ㊞

위를 승인함.

ㅇ년 ㅇ월 ㅇ일

　　　　　　　간도 용정촌에서
　　　　　　　　　육군보병 중좌 성명 ㊞

내훈(內訓) 제335호

제3부장

각 경찰서장

귀순자 취급에 관한 건

혼춘 및 간도 오지의 토벌과 더불어 대안(對岸) 일대에서 적도를 토벌함에 따라 대안 양민들은 개인 혹은 부락민이 연합하여 우리 경찰에게 보호를 요청하거나 혹은 불령한 무리들이 우리 경찰에게 자수하여 귀순을 신청하는 자가 점점 많아지고 있음. 불령한 무리들을 근절시킬 날도 멀지 않았다고 할 것임. 귀순자의 취급은 대략 하단에서 기술한 각 항목에 의거하여 처리할 것. 귀순을 자원한 자가 있을 때는 종래의 죄상(罪狀)을 상세히 조사하여 허부(許否)를 결정해 너그러우면서도 엄하게[寬嚴] 하여 불령한 비적들의 절멸(絶滅)을 도모할 것.

위를 내훈함.

1920년(大正9) 11월 12일

　　　　　　　　함경북도지사

記

1. 불령선인 중에 자수 혹은 기타의 방법으로 귀순을 신청하는 자가 있을 때는 병기, 탄약, 기타 소지한 물건을 모두 내어놓게 하고, 종래의 행위를 구체적으로 기술하게 하여 자수 신고서를 제출하게 할 것.

2. 귀순을 자원한 자로 그 죄상이 무겁고 후해(後害)를 낳을 우려가 있다고 사료되는 자(각 단체의 수괴, 간부 등 중심 인물류)는 귀순을 허가하지 말 것. 즉시 처단할 것. 단, 불령단의 소탕 혹은 토벌에 공로를 세울 전망이 있는 자는 이 항목에 한정짓지 말 것. 전항(前項) 이외의 말단의 무리들에 대해서는 관대하게 조치하여 귀순을 허가할 것.

3. 귀순을 허가할 때에는 공순하게 따를 뜻을 서약(부록 제1호 양식)하게 하고, 상당히 신용 있는 자의 보증서 또는 부락민 일동의 보증서를 제출하게

할 것.

4. 귀순자에게는 귀순증(부록 제2 양식)을 부여하여 임시 양민[假良民]으로 (여겨) 주의하여 월 3회 이상 개전[改悛=잘못을 뉘우치고 마음을 바르게 고쳐먹음]의 뜻을 표명하게 하기 위해 경찰서에 출두하게 하여 주소를 이전한 경우는 관할 경찰서에 신고하게 하고, 항상 그 행동을 감시하여 개전 상태가 현저한 자 또는 공적이 있는 자에 대해서는 감시를 면제하고 양민으로 처우할 것.

5. 귀순한 자는 그 주소, 성명, 연령 및 귀순 연월일, 불령행위의 개요를 기재한 귀순자 명부를 비치해 두고, 그 명부에 여백을 마련하여 감시의 전말을 기재해 둘 것.

6. 귀순자로서 불령한 행위 이외에 형사 범인인 증적이 명확한 자는 사법처분에 부칠 것.

7. 자수자를 처단할 때는 혹은 귀순을 허락할 때는 신속히 그 정황을 보고할 것.

(부록 제1 양식)-1
서약서

　　　　원적(原籍)　○도　○군　○면　○리　○동　○번지
　　　　현주소
　　　　　　　　　　족적(族籍)　　　　　　성명
　　　　　　　　　　　　　　　　　　　　　연령

　본인은 종래 불령한 행동에 참가하여 국헌(國憲)을 범한 것은 그 죄가 가볍지 않음. 그러나 이번에 과거의 죄를 뉘우치고 귀순을 자원하는 바, 관대한 조치로 특별히 처분을 유예해 주시니, 이후 개심(改心)하여 정업(正業)에 종사하며 국법을 준수하며 지시하신 것에 따르며, 감히 불량한 언동을 하지 않을 것임. 만일 본 서약에 위반되는 경우는 어떠한 엄벌에 처해져도 어떠한 이의도 없을 것임. 위 (내용을) 삼가 서약함.

　○년　○월　○일

(위 서약자) 성명 ㊞

보 증 인 성명 ㊞

경찰서장 앞

(부록 제1 양식)-2

서약서

아무개는 이번 별지 서약대로 귀순하는 바, 앞으로 위 사람의 언동은 지시하신 것에 따라, 감시와 신고를 할 것이며, 모든 이 동리 거주민 일동의 연대 책임 하에 이를 보증하며, 순량하게 지도함은 물론 앞으로 위 사람이 불량한 언동을 일부러 하거나 또는 이 마을에 거주민 중에 불량자가 나올 경우에는 일동에 대해 어떤 엄벌이 내려지더라도 아무런 이의가 없을 것임.

위를 삼가 서약함.

○년 ○월 ○일

○도(현) ○군(향) ○동리 주민 일동 (또는 대표자)

보증인 성명 ㊞

보증인 성명 ㊞

보증인 성명 ㊞

경찰서장 앞

(부록 제2 양식)-1

(앞)

제 ○○호
귀순증

주소
성명
연령

위 (사람은) 귀순자임을 증명함
○년 ○월 ○일
○○경찰서 ㊞

부 록 359

인상착의서 (가능한 한 사진을 제출한 것)					
키		얼굴		귀	
두발		(목)소리		코	
입		눈		치아	
흠[疵, 결점, 병]					
특징					

(뒤)

(부록 제2 양식)-2

귀순증에 첨부할 사항

1. 정업(正業)에 종사하며 업무에 정진할 것.
2. 일정한 주소를 정해 경찰관에게 신고할 것. 이사할 경우도 이사할 경우에도 마찬가지로 신고할 것.
3. 경찰관의 지령이 있을 때에는 즉시 출두할 것.
4. 본 증은 항상 휴대하며, 경찰관의 명이 있을 때에는 즉시 제시할 것.
5. 본 증은 절대 타인에게 대여하거나 보관을 위탁하지 말 것.

間發 제8호

경비 규정 건 하달

예하 일반

간도파견대 경비규정을 별책과 같이 정함.

1921년(大正10) 1월 1일

간도파견대사령관 이소바야시 나오아키(磯林直明)

간도파견대 경비규정

제1. 총칙

1. 본 규정은 간도파견대 경비에 관한 사항을 규정한 것임.

2. 각 파견부대는 본 규정에 준거하여 경비규정을 만들 것. 경비규정을 만들면 파견대사령관에게 보고할 것.

3. 용정촌의 경비는 보병 대대장이 담당할 것. 단, 방어 계획 및 기타 경비규정은 파견대사령관의 인가를 받을 것.

제2. 경비

4. 경비에 대해서는 대략 다음과 같은 구분에 의해 이에 대응하는 계획을 마련해 둘 것.

① 급히 먼 지역으로 출동해야 하는 경우

② 부근 촌락에서 불온한 형세가 감지되어 경계를 엄중히 해야 할 경우

③ 불의에 급습(急襲)을 받은 경우

④ 적의 침습을 입어 오랫동안 고립되어 방어해야 할 경우(방어계획을 세워둘 필요가 있음)

5. 각 파견부대장은 인접하는 각 파견부대 및 영사관과 긴밀한 연락을 유지하며 정보를 교환하고 지방의 정황에 정통하도록 힘쓸 필요가 있음.

6. 경급(警急)시 용정촌에서 각 직속부대는 명령 수령자를 파견대 사령부로 보낼 것.

7. 각 파견부대의 경비 구역은 별도로 이를 정함. 그 주둔지 부근 일대로 함.

8. 불령선인의 주소를 첩지(諜知)했을 때는 영사(분관 주임을 포함, 이하 동일)에게 교섭하여 영사경찰에 의해 체포되도록 힘쓸 필요가 있음. 헌병 주재지에서는 헌병에게 통보하고 조치하게 할 것.

9. 불령무장단대에 대해서는 제국 관민의 보호를 위해 필요상 불가피한 경우 외에 함부로 토벌 행위를 취하지 말 것을 핵심 취지로 하여 중국측으로 하여금 토벌을 실시하도록 힘쓸 필요가 있음. 그리고 불가피한 토벌 행위를 취할 시에는도 시급한 경우 외에는 미리 사령관의 인가를 받을 것.

10. 중(소)위가 지휘하는 파견부대는 교육상 편의를 도모하여 경비근무를 방해하지 않는 한에서 대략 다음의 표준으로 교대할 것.

　　파견대장　　　　2개월
　　하사 이하　　　　2개월

11. 숙박행군을 하려 할 때는 순서를 거쳐 사령관에게 보고할 것.

12. 경비부대 출동 혹은 연습행군 등을 위해 수비지를 이탈할 때는 적어도 그 지역에 직접 경비에 필요한 인원을 잔류시킬 것.

13. 각 파견부대는 대략 다음의 서류를 구비할 것.

경비규정

경비기록

정보철

제3. 조사

14. 각 파견부대는 기록을 작성해 둘 것. 그 기재해야 할 사항을 대략
　　다음과 같음.

① 경비관계사항

부대배치, 이동, 적도(賊徒)의 정황, 시위행군 등

② 지방 민정(民情)

종래와 현재와의 변화, 불령선인의 동정 등

③ 지리

도로 개수, 하천의 경황(景況), 통신망의 증설

④ 교육상 해당 파견지 특수 참고자료

⑤ 군대의 행동에 관한 연구 결과, 특히 혹한기, 우기(雨期) 등에 관한
　　사항

⑥ 경리, 위생, [기타] 관련사항

지방물자의 과다 운반의 편리 여부, 물가의 저렴 여부, 군대 및 지방의
위생상태 등

[부록 제20]

중일국경순찰잠정변법(辨法) (案)

목차
이상.

중일 국경 순찰 잠정 변법안

제1관 양국 파견 위원회 同 국경순찰 규정

제1조 중일 양국은 협동하여 서로 접양(接壤)하는 지방에서 비적을 취체할 것.

제2조 前記 접양지방은 2단으로 나누는데, 제1단은 봉천성과 조선, 제2단은 길림성과 조선의 각 접양지방으로 할 것.

제3조 前記 기재한 2단에서는 중일 양국에서 각 감독관리를 임명하여 본 변법의 실시를 지휘·감독하게 할 것.

제4조 前記 기재의 감독·관리는 조선측에서는 제1단 평안북도 관내는 평안북도지사, 제1단 함경남도 관내는 함경남도지사, 함경북도 관내는 함경북도지사, 제2단 함경북도 관내는 함경북도지사로

이를 담당하게 하고, 중국측에서는 제1단은 안동도윤, 제2단은 연길도윤에게 맡길 것.

제5조 본 변법의 실행 관리는 조선측의 제1단 중 평안북도 구역에서는 신의주(新義州), 창성(昌城), 고산진(高山鎭), 중강진(中江鎭), 혜산진(惠山鎭), 삼장면(三長面)에, 제2단은 회령(會寧), 온성(穩城), 경원(慶源)에 주재하게 할 것. 중국측은 제1단에서는 안동(安東), 관전(寬甸), 집안(輯安), 임강(臨江), 장백(長白), 안도(安圖) 각 현에, 제2단에는 화룡(和龍), 연길(延吉), 왕청(汪淸), 혼춘(琿春) 각 현에 주재하게 할 것. 단, 전항(前項) 실행 관리는 해당 각 현 지사 및 해당 현 경찰서장(순찰서장, 지서장을 포함)으로 할 것.

제6조 중일 양국 실행 관리의 주재지는 서로 간에 전화 혹은 전신으로 연락할 것.

제2관 순찰 방법

제7조 국경의 순찰은 양국 경찰이 협력하여 시행할 것.

제8조 각소의 순찰관서 및 지서는 국경 통구[通衢=사방으로 통하여 왕래가 잦은 거리]로 국경 양쪽 변두리에서 바라볼 수 있는 장소를 선정하여 상호간의 연락에 편리하게 할 것. 순찰관서 및 지서를 설치할 각 소 및 인원은 양국 감독 관리와 상담한 후 정할 것.

제9조 양국 순찰관서(지서를 포함) 및 자국순찰관서 간에는 가능한 한 신속히 전화 또는 전신을 가설하여 연락을 취해 수시로 통신하기에 편리하게 할 것.

제10조 양국 당국은 사무 연락의 편의를 꾀하기 위해 상호간의 연락원을 파견할 것.

제3관 무장 비도(匪徒)에 관한 순찰변리규정

제11조 양국은 비적의 행위에 대해서는 상호간에 정보를 교환하고, 비
　　　적의 수사·체포에 관해서 시기적절한 조치를 취할 것.

제4관 감독관리 및 실행관리의 책임

제12조 중일 양국의 실행관리가 본 변법에서 규정하는 직분을 준봉(遵
　　　奉)하지 않을 때 즉, 일본측에서는 도지사, 중국측에서는 도윤
　　　이 서로 명확히 조사하고[査明], 각 본국에서 처벌을 제정[擬定]
　　　하여 상대국에 통지할 것. 단, 본국의 법률에 입각하여 처리해
　　　야 할 것임.

제13조 실행관리를 지휘감독해야 할 도지사 또는 도윤으로 본 변법에
　　　규정한 직분을 준봉하지 않는 자가 있으면 조선측에서는 조선
　　　총독, 중국측에서는 봉천성 성장(省長) 또는 길림성 성장으로부
　　　터 서로가 명확히 조사하고[査明], 각 본국에서 처벌을 제정[擬
　　　定]하여 상대국에 통지할 것. 단, 본국의 법률에 입각하여 처리
　　　해야 할 것임.

제5관 국경선박 및 도선(渡船) 취체 규정

제14조 국경 하천을 항행하는 선박은 그 선적(船籍)을 가진 국가의 관
　　　헌이 규정한 증명서를 휴대하고 중일 양국 순찰관의 검사에 응
　　　할 것.

제6관 부칙(附則)

제15조 본 변법은 조인한 날로부터 효력을 발생함.

설명 개요

본 안은 중월변계장정(中越邊界章程)의 법식[成例]을 모방하여 그것을 입안한 것이지만, 실제 상황에 비추어 보아 너무 상세하게 규정하는 것은 불리하므로 토의의 결과 가능한 한 조항을 간단하게 하여 중국과 교섭을 용이하게 함과 더불어 장래 변경을 필요로 할 경우를 고려하여 잠정적인 것으로 함. 그러나 중국측과 절충하여 그 여하에 따라서는 추가 개편할 수 있는 여지가 있음.

제1관 설명

1. 본 변법 당국자를 전부 문관으로 한 것은 중국의 승인을 용이하게 하기 위함으로 조선측에서 헌병과 경찰과의 관계에 대해 의문이 있으나 전부 경찰관으로 충당하는 것으로 양해를 거침.
2. 본 변법의 적용 구역을 명확히 정하지 않은 것은 실제 운용상에게 우리에게 유리하게 하기 위함임.
3. 제6조 규정에서 전신(電信)은 빠른 완성을 기하기 위해 우리측 비용으로 가설하는 것도 지장이 없는 것으로 양해를 거침.
4. 중국-프랑스 사이의 대신변법(對汎辦法) 중에는 통행증[護照] 규정이 있으나, 만주-조선 국경의 지리를 고려할 때 사실상 유해무익하므로 이것을 삭제하고 '블랙 리스트'를 교환하는 안이 있었는데, 이것 역시 시기상 적절하지 않으므로 완전히 삭제함. 단, 중국측으로부터 제의가 있을 때는 타협적 규정을 마련하는 것도 지장이 없는 것으로 양해를 거침.

제2관 설명

본 관을 간단하게 한 까닭은 실제 절충에 의해 우리측의 편익을 도모하는 데 기반이 되는 것임.

제9조에서 규정한 연락원의 교환은 이로 인해 중국측에 우리 경찰고문을 투입하는 것과 유사한 효과를 거두는 것이 되므로 상당한 기밀비를 투입하고 쓸모있는[有爲] 인물을 배치하여 본 변법의 교묘(巧妙)한 운영을 기할 것.

제3관 설명

본 관을 간단하게 한 것은 월경(越境)에 관한 중국측의 승인을 얻어내는 것이 곤란하기 때문에 조문을 애매하게 하여 막연하게 규정함으로써 현재 이미 실행되고 있는 월강(越江)활동에 지장이 없게 하게 하기 위함임.

제4관 설명

본 관 벌칙에 의해 중국측 관헌을 독려하기 위한 것임.

제5관 설명

제14조의 선박중에는 해관(海關) 관계상 기선(汽船)을 포함하지 않음.

附圖 제 [원문 번호 누락] 간도파견대 배치도 (1921년(大正10) 1월 상순 시점)

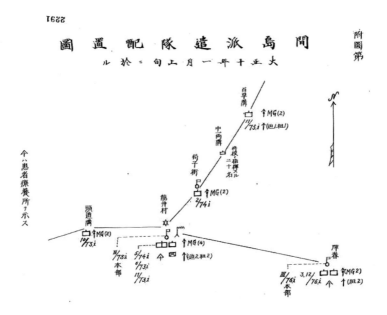

참모본부 작명(作命) 제62호

훈령

1. 조선군사령관은 현재 혼춘 및 간도지방에 있는 부대를 순차적으로 조선 내지로 귀환시킬 것.
2. 세부사항에 관해서는 육군대신과 참모총장을 통해 지시할 것임.

1921년(大正10) 3월 24일

봉칙(奉勅)

[발신] 참모총장 남작 우에하라 유사쿠

[수신] 조선군사령관 오바 지로

[부록 제21-2]

참모본부 명(命) 제534호-1

지시

<作命 제62호> 훈령에 입각해 다음을 지시함.

1. 철퇴 시기, 방법 등은 주병(駐兵)의 취지를 감안해 중국 군대의 증가 및 제국경찰가관의 증치(增置) 등에 따라 군사령부에서 결정하는 것으로 함.

   이를 위해 특히 관계 제국관헌과의 연락을 요함.
2. 철퇴 시에는 특히 제국 군대의 태도를 공명정대하게 함으로써 중국

측 및 혼춘·간도에 거주하는 외국인들로 하여금 의구심의 여지를 남기지 않도록 주의를 요함.

1921년(大正10) 3월 24일

봉칙(奉勅)

[발신] 참모총장 남작 우에하라 유사쿠

[수신] 조선군사령관 오바 지로

[부록 제21-3]

육밀(陸密) 제95호 간도에 남겨진 부대 철퇴에 관한 건 하달

간도 잔류 부대 철퇴에 관해 다음과 같이 정함.

大正9년 <陸密 제202호> 및 <陸密 제275호>를 폐지함.

1921년(大正10) 4월 1일

육군대신 남작 다나카 기이치

1. 당분간 조선군 사령부 및 조선 헌병대사령부에 別表의 인마(人馬)를 증가 배속시킴.

2. 1920년(大正9) <陸密 제202호>에 의거해 조선헌병대사령부에 증가 배속되었던 헌병 장교 이하(乘馬를 포함)의 경우 전항(前項)에 의거해 同 사령부의 증가 인마(人馬)로 충당됨.

   전항(前項)이외의 인마(人馬)의 전속(轉屬)에 관해서는 장교 同 상당관의 경우는 사령(辭令)할 것이고, 하사 이하의 경우 각 그 배속 장관이 그들을 舊 소속 부대로 복귀시키는 것으로 함. 단, 회계담당[計手]의 전속(轉屬)에 관해서는 별도로 시달(示達)할 것임.

3. 비둘기 및 그 부속 통신 기재는 군용 비둘기 조사 위원장의 관리로 옮길 것. 1920년(大正9) <西發 제1208호>에 의해 제19사단에 분치하는 것으로 충당하는 것으로 함.

4. 귀환 부대가 사용했던 건물 및 임시 구축물 중에 빌렸던 것들은 계약을 해제하고 소유주 또는 관리자에게 반환하고, 기타의 것은 사단장이 적절하게 처분할 것. 그 결과를 육군대신에게 보고하는 것으로 함.

5. 증가 인마(人馬)의 급여 및 본 건에 관해 특히 필요한 경비는 임시군사비로 지변(支辨)할 것.

別表

간도사건으로 인해 증가시켜야 할 정원외 인원표

부대 人馬 계급	조선군 사령부		조선헌병대 사령부	
	인원	승마	인원	승마
佐官	1	1	-	-
대(중)위	8	-	헌병 2	2
하사	-	-	헌병 30	28
상등병	-	-	헌병 200	

비고
1. 본 표에 의한 군사령부 증가 배속 인원은 간도 방면에서 첩보근무에 임하는 것으로 함.
2. 본 표에 의한 헌병장교 이하 및 그 마필(馬匹)은 조선헌병대 정원(수)의 결원(수) 보충에 충당하고, 점차적으로 정리하여 감소시키는 것으로 함.

附表 제1

사변(事變) 사용 부대 조사표

1920년(大正9) 10월 22일 조사, 제19사단 사령부

內外 구분 / 各種別 / 부속별		조선 밖						조선 안			합계	적요
		이소바야시 지대	기무라 지대	히가시 지대	병참	기타	계	강안수비대	기타	계		
사단사령부									1	1	1	
보병	어단사령부	1		1			2				2	
	연대본부	1	1	1			3				3	
	대대본부	3	2	3			8	1	1	2	10	
	중대	9 (3소대 결여)	4	12	3		28 (3소대 결여)	6	2	8	36 (3소대 결여)	
	기관총대	소4	소2	2, 소1			8, 소1				8, 소1	
	통신반	2	1	2			5				5	
	보병포대	2	2	3			7				7	
기병	연대본부			1			1				1	
	중대	1	소1	혼성2			3				3	
포병	연대본부											
	대대본부	1		1			2				2	
	야포중대	1		1			2				2	
	산포중대	소1	소1	1			2				2	
공병	대대본부								1	1	1	
	중대	소1	소1	소1		2	3				3	
항공대								(1)			(1) 未着이나, 특별히 기재함	
전신대	무선전신소대					1	1		1		2	
	통신반				半部				半部		1	
비둘기통신반									1		1	
위생반		2	1	2			5				5	
病馬수용반		1		1			2				2	
병참사령부					4		4				4	
환자수송반					2		2				2	

비고
(1) 강안(江岸)수비대 및 회령경비대는 필요에 따라 강안 부근 토벌에 종사하고, 특히 병참수비근무에 임할 것.
(2) 공병(工兵)은 강안 및 조선 내지에서 도로 개축에 종사할 것.

부 록 373

附表 제2 [오류 번역을 피하고자 부정확한 경우 원문 그대로 제시함]

간도사건 사용 작전용 통신 기재 등 품목 수량표

품목	수량	적요	품목	수량	적요
ソリッドパック 電話機	30	이하 반영구 통신기재	細끈부착 小刀	30	
工夫用 전화기	15		尺三橫鋸	15	
11번 아연 광철선	22里		鐵鎚[쇠망치]	15	
16번 철선	54800匁		8인치 펜치	30	
曲柄二重碍子	4700		20인용 전화교환기	2	
茶臺碍子 眞棒座 鐵其	750		전신주 支柱用 眞棒 9인치	416	나남에서 〈116〉수령하고, 〈750〉은 반납예정
盤陀	21500匁		전신주 支柱用 眞棒 10인치	150	나남에서 〈200〉수령하고, 〈150〉은 반납예정
염화 아연액	39파운드 [听]		火壺	5	
松脂盤陀	8000匁		2인치 皷形 碍子	240	
인두[燒鑞]	6		14번 堅引 銅線	1642斤 약8里分	
中形 曲柄이중碍子	225		調線桿	7	
큰 망치[大玄翁]	5		전령식 전화기	10	舊制式(工次式) 물품으로 함
망치[玄翁]	10		中絡車胴	26	
中線 卷匡	9	이하 피복선건축 에 필요한 통신기재	中접속선	20	
中피복선 除胴	24500m (40卷)		不制式 中線卷匡	20	

374 간도출병사

품목	수량	적요	품목	수량	적요
中絡車	30		不制式 中피복선絡車	70	
러시아식中피복선 絡車 同 覆負網其	26		線擱	8	
—	—		繰出線掛	10	

비고
1. 본 표의 수량은 간도사건 때문에 통신망 稱成用으로 龍支羅出[용산지부 나남 출장쇠로부터 수령받아 합계한 것임.
2. 본 표의 병기(兵器)는 병기지창(兵器支廠) 작전용 및 총(總)예비병기로 함.
3. 본표의 병기중에서 체신국에서 교부받은 것은 없음.
4. 무선전신체신기재를 다른 부대로 유용(流用)한 것은 없음.

附表 제3

제19사단 공병(工兵)작업 간도 전화망 건설비 조서(調書)

1. 金 4,084圓

내역

金 2,911圓 혼춘-경원-훈융 구간 건설비

金　254圓 회령-용정촌 구간 건설비

金　179圓 용정촌-국자가 구간 건설비

金　247圓 용정촌-두도구 구간 건설비

金　493圓 두도구-동불사 구간 건설비

附表 제4

체신국 의탁 공사 및 3월말까지 유지비 조서(調書)

1. 金 12만 834圓				
내 역				
월 일	육군성 통첩번호	금액	사항	
10월 29일	陸489	17,000,000	1. 경원-훈융 구간 및 회녕-국자가 구간 군용전선 가설비	
11월 29일	陸普 제5281	22,634,000	1. 경원-훈융 구간 군용선 2. 회령-국자가 구간 군용선 3. 용정촌-두도구 구간 및 용정촌-종성 구간 군용선 4. 나남에서 청진, 고무산, 회령, 북창평을 거쳐 온성, 경원에 이르는 군용선 5. 고무산에서 무산을 거쳐 西江에 이르는 군용선	5개월간 유지비
12월 20일	陸 624	81,200,000	1. 경원-혼춘 구간, 종성-용정촌 구간 전신선 신설비 2. 용정촌-두도구 구간 전화선 신설비 3. 회령-청진-나남 구간, 회령-북창평-경원-북창평-온성 구간, 고무산-서강 구간 전신선 첨가 제비용 4. 이상 외 기존 설비 군용선의 보수비	
計		120,834,000		

附表 제5

간도출동부대 환자표

(보병제28여단 및 강안(江岸)수비대 출동부대를 포함)

병명별(病名別)		新환자	계	치료일수	치료	사망	전송	사고	後遺
전염병 및 전신병	이질[赤痢]	1	1				1		
	장티푸스[腸窒扶私]	1	1	2			1		
	말라리아[麻刺利亞]	10	10	26	10				
	유행성감염	20	20	176	7	1	12		
신경계 병		3	3	3	2		1		
호흡기병	폐렴	5	5	11			5		
	늑막염	11	11	41	3		8		
	기타 호흡기병	95	95	383	76		17		
순환기 병		3	3	16	2		1		
영양기(榮養器) 병	급성 위염	97	97	333	91		5	1	
	급성 장염	86	86	253	75		11		
	기타 영양기병	192	192	644	174		16	1	1
비뇨기 및 생식기 병		2	2	3			2		
화류(花柳) 병		13	13	75	4		8		1
눈[眼] 병		9	9	52	9				
귓[耳] 병		1	1	2	1				
외피(外皮) 병	마비 및 결조직(結組織)병	56	56	312	40		12	1	3
	기타 외피병	27	27	125	21		6		
운동기 병	뼈, 골막, 관절 병	8	8	69	4		2	1	1
	근육[筋腱], 점액낭 병	18	18	53	14		4		
	기타 운동기 병	1	1	5	1				

병명별(病名別)		新환자	계	치료일수	치료	사망	전송	사고	後遺
외상 및 不慮	전상(戰傷)/ 총상	39	39	23	7	11	21		
	靴傷	54	54	165	35		19		
	挫傷, 裂傷	14	14	43	10		4		
	挫創, 裂創	14	14	70	13		1		
	염좌 및 탈골	34	34	198	24		8		2
	동상	17	17	79	16				1
	기타 외상	17	17	87	12		3		2
	기타 不慮	2	2	3	1		1		
병명 미정		25	25	29			24	1	
計		875	875	3281	652	12	193	5	13

비고
1. 전송(轉送)은 위생반 또는 환자요양소, 위수병원 등으로 전송하는 것을 표시함.

附表 제6

간도출동 사이 각 특설 위생기관 수용환자표

위생기관 \ 구분	수용환자 총수	轉歸別				
		원대복귀	둔영귀환	입원	사망	전송
甲號 위생반	76	22	14	16		24
乙號 위생반	115	35	36	4	7	33
丙號 위생반	33	8		10		6
丁號 위생반	4					4
戊號 위생반	30	22		6	2	
제1환자 수송반	186	20	66	63		37
제2환자 수송반	41			41		
양수천자 환자용양소	13	12		1		
국자가 환자요양소	68	24	4	1		39
용정촌 환자요양소	77	8	24	22	1	8
상삼봉 환자요양소	239		138	138		

비고
1. 본 표는 수용환자일보 또는 순보에 의해 작성한 것임.
2. 수용환자총수와 轉歸 숫자가 부합하지 않는 것은 보고 누락 등 때문임.

附表 제7

혼춘-간도출동 중 전사·부상자 병명별·부대별 일람표

死傷名 \ 隊別	步73	步74	步75	步76	步78	騎27	計
오른쪽 종아리[下腿] 관통 총상			一				一
오른쪽 넓적다리[大腿] 관통 총상	一						一
왼쪽 복부 맹관(盲管) 총상	一						一
오른쪽 윗팔[上膊] 찰과 총상	一						一
왼쪽 腓腸部 찰과 총상	(一)						一
두부(頭部) 관통 총상	1	1			1		3
경부[頸部 : 목] 관통 총상 + 흉부 관통 총상	1						1
睪丸 총상						一	一
오른쪽 윗팔[上膊] 관통 총상					一	一	二
오른쪽 엉덩이[臀部]부분 맹관(盲管) 총상						一	一
오른쪽 넓적다리 찰과 총상						一	一
왼쪽 무릎[膝] 관통 총상						一	一
흉부 관통 총상		一					一
오른쪽 넓적다리 관통 총상		一			一		二
흉부·팔뚝[前膊]·오른쪽 중지(中指) 찰과총상		一					一
왼쪽 종아리 찰과 총상		(一)		一			二
왼쪽 허리부위 맹관(盲管) 총상						1	1
두부(頭部)·경부(頸部) 찰과 총상						(一)	一
頸顴部 총상						1	1
안면 및 복부 관통 총상						1	1
왼쪽 팔뚝 관통 총상 +오른쪽 윗팔 맹관 총상					一		一
頭部 穿通肓貫 총상(분쇄 골절)				1			1

死傷名 \ 隊別	步73	步74	步75	步76	步78	騎27	計
왼쪽 아래턱[下顎] 부위 찰과 총상					一		一
오른쪽 上膊 骨頭 盲管총상 혈관손상			1				1
왼쪽 腰軟部 관통 총상			一				一
뺨[頰] 부위 관통 총상		一					一
왼쪽 귀 찰과 총상		(一)					一
허리[腰] 부위 찰과 총상						(一)	一
身長軸 총상			1				1
복부 관통 총상				一			一
오른쪽 새끼손가락 찰과 총상				(一)			一
오른쪽 팔뚝 하부 관통 총상				一	(「一」)		二
오른쪽 귀 뒷부분 찰과 총상							
왼쪽 엉덩이부분育管총상 + 오른쪽 종아리 관통 총상	1						1
計	四/3	六/1	二/2	五/1	四/1	七/3	二八/11

비고
1. 아라비아 숫자는 전사자 또는 전상(戰傷) 후 사망한 자를, 괄호안의 숫자는 경상(輕傷)으로 입원할 필요없이 치유된 자를, 그 외에는 입원해서 치료한 자를 표시함. 「 」안에 표시한 것은 장교로 步78소위 井田君平임.
2. 전상자(戰傷者)·사상자 내역은 전사(戰死) 8명, 상사(傷死) 3명, 입원치료 21명, 입원없는 경상(輕傷) 7명.

附表 제8 [오류 번역을 피하고자 부정확한 경우 원문 그대로 제시함]

간도사건 출동부대 병마(病馬)표

病種	병명	번호	병마(病馬)			전귀(轉歸)									後遺	치료일수	휴업일수
			舊患	新患	計	快復	치료중지	전송	예탁	轉症	廢役	斃死	撲殺	計			
전염병	탄저(炭疽)(疑似)	1		1	1			1						1		3	3
	기타 전염병	10		1	1							1		1		2	2
	計			2	2			1				1		2		5	5
호흡기병	鼻加答兒[42]	16		7	7	4								4	3	57	57
	기관지加答兒	17		6	6	6								6		28	28
	기타 호흡기병	19		2	2	1		1						2		3	3
	計			15	15	11		1						12	3	88	88
소화기병	疝痛	21		7	7	7								7		9	9
	計			7	7	7								7		9	9
순환기병		24		2	2			2						2		0	0
	計			2	2			2						2		0	0
피부병	蕁麻疹	32		17	17	16		1						17		164	54
	計			17	17	16		1						17		164	54
운동기병	骨軟症	35		2	2			1		(1)				2		3	3
	힘줄腱염증	36		5	5	1		4						5		7	7
	골절	38		2	2			2						2		1	1
	탈골 및 轉捩	39		14	14	4		10						14		42	40
	飛節內腫	40		1	1			1						1		1	1
	髖跛行	42		1	1			1						1		0	0
	기타 운동기병	43		1	1	1								1		8	8
	計			26	26	6		19		(1)				26		62	60
말굽병	蹄葉炎	44		1	1			1						1		6	6
	蹄創	45		3	3	2		1						3		8	8
	蹄冠蹂傷	46		2	2	2								2		7	7
	挫跖	47		4	4	3		1						4		25	16
	計			10	10	7		3						10		46	37
외상 및	총상	49		10	10	3		4					3	10		46	11
	찢어지고 찔린	51		1	1	1								1		6	6

病種	병명	번호	병마(病馬)			전귀(轉歸)									後遺	치료일수	휴업일수
			舊患	新患	計	快復	치료중지	전송	예탁	轉症	廢役	斃死	撲殺	計			
不慮	상처[切創·刺傷]																
	타박상[挫創·挫傷]	52		5	5	3		2						5		41	33
	물린상처[咬創·咬傷]	53		2	2	2								2		6	2
	차인상처[蹴傷]	54		15	15	12		2		1				15		117	99
	鞍傷	55	4	50	54	25		15						40	14	662	638
	鞘傷	56		4	4	4								4		45	44
	胸革傷	57		1	1			1						1		1	1
	기타 馬具傷	58		3	3	1		2						3		14	14
	網傷	59		4	4	3		1						4		37	35
	기타 외상 및 不慮	60		10	10	7		2				1		10		48	17
	計		4	105	109	61		29		1		4		95	14	1023	900
피로·疲削		62		4	4	2						2		4		12	10
計				4	4	2						2		4		12	10
총계			4	188	192	110		56	1	1	(1)	7		175	17	1409	1163

비고

1. 본표 중에서 舊患 4는 산포 제2중대 제1소대의 後遺를 받은 것임.
2. 표 중에서 骨軟症의 폐역(廢役) 1은 지방에 예탁한 채 폐역한 것으로 ( )를 추가하여 표기.
3. 본표 외에 폐역(廢役) 2필, 폐사(斃死) 1필이 있음.

----

42 加答兒[カタル]는 네덜란드어 catarre에서 유래한 음차표기로, 점막세포에 염증이 생겨 다량의 점액을 분비하는 증상을 칭함. 감기 등으로 콧물이 멈추지 않는 등의 증상도 포함됨.

附表 제9

간도사건 출동부대 마필 수의(獸醫)재료 및 군마 위생 기관 배속 일람표

支隊 방면	출동부대	배속 수의, 공장(工長)	배속 군마 (軍馬)	배속 선마 (鮮馬)	휴대하고 다니는 수의(獸醫) 재료					
					甲 수의 행리 (行李)	乙 수의 행리	수의 휴대배낭 [携囊]	말 치료용 배낭 [馬療囊]	야전 蹄鐵 工具	휴대 蹄鐵 工具
이소바야시 지대 (혼춘방면)	보병 제38여단 사령부		4	89						
	보병 제75연대		16							1
	보병 제78연대 제3대대		2							
	기병 제27연대 제3중대	蹄鐵공장1	96		1	1		1	1	5
	야포병 제25연대 제2대대본부 제5중대 산포1소대	수의1	128		1	1	1	1	1	3
	공병 제19대대 제2중대		3							
기무라 지대 (왕청방면)	보병 제76연대		11	46						1
	기병 제27연대 제2중대 중 1소대	수의1	30		1	1	1			2
	임시산포병 제2중대 (1소대 결여)	공장1	45					1	1	3
	공병 제19대대의 1소대		1							
히가시 지대 (화룡방면)	보병 제37여단 사령부		4							
	보병 제73연대		38 步18 砲20	38						7
	보병 제74연대 제1대대본부 제3중대 제2대대보누제6, 8중대		7	41						
	기병 제27연대 제2중대의 1소대와 제3중대 결여	수의1 공장2	229		2	1	1	2	2	9

支隊 방면	출동부대	배속 수의, 공장(工長)	배속 군마(軍馬)	배속 선마(鮮馬)	甲 수의 행리(行李)	乙 수의 행리	수의 휴대배낭[携囊]	말 치료용 배낭[馬療囊]	야전 蹄鐵 工具	휴대 蹄鐵 工具
					휴대하고 다니는 수의(獸醫) 재료					
	야포병 제25연대 제1대대본부 제1중대	수의1	82		1		1		1	3
	임시산포병 제1중대	공장1	90		1	1		1	1	4
기타	공병 제19대대 제3중대		1							
	사단 사령부	공장1	17 司9 騎6 砲2		1	1	1	1	1	1
	무선전신반		26 騎2 砲24							1
	제1병마 수용반	수의1 공장1	2(砲2)		1	1	1	1	1	1
	제2병마 수용반	수의1 공장1	2(砲2)		1	1	1	1	1	1
	병참 사령부 기타		16 步7 砲6 工3							

비고
1. 總馬數
　군마(軍馬) 850
　선마(鮮馬) 214(각 보병부대용으로 구입)

附表 제10 [오류 번역을 피하고자 부정확한 경우 원문 그대로 제시함]

간도사건 병마 수용반(收容班) 병마표

病種	병명	부대	舊患	新患	計	快復	치료중지	전송	예탁	轉症	廢役	斃死	撲殺	計	後遺	치료일수	휴업일수
			병마(病馬)			轉歸											
전염병	탄저(炭疽)(疑似)	제2병	一		一							一		一		一	一
	腺疫	제2병		1	一							一		一		五	五
	計		1	一	二							二		二		六	六
호흡기병	鼻카타르	제2병	2	二	二									二		四十	三八
	鼻카타르	제2병	一	一						一				一		五一	五一
	기타 호흡기병	제2병	一	一	一									一		一四	一四
	計		2/二	四	三					一				四		百五	百三
소화기병	위장카타르	제2병	一	一	一									一		二十	二十
	疝痛	제1병												二		二	二
	計		二	二	二									二		二二	二二
순환기병		제1병									一			一		一	一
		제2병	二	二	一						一			二		一三	一三
計			三	三	一						二			三		一四	一四
눈병	창상성각막염	제1병												一		四三	四二
	計													一		四三	四二
피부병	繫蹄	제1병	四	四	四									四		四六	四二
	計		四	四	四									四		四六	四二
운동기병	骨軟症	제1병	一	一	一									一		二四	二三
	힘줄(腱)염증	제1병	三	三	三									三		四四	四一
		제2병	四	四	四									四		五一	五一
	골절	제1병									一			一		三五	三五
		제2병									一			一		一	一
	탈골 및 轉捩	제1병	1/一	二	二									二		二三	二一
		제2병	八	八	六						二			八		一七二	一六七

病種	병명	부대	병마(病馬)			轉歸									後遺	치료일수	휴업일수
			舊患	新患	計	快復	치료중지	전송	예탁	轉症	廢役	斃死	撲殺	計			
	飛節內腫	제1병	一	一	一									一		七	六
	髖跛行	제2병	二	二	二									二		二三	二二
	기타 운동기병	제1병	一	一	一									一		五	四
	기타 운동기병	제2병	一	一	一									一		二六	二六
	計		一二四	二五	二一						四			二五		四一一	三九七
말굽병	蹄葉炎	제2병		一	一											三六	三六
	蹄創	제1병		一	一									一		一九	一八
	蹄冠 蹄傷	제1병			一									一		九	八
	挫跖	제2병		一				一						一		九	八
	計			四	四	三		一						四		七三	七十
외상 및 不慮	총상	제2병	四	四	三								一	四		一三六	一三六
	타박상 [挫創·挫傷]	제1병		一												一二	一一
	타박상 [挫創·挫傷]	제2병	二	二	二									二		三一	二九
	차인상처 [蹴傷]	제1병		一	一									一		八	七
	차인상처 [蹴傷]	제2병	三	三	三									三		七二	七二
	鞍傷	제1병	五九	一四	一二	一二		二						一四		三六一	三四九
	鞍傷	제2병	二二	二二	二二									二二		八百一	七八九
	綱傷	제2병		一	一									一		四十	四十
	기타 외상 및 不慮	제1병		一	一			一						一		六	六
	기타 외상 및 不慮	제2병		一	一									一		九	八
	計		五四五	五十	四六			三					一	五十		一四七六	一四四七
피로·疲削		제1병		一	一									一		七	六
	計			一	一									一		七	六
총계		제1병	六三〇	三八	三三			三			一	一		三八		六九二	六五九
		제2병	一五七	五八	四九			一		一	三	四		五八		一五一一	一四八九
	計		七八七	九六	八二			四			四	五		九六		二二〇三	二一四八
호흡	鼻	제2병		一	一			一						一		五一	五一

病種	병명	부대	舊患	新患	計	快復	치료중지	전송	예탁	轉症	廢役	斃死	撲殺	計	後遺	치료일수	휴업일수
기병	카타르																
	기타 호흡기병	제2병		一	一									一		一四	一四
	計		二	二	四	三				一				四		百五	百三
소화기병	위장 카타르	제2병		一	一									一		二十	二十
	疝痛	제1병		一	一									一		二	一
	計			二	二									二		二二	二一
순환기병		제1병		一	一							一		一		一	一
		제2병		二	二	一						一		二		一三	一三
計				三	三	一						二		三		一四	一四
눈병	창상성 각막염	제1병		一	一									一		四三	四二
	計			一	一									一		四三	四二
피부병	繫輝	제1병		四	四	四								四		四六	四二
	計			四	四	四								四		四六	四二
운동기병	骨軟症	제1병		一	一	一								一		二四	二三
	힘줄(腱)염증	제1병		三	三	三								三		四四	四一
		제2병		四	四	四								四		五一	五一
	골절	제1병									一			一		三五	三五
		제2병									一			一			
	탈골 및 轉捩	제1병	一	二	二									二		二三	二一
		제2병	八	八	六							二		八		一七二	一六七
	飛節內腫	제1병		一	一									一		七	六
	髖跛行	제2병		二	二									二		二三	二二
	기타 운동기병	제1병		一	一									一		五	四
		제2병		一	一									一		二六	二六
	計		二四	二五	二一						四			二五		四一一	三九七
말굽병	蹄葉炎	제2병		一	一									一		三六	三六
	蹄創	제1병		一	一									一		一九	一八
	蹄冠 蹄傷	제1병		一	一									一		九	八

病種	병명	부대	병마(病馬)			轉歸									後遺	치료일수	휴업일수
			舊患	新患	計	快復	치료중지	전송	예탁	轉症	廢役	斃死	撲殺	計			
	挫跣	제2병	一	一				一						一		九	八
	計			四	四	三		一						四		七三	七十
외상 및 不慮	총상	제2병		四	四	三						一		四		一三六	一三六
	타박상[挫創·挫傷]	제1병		一	一									一		一二	一二
	타박상[挫創·挫傷]	제2병		二	二	二								二		三一	二九
	蹴傷	제1병		一	一									一		八	七
	蹴傷	제2병		三	三	三								三		七二	七二
	鞍傷	제1병	5 九	一四	一二			二						一四		三六一	三四九
	鞍傷	제2병		二二	二二	二二								二二		八百一	七八九
	綢傷	제2병		一	一	一								一		四十	四十
	기타 외상 및 不慮	제1병						一						一		六	六
	기타 외상 및 不慮	제2병		一	一	一								一		九	八
	計		5 四五	五十		四六		三				一		五十		一四七六	一四四七
피로·疲削		제1병		一		一								一		七	六
	計			一		一								一		七	六
총계		제1병	8 三十	三八		三三		三			一	一		三八		六九二	六五九
		제2병	1 五七	五八		四九		一		一		三	四	五八		一五一	一四八九
	計		7 八七	九六		八二		四		一	一	四	四	九六		二〇三	二一四八

반별(班別)	開設口數	개설간 총 馬數	1일평균 馬數	1일평균 病馬數	말 100마리당 病馬 비례	1일평균 휴업馬數	말 100마리당 休馬 비례
제1병마 수용반	七一	八三四	一一, 七五	九, 七五	八二, 九八	九, 二八	七八, 九九
제2병마 수용반	七十	一六五五	二三, 六四	二一, 五九	九一, 三三	二一, 二七	八九, 九七
計	一四一	二四八九	一七, 六五	一五, 六二	八八, 五十	一五, 二三	八六, 二九

비고
1. 본표에서 아라비아 숫자는 鮮馬의 숫자를 나타냄.

附表 제11

병참사령부 편성표

구분 병참 사령부	사령관 (佐官)	부원 (佐尉官)	하사	병졸	통역	계	적요
회령	1	5 主計 ヶ2 상등計手1 ヶ1 軍醫 ヶ1	5 計手 1 간호장 ヶ1	15 工 10	2	45	主計는 사단경리부 및 공병대대로부터, 군의 및 간호장은 공병대대로부터 겸근(兼勤).
온성	1	3 主計 ヶ1 軍醫 1	3 計手 ヶ1 △ 간호장 ヶ1	10 工 4	2	27	主計·計手는 사단경리부로부터 겸근.
혼춘	1	3 主計 ヶ1 軍醫 1	3 計手 ヶ1 △ 간호장 ヶ1	10 工 4	2	27	主計·計手는 사단경리부로부터, 간호장은 경원수비대에서 병참지부업무를 각 겸임하고, 군의는 경원수비대로부터 배속.
용정촌	1	3 主計 ヶ1 軍醫 1	3 計手 ヶ1 △ 간호장 1	10 工 2	2	25	主計·計手는 사단경리부로부터 겸근.

비고
1. 부원 및 각부의 하사졸은 사단사령부로 배속되고, 하사병졸은 사령관이 있는 부대로부터 차출하는 것으로 함.
2. ヶ표시는 겸무를, △은 결원으로 필요한 인원 도착후 보충해야 할 것을, 工은 간호졸 및 간호수업병을 표시함.
3. 통역은 사령관이 적절히 고용하는 것으로 함.
4. 佐官은 승마 1필, 丁1을 휴대하고 다니는 것으로 함.

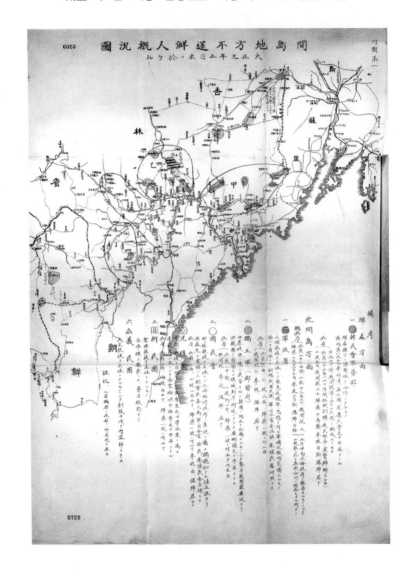

附圖 제2 연길·혼춘지방 중국군대 배치 요도(1920년 5월말 시점)

附圖 제4 불령선인 토벌계획 요도

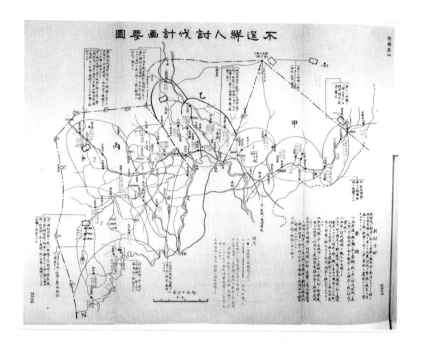

附圖 제5 혼춘·간도 토벌대 분산배치 요도(1920년 11월 하순 시점)

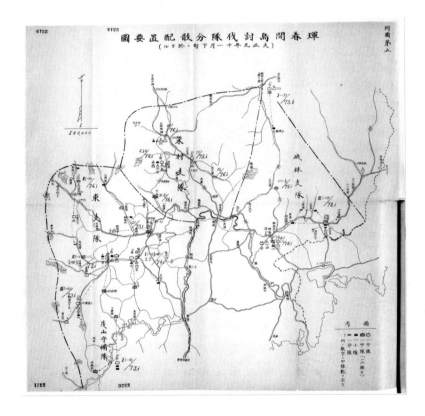

附圖 제6 히가시 지대 전투 개황도(10월 하순 시점)

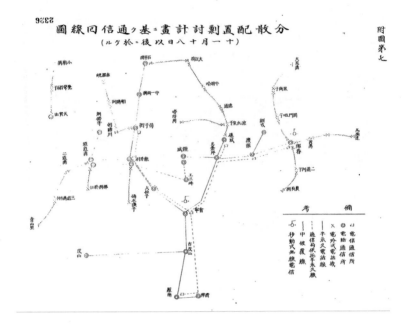

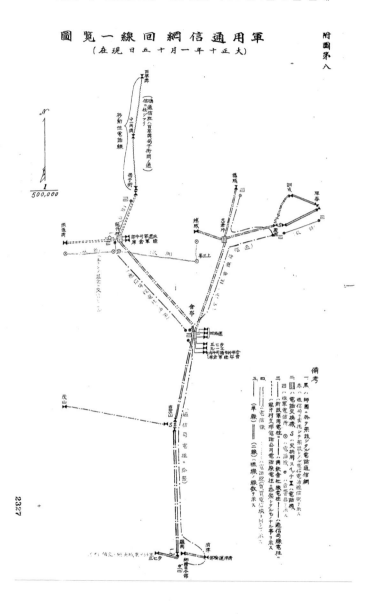

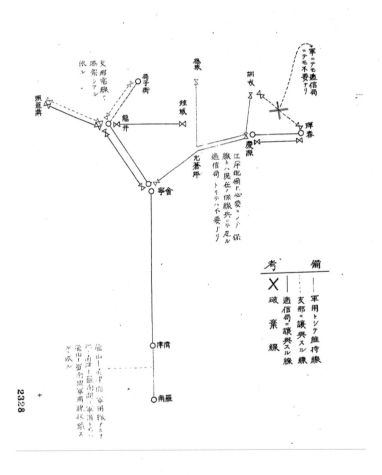

附圖 제10 긴급출병시 병참시설 요도

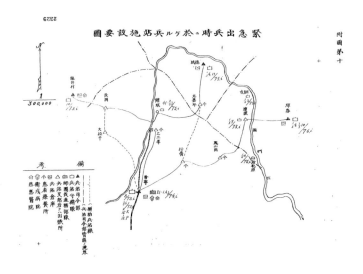

附圖 제11 제19사단 병참시설 요도(11월 15일 이후 시점)

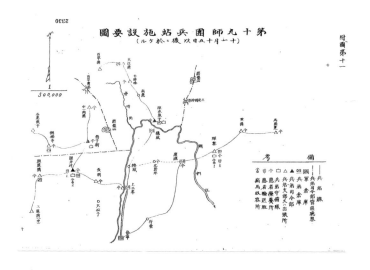

附圖 제12 초토부대 행동 개황도(1920년 10월~12월)

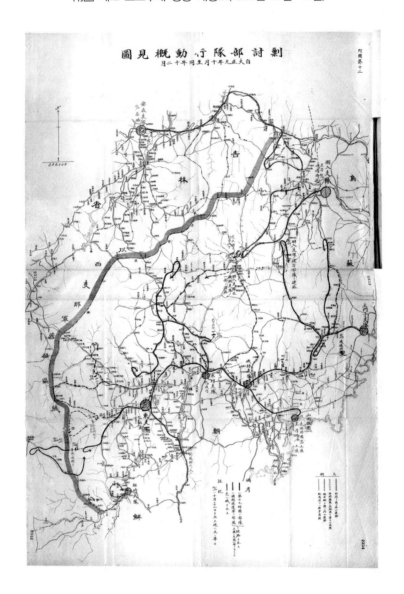

附圖 제13 연길·혼춘지방 중국군대 배치 요도(1921년 5월말 시점)

찾아보기

카

차

타

파

옮긴이 김연옥(金蓮玉)

학력 및 경력

동국대 사학과 학사
서울대 동양사학과 석사
도쿄대 인문사회계연구과 석사, 박사
도쿄대 사료편찬소 외국인연구원
서울대 일본연구소 객원연구원
고려대 한국사연구소 연구교수
現, 육군사관학교 군사사학과 조교수

주요 업적

「19세기 중엽 幕府의 '해군'교육 도입 논의와 인식」, 『동양사학연구』 132, 2015
「長崎「海軍」伝習再考-幕府伝習生の人選を中心に-」, 『日本歷史』 814, 2016
「1850년대 나가사키의 '난학(蘭學) 붐' 실태」, 『역사학보』 237, 2018
(번역서) 『청일·러일전쟁 어떻게 볼 것인가』, 살림, 2015

간도출병사(間島出兵史)

2019년 12월 30일 초판 1쇄
2020년 8월 3일 초판 2쇄

옮 긴 이   김연옥
발 행 인   한정희
발 행 처   경인문화사
편 집 부   김지선 유지혜 박지현 한주연
마 케 팅   전병관 하재일 유인순
출 판 신 고   제406-1973-000003호
주   소   파주시 회동길 445-1 경인빌딩 B동 4층
대 표 전 화   031-955-9300 팩 스 031-955-9310
홈 페 이 지   http://www.kyunginp.co.kr
이 메 일   kyungin@kyunginp.co.kr

ISBN 978-89-499-4858-4 93910
값 24,000원